河北大学社科一般培育项目（2023HPY017）
河北大学高层次人才科研启动项目（521100223014）
河北大学共同富裕研究中心经费资助出版

产业升级、对外贸易动能转换对外贸竞争力提升的影响效应研究

高振娟　◎著

Research on the Effect of Industrial Upgrading and
Foreign Trade Dynamic Energy Conversion on the
IMPROVEMENT OF
FOREIGN TRADE
COMPETITIVENESS

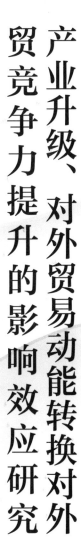

中国财经出版传媒集团
经济科学出版社
Economic Science Press
·北京·

图书在版编目(CIP)数据

产业升级、对外贸易动能转换对外贸竞争力提升的影响效应研究 / 高振娟著. -- 北京：经济科学出版社，2024.5

ISBN 978 - 7 - 5218 - 5781 - 8

Ⅰ. ①产… Ⅱ. ①高… Ⅲ. ①对外贸易 - 竞争力 - 研究 - 中国 Ⅳ. ①F752

中国国家版本馆 CIP 数据核字(2024)第 069904 号

责任编辑：宋艳波
责任校对：齐　杰
责任印制：邱　天

产业升级、对外贸易动能转换对外贸竞争力提升的影响效应研究

CHANYE SHENGJI, DUIWAI MAOYI DONGNENG ZHUANHUAN DUI WAIMAO
JINGZHENGLI TISHENG DE YINGXIANG XIAOYING YANJIU

高振娟　著

经济科学出版社出版、发行　新华书店经销
社址：北京市海淀区阜成路甲 28 号　邮编：100142
总编部电话：010 - 88191217　发行部电话：010 - 88191522
网址：www. esp. com. cn
电子邮箱：esp@ esp. com. cn
天猫网店：经济科学出版社旗舰店
网址：http://jjkxcbs. tmall. com
固安华明印业有限公司印装
710×1000　16 开　15 印张　230000 字
2024 年 5 月第 1 版　2024 年 5 月第 1 次印刷
ISBN 978 - 7 - 5218 - 5781 - 8　定价：68.00 元
(图书出现印装问题，本社负责调换。电话：010 - 88191545)
(版权所有　侵权必究　打击盗版　举报热线：010 - 88191661
QQ：2242791300　营销中心电话：010 - 88191537
电子邮箱：dbts@ esp. com. cn)

前言

改革开放以来，中国遵循比较优势，发展成为"制造大国"，在世界经济中确立了"世界工厂"地位，近年来持续稳定地保持着世界第一大货物贸易国位次。然而，中国在全球价值链中始终处于"低端锁定"的尴尬境地，并没有在国际分工和全球价值链条中获取更高的国际竞争力与附加值。面对逆全球化浪潮、地缘政治风险及新冠疫情等多重冲击，加之自身发展阶段特征变化，中国适时提出加快构建双循环新发展格局，以应对中长期发展面临的困难和挑战。以国内大循环为主体、国内国际双循环相互促进的新格局要求我国以更加开放的姿态参与国际贸易，并不断提升对外贸易竞争力水平。新发展阶段中国经济已转向高质量发展，不断优化产业结构，推出新旧动能转换一系列战略，不断释放新动能、新效能，同时互联网跨境电商的"井喷式"发展、中欧班列常态化运行和自由贸易试验区的制度性创新成果等正向聚集，对外贸易动能转换优势凸显，为我国持续开展对外贸易提供了坚实的内在条件和外在支撑。因此，新发展阶段下研究如何通过产业升级、对外贸易动能转换影响我国对外贸易竞争力水平提升，进而培育我国国际竞争与合作新优势，增强和引领中国对外贸易高质量发展具有重要的理论意义和实践价值。

本书重点从文献分析、理论分析、事实分析、指标测度分析及实证分析等多个方面探究产业升级、对外贸易动能转换对外贸竞争力提升的影响效应，同时进一步全面系统地深化对三者之间动态影响效应的认识。本书通过回顾归纳和总结既有相关文献研究，重点讨论了产业升级、对外贸易动能转换对外贸竞争力提升的影响效应。首先，阐释并界定了产业升级、对外贸易动能转换和外贸竞争力提升的概念内涵，并着重探讨了产业升级、对外贸易动能转换对外贸竞争力提升的影响机理；产业升级诱导对外贸易动能转换进而对外贸竞争力提升的影响机理；对外贸易动能转换驱动产业升级进而对外贸竞争力提升的影响机理，相应地提出研究假设 H1～H4。其次，进一步以技术水平的选择表征产业升级和以贸易方式转型表征对外贸易动能转换，通过构建理论模型框架刻画产业升级、对外贸易动能转换与外贸竞争力提升的数理关系。最后，基于中国制造业行业层面和地区层面两维视角，综合分析产业升级、对外贸易动能转换与外贸竞争力提升的时序变化特征及空间演化规律性事实；以制造业行业和地区层面两维视角，通过构建计量模型并结合静态面板估计、系统 GMM、中介效应及门槛效应检验等探究产业升级、对外贸易动能转换对外贸竞争力提升的直接影响效应、间接影响效应、中介效应及非线性影响规律和特征；另外，进一步采用 PVAR 模型探讨产业升级、对外贸易动能转换与外贸竞争力提升之间的短期波动与长期均衡的动态影响关系，得出相关研究结论，并据此提出针对性政策建议。

研究结论主要包括：第一，产业升级、对外贸易动能转换与外贸竞争力水平存在着明显的波动起伏的时序变化特征，且这种时序变化特征具有显著的行业异质性和地区分异性。第二，产业升级与对外贸易动能转换显著促进外贸竞争力水平提升，同时这种提升效应存在明显的行业异质性、区域异质性和时间段异质性的特征。第三，产业升级不仅直接影响外贸竞争力提升，而且还通过对外贸易动能转换的驱动效应等途径促进外贸竞争力提升，而对外贸易动能转换通过产业升级的诱导效应同样有助于外贸竞争力提升；同时通过面板门槛回归模型发现行业层面与地区层面存在产业升级与对外贸易动能转换程度的门槛效应，跨越一定门槛值后，产业升级与对外贸易动能转换将更大限度地促进外贸竞争力提升。第四，产业升级、对外贸易动能转换和外贸竞争力提升三者之间存在长期正向的协整关系；产业升级、对外贸易动能转换均是外贸竞争力提升的 Granger 原因，同时产业升级与对外贸易动能转换互为 Granger 原因，两者之间存在正向的良性反馈机制。

本书主要创新点概括如下：一是拓展了研究视域。突破单纯研究产业升级与外贸竞争力提升、对外贸易动能转换与外贸竞争力提升两两关系的逻辑视角，将产业升级、对外贸易动能转换与外贸竞争力提升置于统一的研究框架，运用系统思维详细阐释了产业升级与对外贸易动能转换影响外贸竞争力提升的影响机理。二是延伸了研究内容。目前，对于中国对外贸易动能转换的研究多停留在定性研究，鲜有涉及对外贸易动能转换的测度问题。鉴于此，本书基于经济增长动能理论，构建对外贸易动能转换的理论框架，测度对外贸易动能转换综合指数，以衡量中国制造业层面和地区层面的对外贸易动能转换程度。三是丰富了实证内容。基于制造业行业层面和地区层面，探讨了产业升级与对外贸易动能转换影响外贸竞争力提升，依托现实数据结合中介效应方法、门槛效应检验及面板 VAR 模型等验证产业升级与对外贸易动能转换通过诱导效应和驱动效应等多种途径影响外贸竞争力提升以及其动态影响关系。

目录 ○

第一章

导论

第一节 研究背景及意义

一、研究背景

自 1978 年实行改革开放以来，我国经济实现了长达 40 多年的快速发展。与此同时，由工业化进程带来的"结构性加速"，为中国经济增长贡献了重要力量。但一般工业化国家发展过程中"结构性减速"难题随着经济结构达到某一阶段之后开始凸显。由此可见，产业结构的变化对经济增长有着重要的作用。一旦政策运用不当，"结构性减速"问题严重，将对经济增长造成一定的冲击。我国自新中国成立以来开始推进工业化进程，积极调整产业结构，促进产业升级，基本实现了现代化。伴随着改革开放的持续推进和积极的对外开放政策的实施，凭借着要素禀赋和比较优势，以及产业结构不断调整优化升级的基础，中国经济保持了较长时期的增长，被西方国家称为"中国经济增长之谜"。党的二十大报告指出逆全球化思潮抬头，单边主义、保护主义明显上升，世界经济复苏乏力，局部冲突和动荡频发，全球性问题加剧，世界进入新的动荡变革期，持续高速增长路径难以为继，转变至高质量发展成为经济增长的新主题。因此，新发展阶段要进一步深化和推进供给侧结构性改革、充分发挥创新驱动力量，不断促进经济结构优化，推进产业转型升级，增加中高端产品和服务供应的量与质，为实现更高水平上的供需结构的动态均衡奠定基础。因此，产业升级仍应摆在时代发展的重要位置。同时，当前国际经贸环境复杂多变、不容乐观，面对种种"逆全球化"现象，加之新冠疫情冲击下的世界经济发展低迷，地缘政治风险冲突不断，我国适时提出构建双循环新发展格局，以应对中长期发展过程中面临的困难和挑战。构建新发展格局，产业是根基，我国在参与全球分工中总体上处于全球产业链的中低端，因此要不断增强产业链韧性和竞争力，对产业升级提出更高的要求，进而可以为我国巩固、再造、提升产业基础和重构产业链提供重要支撑。因此伴随着产业升级的正向溢出，新模式、新业态、新产业、新经济的培育，有效提高我国出口企业的生产效率及出口效益，增强我国参与国际贸易的竞争优势，有利于提升我国对外贸易竞争力水平。

2015 年，"新旧动能"一词最早被提及讨论是在政府领导谈话和文件中。随着"新旧动能转换"热度持续发酵，2017 年 1 月，"新旧动能转换"首份官方文件《关于创新管理优化服务培育壮大经济发展新动能 加快新旧动能接续转换的意见》出台。2017 年及以后年度《政府工作报告》均有提及"新旧动能转换"。各省纷纷制定并实施了"新旧动能转换"的相应政策，新旧动能转换持续进行中。此外，各界学者纷纷开始有关"新旧动能转换"的研究，研究成果日渐丰富。自金融危机以来，由于国际贸易争端、金融波动风险加剧、地缘政治关系紧张，世界主要经济体经济发展陷入困境，增长势头持续减弱。为应对此种局面，部分发达国家实施逆全球化策略，实施本国高端制造业回流，并进一步为低端制造业找寻成本"洼地"。同时由于国内"三期叠加"压力突出，供需梗阻矛盾难以消解，致使支撑经济增长的动力下降，进而造成中国对外贸易发展面临国际、国内双重困境的局面。面对这样的发展窘境，中国对外贸易新旧动能转换也亟待加快推进。

得益于改革开放政策的成功实施，中国再次成功站上世界舞台，积极参与国际分工，依赖于外向型出口模式，对外贸易呈现爆发式发展。2009年一跃成为世界第一大贸易出口国，对外贸易取得实质性进步，但我国加工贸易占比仍处于高位，同时外商投资企业在对外贸易增长中的主导作用突出。与此同时，不同所有制企业对中国外贸增长的贡献差异巨大，中国处于全球价值链的低端锁定局面并未根本缓解。因此，在中国面临低端锁定、关键核心技术缺乏以及国际循环动力趋缓的困局下，如何实现以产业升级与对外贸易动能转换促进中国外贸竞争力提升，从而有效推动中国外贸高质量发展，提升国际竞争力水平，成为当下亟待探索的相当重要的现实问题。因此，在双循环新发展格局战略下，需要有效实现对外贸易竞争力水平的不断提升，增强我国参与国际外循环的底气和实力，不断推进并实现中国对外贸易迈向更高竞争优势、更高水平和更高质量发展。

在如此背景和困局下，想要深入探讨产业升级、对外贸易动能转换与中国外贸竞争力提升之间的相互关系，需要充分考虑产业升级和对外贸易动能转换的内在动力与外在条件，分析产业升级、对外贸易动能转换对外贸竞争力提升发挥着如何的影响效应，并将其与推动外贸竞争力提升相衔接，以期实现外循环与内循环平稳顺滑过渡，进而提高中国在国际贸易中的竞争优势和价值链地位，实现中国外贸竞争力水平的提升和对外贸易高质量发展。

二、研究意义

产业升级的持续推进，为我国经济发展奠定了强劲的内在产业基础，而对外贸易动能转换为经济转型和发展提供了新鲜的动力支撑。当前中国持续保持世界第一大货物贸易国，成为当之无愧的贸易大国。但建设贸易强国的困难和阻力剧增，由"大"转"强"仍路漫漫。同时我国对外贸易发展仍面临较多问题，仍应高度重视。因此，本书研究产业升级、对外贸易动能转换驱动外贸竞争力提升的理论机制和现实路径，在双循环战略背景下中国对外贸易高质量发展进程中，不仅突出反映产业升级的必要性和紧迫性，也折射出对外贸易新旧动能转换的新趋势和新表现，并基于此深度剖析其驱动我国外贸竞争力提升的现实基础和实证检验问题。基于制造业行业面板数据和省际面板数据，分析产业升级、对外贸易动能转换与外贸竞争力提升的时序变化特征和规律，结合计量经济模型实证分析了产业升级、对外贸易动能转换对外贸竞争力提升的影响效应，进而优化产业基础、加快对外贸易动能转换速率和培育对外贸易竞争新优势的政策选择提供相应借鉴，对产业升级、对外贸易动能转换与外贸竞争力提升具有一定的理论价值和现实意义。

（一）理论意义

1. 提供了影响对外贸易竞争力研究的一个新视角。目前，研究影响对外贸易转型成果颇多，如贸易自由化、融资约束、技术进步等因素对外贸转型的影响已经得到相关研究的验证，但是鲜有文献分析对外贸易动能转换对外贸竞争力提升的影响。目前，中国处于高质量发展阶段，经济发展速度由"高速增长"转向"中高速增长"，对外贸易转型和外贸竞争力提升也面临新的机遇与挑战。新发展阶段下产业升级和对外贸易动能转换被提上日程，并将有效推进中国的经济转型。因此通过理论与实证相结合的方法考察产业升级、对外贸易动能转换对对外贸易转型可能产生的影响，这为研究影响外贸竞争力提升的可能途径提供了一个新的理论视域。

2. 有助于扩展对外贸易动能转换的研究视域，丰富对外贸易领域的新旧动能转换理论。本书基于经济增长动能理论，借鉴相关研究理论基础，构建中国对外贸易动能转换的理论框架和对外贸易动能转换指标体系，在此基础上测度对外贸易动能转换指数，综合分析与评价中国对外贸易动能转换的发展状况，为中国参与国际竞争和培育新优势以及构建双循环新发展格局提供动力支撑，并丰富了新旧动能转换理论。

3. 有助于丰富和完善产业升级、对外贸易动能转换影响外贸竞争力提升的影响机理，丰富和延伸了该研究领域的相关理论。本书刻画了产业升级、对外贸易动能转换对外贸竞争力提升的影响作用，揭示三者之间良性互动的反馈机制，并依托制造业行业和省际面板数据，采用静态回归、系统 GMM、中介效应、门槛效应等计量检验以及 PVAR 模型等考察产业升级、对外贸易动能转换影响外贸竞争力提升的影响效应、路径以及互动关系，丰富和完善了产业升级、对外贸易动能转换影响外贸竞争力提升的相关理论。

（二）现实意义

1. 有助于深刻认识制造业行业层面和地区层面的产业升级、对外贸易动能转换与外贸竞争力提升的时序特征和演变规律，为我国产业政策的完善和制定提供依据。本书利用中国制造业细分行业和地区产业升级相关数据、对外贸易动能转换相关指标体系数据以及外贸竞争力相关数据，具体统计测算了制造业细分行业和各省际的产业升级指数、对外贸易动能转换指数以及外贸竞争力提升指数，重点分析了产业升级状况、对外贸易动能转换的状况和外贸竞争力的总量、结构及竞争力指数等时序变化特征和时空演变规律，有助于清楚认识我国制造业细分行业及各省域自身所处的地位，掌握其异质性特征和表现，为政府制定和实施差异化政策提供依据。

2. 有助于提升全球价值链地位。中国通过积极参与国际分工成功融入全球价值链，但我国在全球价值链体系中的话语权地位有待加强，仍未处于全球价值链的主导和中心。如何提升和获取中国的全球价值链地位收益、核心话语权，以及在构建国内、国际双循环的新发展格局下，如何实现国内、国际循环双轮驱动，助力中国全球价值链提升，是中国目前面临的关键现实选择。本书在实证分析基础上，寻找对外贸易动能转换作用于全球价值链地位提升的证据，为提升全球价值链地位提供现实依据，有助于提高企业出口和获益双重能力，实现中国全球价值链地位的提升，增强中国外贸竞争优势，提高对外贸易竞争力水平。

3. 有助于优化产业结构，为构建全面现代产业体系提供实践思路。本书以产业升级为出发点，通过探讨产业升级对外贸竞争力提升的影响效应研究，发现衡量产业升级的产业高级化与产业合理化表现出的显著的非均衡的异质性结果。这一结果为进一步优化我国产业升级，实现产业间均衡协调发展指明了方向，同时也为中国外贸竞争力提升贡献了现实证据，对产业政策制定提供现实依据，具有特定的现实意义。

第二节 研究思路与研究方法

一、研究思路

本书紧紧围绕"产业升级、对外贸易动能转换对外贸竞争力提升的影响效应"这一主题，根据已有研究并结合本书研究目的概括地界定了产业升级、对外贸易动能转换与外贸竞争力提升的定义内涵，阐释了产业升级相关理论和国际贸易相关理论，并梳理了产业升级与外贸竞争力提升、对外贸易动能转换与外贸竞争力提升以及外贸竞争力影响因素等相关文献。在此基础上，深入探讨了产业升级、对外贸易动能转换如何影响外贸竞争力提升的影响机理，并提出研究假设 H1～H4。进一步构建数理模型分析产业升级、对外贸易动能转换与外贸竞争力提升之间是否存在函数关系。基于制造业行业层面和地区层面视角，依托于制造业细分行业和省际数据，分析产业升级、对外贸易动能转换与外贸竞争力提升的时序变化特征。本书回答了以下主要问题：产业升级是否影响我国外贸竞争力的提升？对外贸易动能转换是否影响了我国外贸竞争力提升？如果有影响，是否存在行业异质性、地区异质性和时间段异质性？同时，产业升级、对外贸易动能转换对外贸竞争力提升直接影响效应、间接影响效应以及非线性影响如何？另外，产业升级、对外贸易动能转换与外贸竞争力提升这三者之间的动态影响关系又是怎样的，其影响规律的表现如何？等等，对上述问题进行了较为清晰、全面、系统的回答。

鉴于以上问题，本书首先探究产业升级与对外贸易动能转换对外贸竞争力提升的影响机理，并通过指标表征构建产业升级、对外贸易动能转换与外贸竞争力提升之间的数理模型以推理和考察其是否存在影响关系；其次，基于制造业行业层面和地区层面，以产业升级、对外贸易动能转换指数和外贸竞争力的表征数据，主要分析了产业升级的水平和发展态势，以及对外贸易动能转换发展状况和对外贸易发展的总量规模、结构和竞争力指数的时序变化特征；再次，拟运用制造业行业面板数据和省际面板数据，结合多种计量实证检验方法，全面而系统地对产业升级、对外贸易动能转换对外贸竞争力提升的影响效应进行实证验证和分析；最后，拟运用面板 VAR 模型试图回答产业升级、对外贸易动能转换与外贸竞争力提升之间是否存在长期动态影响关系。通过对上述问题进行较为全面的回答，对于新发展阶段下中国产业结构优化升级、加快实现对外贸易动能转换以及培育对外贸易竞争新优势，助推中国经济迈向高质量发展有着重要的意义。本书具体的研究思路如图 1 - 1 所示。

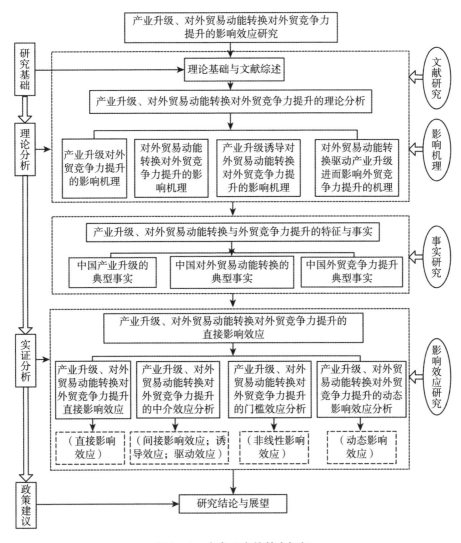

图 1 - 1　本书研究的基本框架

二、研究方法

本书紧紧围绕"产业升级、对外贸易动能转换对外贸竞争力提升的影响效应"这一主题开展研究，涉及的研究方法主要有以下三种。

一是文献归纳法。本书首先使用归纳分析法系统梳理了相关经典文献。在此基础上，系统而全面地归纳有关产业升级、对外贸易动能转换与外贸竞争力提升的概念内涵、测度方法以及相关关系的研究，提炼有助于本书开展研究的思路及方法。据此，提出本书的新的综合研究视野。通过对前人相关研究的归纳与整理，厘清现有研究的大致框架和脉络，为本书研究开辟了新的研究视域。

二是统计与比较结合法。对于统计与比较相结合的方法的使用，散见于全书的各章节之中，这也是本书使用的基础性研究方法之一。最为明显地体现在书中对行业层面与地区层面的对外贸易动能转换指数的测算以及第四章中通过直观易懂的统计分析产业升级、对外贸易动能转换的事实表现与特征，以及中国外贸竞争力的总量、结构情况的时序变化特征，并结合比较分析法对制造业行业和地区层面的产业升级的时序变化和时空演变、对外贸易动能转换时序变化和时空演变以及外贸竞争力提升的时序变化特征和时空演变规律进行事实性的描述分析与比较分析，总结出产业升级、对外贸易动能转换与外贸竞争力提升程度的客观规律及背后深层的原因，为后续实证分析奠定基础。

三是规范与实证结合法。本书第三章运用规范分析方法阐释产业升级、对外贸易动能转换与外贸竞争力提升的相关概念内涵，并探究产业升级、对外贸易动能转换如何影响外贸竞争力提升的影响机理，同时提出可供解决方案；通过运用统计分析得到相关数据，并利用计量模型，如最小二乘法、中介效应模型、门槛效应模型以及面板 VAR 模型，实证验证分析理论假说，并得到相关可靠结论。

三、研究内容

结合前述研究思路以及基本框架图，本书共设计如下九章研究内容。

第一章　导论。首先，阐述本书的研究背景，指出当前国内外环境变幻莫测，世界经济发展低迷不振，我国适时提出构建双循环新发展格局的发展战略以应对中长期的困难和挑战，加之中国经济高质量发展的迫切需求，亟待产业升级和对外贸易动能转换，得以实现产业结构优化和对外贸易动能转换，不断释放新动能，为对外贸易发展提供内在动力和外在支撑，有效实现国内、国际循环双轮驱动，以缓解中国对外贸易发展中的难题和困境，提出新发展阶段下产业升级、对外贸易动能转换推动外贸竞争力提升的必要性和紧迫性，由此提出本书研究的理论意义和现实意义；其次，基于研究思路重点阐释了本书的研究内容、章节安排及逻辑框架；最后，提出本书主要的创新之处。

第二章　理论基础与文献综述。首先，根据现有研究基础界定本书研究的核心变量的概念内涵；其次，简要介绍产业升级经典与延伸拓展理论的相关内容，同时着眼于习近平总书记关于新旧动能转换的重要论述及学术界关于新旧动能转换的论述介绍新旧动能转换理论，并介绍有关国际贸易理论为本书的理论分析奠定基石；再次，从产业升级概念内涵、定量测度与外贸竞争力提升关系的相关研究动态、对外贸易动能转换概念内涵、定量测度与外贸竞争力提升关系的相关研究动态以及外贸竞争力概念内涵、影响因素相关研究动态三个方面回顾、梳理既有文献；最后，对其进行总结性述评，为本书研究提供和发展出新的研究视角及进一步研究的方向。

第三章　产业升级、对外贸易动能转换对外贸竞争力提升的理论分析。首先是重点探讨了本书的影响机理，即产业升级对外贸竞争力提升的影响机理；对外贸易动能转换对外贸竞争力提升的影响机理；产业升级诱导对外贸易动能转换进而对外贸竞争力提升的影响机理；对外贸易动能转换驱动产业升级进而对外贸竞争力提升的影响机理，并据此提出相关的研究假设；然后是进一步通过指标表征产业升级、对外贸易动能转换与外贸竞争力提升，进而以技术选择表征产业升级和以贸易方式转型表征对外贸易动能转换，通过构建数理模型框架刻画产业升级、贸易方式转型的变化与外贸竞争力提升的函数关系和数理分析。

第四章　中国产业升级、对外贸易动能转换和对外贸易竞争力的特征与事实。本章详细解释制造业行业层面和地区层面的产业升级指标、对外贸易动能转换指标体系和外贸竞争力指标，并根据实际数据测算产业升级、对外贸易动能转换指数和衡量外贸竞争力提升的数据指标。在此基础上，以制造业行业层面和地区层面两维视角，整体定性和定量地分析了产业升级、对外贸易动能转换与外贸竞争力提升的时序变化特征和时空演变规律，重点分析了产业升级发展的特征事实和时空演变规律、对外贸易动能转换的事实表现和理论框架下的指标体系以及中国外贸竞争力的总量、结构的发展和时序变化特征。

第五章　产业升级、对外贸易动能转换对外贸竞争力提升的直接影响效应。本章基于制造业行业层面和地区层面两维视角，依托 2001～2019 年中国制造业细分行业面板数据和省际面板数据，分别以行业产值比重、产业高级化、产业合理化指数表征制造业行业层面及地区层面产业升级、对外贸易动能转换指数和衡量外贸竞争力提升的指数，结合计量模型实证验证产业升级与对外贸易动能转换对外贸竞争力提升的影响效果；旨在揭示产业升级与对外贸易动能转换对我国外贸竞争力提升存在怎样的影响规律；从制造业行业层面和地区层面考察控制与不控制产业升级以及控制与不控制对外贸易动能转换的情形下的产业升级与对外贸易动能转换对外贸竞争力提升的直接影响效应何如；旨在揭示产业升级与对外贸易动能转换对外贸竞争力提升的直接影响效应的行业异质性和区域异质性。

第六章　产业升级、对外贸易动能转换对外贸竞争力提升的中介效应分析。本章基于制造业行业层面和地区层面视角，并利用中介效应分析方法分别考察产业升级诱导对外贸易动能转换进而对外贸竞争力提升的诱导效应和间接影响效应，以及对外贸易动能转换驱动产业升级进而对外贸竞争力提升的驱动效应和间接影响效应，旨在揭示行业层面产业升级与对外贸易动能转换对外贸竞争力提升的影响渠道，以及地区层面产业升级与对外贸易动能转换对外贸竞争力提升的影响渠道。

第七章　产业升级、对外贸易动能转换对外贸竞争力提升的门槛效应分析。本章基于制造业行业层面和地区层面两维视角，并利用门槛效应分析方法分行业、分地区和分时间段考察产业升级诱导对外贸易动能转换进而对外贸竞争力提升的影响效果，以及对外贸易动能转换驱动产业升级进而对外贸竞争力提升的影响效果，旨在揭示行业层面产业升级与对外贸易动能转换对外贸竞争力提升的非线性影响规律和地区层面产业升级与对外贸易动能转换对外贸竞争力提升的非线性影响规律。

第八章 产业升级、对外贸易动能转换对外贸竞争力提升的动态影响效应分析。本章基于 2001~2019 年中国整体时序数据以及 2001~2019 年省级面板数据，利用面板 VAR 模型实证分析和考察产业升级、对外贸易动能转换对外贸竞争力提升的动态影响关系。

第九章 研究结论与展望。本章重点总结了产业升级、对外贸易动能转换与外贸竞争力提升的分时序变化特征和时空演变规律以及在第五、第六、第七和第八章实证分析中的所得研究结论。故据此提出在加快发展第三产业、促进产业升级、优化产业合理化状态、缓解产业失衡问题、合理处理产业升级和对外贸易动能转换的异质性及非线性特征、加快推进对外贸易动能转换、释放对外贸易新优势等方面充分发挥产业升级和对外贸易动能转换对外贸竞争力提升的积极影响效应的政策建议。此外，概述了本书研究中存在的不足之处及下一阶段有待进一步研究的方向。

四、本书的创新之处

本书将研究视角定位在"产业升级、对外贸易动能转换对外贸竞争力提升的影响效应"，与以往研究相比，本书的创新之处主要体现为以下几个方面。

第一，研究视域上拓展了产业升级、对外贸易动能转换与外贸竞争力提升影响关系的逻辑视角。现有研究多集中于分析产业升级与外贸竞争力提升、对外贸易动能转换与外贸竞争力提升之间的单向或双向关系。但面对百年未有之大变局，随着新一代科技革命和产业变革浪潮的持续推进，产业升级、对外贸易动能转换影响外贸竞争提升的研究是存在一定关联的，有必要将其放入统一的研究框架进行剖析，这对于构建双循环新发展格局进而实现中国对外贸易高质量发展具有重要的理论价值和一定的现实意义。本书突破了单纯研究产业升级与外贸竞争力提升、对外贸易动能转换与外贸竞争力提升的两两关系的逻辑视角，将产业升级、对外贸易动能转换与外贸竞争力提升囿于统一的研究框架，运用系统思维详细阐释了产业升级与对外贸易动能转换影响外贸竞争力提升的影响机理，不仅考虑了产业升级对外贸竞争力提升的影响，而且还考虑了对外贸易动能转换对外贸竞争力提升的影响，同时还分析了产业升级与对外贸易动能转换之间的互动关系进而影响外贸竞争力提升的作用效应，丰富和拓展了产业升级、对外贸易动能转换影响外贸竞争力提升的研究视域。

第二，研究内容上延伸了对外贸易动能转换的定量测度。目前，现有研究对于中国对外贸易动能转换的研究多停留在定性研究，仅对对外贸易动能转换内涵、事实表现及实现路径等方面进行理论层面的介绍，鲜有涉及对外贸易动能转换的测度问题。鉴于此，本书基于经济增长动能理论，构建对外贸易动能转换的理论框架和指标体系，测度对外贸易动能转换指数，以衡量中国制造业和地区层面的对外贸易新旧动能转换程度，延伸了该领域的研究内容。

第三，实证内容上丰富了产业升级、对外贸易动能转换对外贸竞争力提升的影响效应的全面系统且多维度的分析。重点探讨了产业升级、对外贸易动能转换对外贸竞争力提升的影响效应研究，即产业升级通过技术创新溢出、企业间竞争示范效应凸显、刺激消费需求、积累物质资本和人力资本以及产业结构效应对外贸竞争力提升产生直接影响效应；对外贸易动能转换通过降低贸易成本、提升要素资源配置效率、释放新动能、改善营商环境、驱动技术创新、刺激竞争、带动消费需求和促进要素积累等方面对外贸竞争力提升产生直接影响效应；同时分析了产业升级通过技术革新、资源配置效率提高、激发新需求和优化贸易结构等途径有助于加快对外贸易动能转换的诱导效应与间接影响效应，以及对外贸易动能转换通过需求侧的需求释能、供给侧的"提质增效"和结构转换的"弯道超车"等驱动产业升级驱动效应和间接影响效应，进而对外贸竞争力提升产业积极的正向促进影响。同时，结合现实经验数据以静态面板估计、系统 GMM 估计、中介效应检验、门槛效应检验、传统 VAR 模型及面板 VAR 模型多种计量方法对三者之间的影响机制进行实证检验，丰富实证内容。

第二章 理论基础与文献综述

一国或地区的产业竞争优势为其参与国际贸易往来提供了比较优势，尤其在新一代科技革命和产业变革的新发展阶段背景下，伴随着新动能的持续释放，有利于培育国际竞争与合作新优势，一定程度上有利于推动外贸竞争力的提升。本章首先对产业升级、对外贸易动能转换和外贸竞争力提升的概念内涵进行界定；其次是阐述其相关理论基础，进而对产业升级相关研究动态和对外贸易动能转换相关研究动态以及外贸竞争力提升相关研究动态等现有文献进行系统回顾，为后续研究奠定基础；最后进行文献述评。

第一节 概念界定

为厘清产业升级、对外贸易动能转换与外贸竞争力提升之间的互动关系，有必要对其相关概念内涵进行清楚的界定。进而在系统梳理产业升级、对外贸易动能转换和外贸竞争力相关经典理论研究的基础上，立足于新发展阶段以新的研究视角审视产业升级、对外贸易动能转换与外贸竞争力提升之间的内在逻辑关系，以全面系统地阐释产业升级、对外贸易动能转换对外贸竞争力提升的影响效应。

一、产业升级的概念界定

要了解产业升级的概念内涵，应先清楚"产业"一词的含义。《现代产业经济词典》中将产业定义为"具有某种同一属性的经济活动的集合"。本书认同"同一属性"的界定，理解为产业是指在投入和产出两方面具有相近特征的经济活动集合。目前学术界仍没有一以贯之的产业升级的概念。按照学术界对产业升级概念的阐释可主要分为以下几方面。

一是宏观视角下产业间的产业升级。产业间的产业升级整体表现在三次产业的发展状况，重点关注由于技术革新、要素资源再配置等实现产业效应增加导致产业比重变化而引起的产业结构调整及变迁的动态过程。库兹涅茨（Kuznets，1985）较早提出产业的产值和劳动力比重随着经济增长将呈现不同的状态，农业部门表现为逐渐下降、工业部门表现为先下降后上升和服务业部门表现为先缓慢上升后再进而实现迅速上升的态势，指明了产业间产业升级的基本模式。朱利亚尼等（Giuliani et al.，2005）站在比较优势理论基础上将产业升级界定为通过创新进而提高附加价值的活动。高燕（2006）将产业升级界定为产业结构的调整升级和产业效益的提升，即三次产业之间的过渡发展。干春晖等（2011）以三次产业变化为基础，界定衡量产业间的聚合程度和推进程度为产业升级。朱卫平和陈林（2011）认为，产业间升级是新兴产业逐步取代旧主导产业的过程。刘会政等（2018）指出，产业间分工体系下的产业升级主要表现在产业发展，即传统产业的扩大再生产并通过资本、技术积累实现产业效应的提高。田晖和冰君（2022）认为，产业间产业升级是由产业积累形成的新发展，并以Moore 指数测算三大产业之间的产业升级程度。

二是中观视角下产业内的产业升级。产业内的产业升级主要表现在产业内部链条上调整升级，是产业内各企业通过技术创新效应、资源优化配置效应不断提高劳动生产率得以实现产业附加值提升的过程。杰里菲（Gereffi，1999）认为，产业升级是产业内价值链条由低端向高端产业环节转变的过程。林毅夫等（1999）从比较优势出发，认为产业升级的过程就是产业结构向资本、技术密集型，甚至向信息密集型的发展。杰里菲和卡普林斯基（Gereffi & Kaplinsky，2001）将产业内产业升级界定为在同一产业内由生产劳动密集型产品转向生产资本和技术密集型产品的过程，以增强技术进步和收益能力。哈莫菲瑞和施密茨（Humphrey & Schmitz，2002）认为产业升级是全球价值链条上同一产业环节上的跃升。杰里菲（2002）提出产业升级直接表现为提升价值链地位的过程。纪云涛（2006）提出"三链一力"视角下产业特征、技术以及价值水平的产业内产业升级。潘冬青和尹忠明（2013）指出开放条件下产业升级表现为产业内的结构升级。刘建江等（2021）提出产业内产业升级主要体现在产业内企业与产品结构升级，涉及调整企业行为、关系及结构。

三是微观视角下的产品内的产业升级。随着全球化进程的推进，国际间分工进一步深化，分工同样也更加细化，由产品层面逐渐深化到工序层面。产品内的产业升级以技术创新为核心，得以实现产品的工艺升级和产品升级。波特等（Porter et al.，1985）分割价值链环节以获取更大地发挥其竞争优势的地位，并将产品的研发设计、营销等方面作为企业重要的培育核心竞争力的增值环节，有助于实现产品内产业升级。克鲁格曼（Krugman，1995）在分析企业地理空间和价值增值生产活动配置的异质性问题的基础上以"价值链分切"理论来解释产品内升级。杰里菲（2002）将产品内产业升级描述为最低原始设备装备逐渐向设备制造、设计制造和品牌制造等层次发展。潘（Poon，2004）认为产业升级是向高价值产品转移的过程。豪斯曼等（Hausmann et al.，2007）以当期产品不具备国际竞争优势，但下一期转而成为具有国际竞争优势的产品作为衡量产品层面的产品空间中的产业升级。张舒（2014）阐释了产品质量升级下的产品内产业升级的路径。张亭和刘林青（2016）、邓向荣和曹红（2016）、马海燕和于孟雨（2018）以产品优势转化的显示性比较优势（RCA）指数衡量产品空间层面的产业升级程度。韩亚峰等（2021）提出企业嵌入全球价值链双向重构，有利于发挥资源整合、市场竞争和政策效应，进而实现产品层面出口产品质量提升，实现产品升级。

通过上述梳理可知，产业升级概念内涵丰富。学者们分别从宏观视角下产业间升级、中观视角的产业内升级以及微观视角产品内产业升级对其概念内涵进行了详细解读。学术界根据其研究目的分别采用各自适用的产业升级概念。鉴于此，本书考虑研究目的及数据的可得性，将产业升级界定为产业结构调整的产业间升级，主要体现在新兴产业通过高端要素的资源禀赋逐步取代低端投入的旧主导产业，进而引起产业结构调整和变迁的结果，逐步实现技术进步和产业素质提升。需要指出的是，本书从制造业行业和地区层面两维视角出发，在后续实证检验过程中鉴于数据的可得性，衡量制造业层面的产业升级为产业内升级，即制造业产业内部的变革，具体表现为该产业行业产值的增加以及市场占有率方面的优势。而地区层面的产业升级即按照产业升级界定的产业结构调整的产业间升级进行定量的衡量并开展后续实证检验。

二、对外贸易动能转换的概念界定

新发展阶段下中国对外贸易发展面临着尤为艰难的内外部处境和严峻激烈的挑战，对外贸易动能转换的顺利实现有助于培育国际竞争新优势。于分析而言，在界定对外贸易动能转换的概念之前，有必要先了解新旧动能转换的相关概念。

首先，新旧动能转换的来源。2015 年，"新旧动能" 被屡屡提及。2017 年 1 月，第一份 "新旧动能转换" 正式文件《关于创新管理优化服务培育壮大经济发展新动能 加快新旧动能接续转换的意见》出台。同年《政府工作报告》也有提及 "新旧动能转换"。2018 年《政府工作报告》也多次提及 "新动能" 以及 "新旧动能的接续转换"。2019 年《政府工作报告》再提 "新动能培育" 及 "促进新旧动能转换"。2020 年《政府工作报告》又提 "增强发展新动能"。2021 年 4 月，国务院办公厅发布《同意济南新旧动能转换起步区建设实施方案的函》，可见山东省新旧动能转换持续发挥着领头效应。各省份纷纷响应并加快制定和实施新旧动能转换政策步伐。随着新旧动能转换讨论日益白热化，掀起了关于新旧动能转换研究的热潮。

其次，新旧动能转换的概念内涵。目前并没有统一一致的概念内涵。

但从现有政府文件、领导讲话及相关学者论述中可以理解总结出以下几点：一是新经济形态成为发展新动能的重要手段。以创新性知识、新兴技术等为主要应用方式的新经济形态成为激发新动能需求侧和供给侧发展的重要手段。二是发展新经济的过程就是培育新动能的过程。不可忽视两者之间的紧密联系，并应重视新经济对新动能的拉动、促进作用。三是新旧动能转换强调新经济所创造的新动能和传统经济改造升级齐头并进。另外，较多学者也对新旧动能的概念内涵进行了考究和界定。赵炳新等（2018）提出新动能包括新产业、新业态和以其为基础协同形成的新模式与新网络。董彦岭（2018）界定了新旧动能转换的内涵，指出新旧动能转换包含发展"四新产业"，提高高新技术产业的比重；提高传统产业信息化、智能化和质量效益，实现转型升级；落后产能"关停并转"等三个方面。杨蕙馨和焦勇（2018）界定新旧动能转换的内涵包含三层含义：微观上为要素、技术等综合变化实现较高的平衡增长路径的动态过程；中观上为区域不均衡、城乡差异和产业差距等非均衡向均衡增长转变的动态过程；宏观上为整体社会转向高质量发展的动态过程。宁朝山（2019）对新旧动能转换内涵进行界定，指出微观层面的新旧动能转换表现为要素优化及提升的过程；中观层面的新旧动能转换表现为重塑主导产业以及构建新型产业体系的过程；宏观层面的新旧动能转换由旧转新的高质量发展过程，包括经济结构、制度质量等优化。秦昌才（2019）认为新旧动能转换的概念内涵不是一味地追求新经济，摒弃传统经济，而应该在发展新经济、新模式的同时，也应注重传统旧产业自身的特质与优势的保留和升华。安礼伟和张二震（2021）认为新旧动能转换的方向应从解决生产方式和要素禀赋之间的矛盾及供给结构和需求结构的矛盾这两个结构性矛盾出发，鼓励创新成为推动新旧动能转换的重要政策方向。

最后，对外贸易动能转换的概念内涵。由于新旧动能转换是近几年才被提出和热议，相关理论和研究仍有待进一步探究与考证，故而有关对外贸易动能转换的相关研究相对较少，但也有部分学者开始对对外贸易动能转换的概念内涵展开有益的探索。丁岩（2019）从需求侧和供给侧构建指标衡量对外贸易动能转换，阐释了对外贸易动能转换的供给端和需求端的影响因素。裴长洪和刘斌（2019）指出中国对外贸易动能转换动力强劲，转换结构正发生质变，并将对外贸易动能转换概括为互联网和跨境电商的新业态、"中欧班列"的新贸易运输方式和自由贸易区的三重叠加优势。刘华和房乐乐（2020）结合"一带一路"倡议下"中欧班列"开通，探讨对外贸易动能结构性转换的内涵，提出增加高净值产品的出口比例和民营企业出口贸易的相对规模，有利于对外贸易动能结构性转换的实现。李春顶和田奥（2020）在构建双循环新发展格局背景下，提出对外贸易动能转换在于推动对外贸易新业态和新模式的发展，一方面推动跨境电商发展，形成对外贸易动能转换的新优势；另一方面推动新兴的数字贸易发展，持续推进服务贸易创新发展，建设对外贸易动能转换的新优势。李婧（2021）提出我国对外贸易依赖人口红利的劳动密集型加工贸易的增长方式难以为继，民营企业的参与以及金融资本和投入品的增加使得出口产业自主创新能力提升，朝着高附加值方面发展，贸易发展和结构优化为对外贸易动能转换提供了新动能。高运胜等（2021）指出塑造中国对外贸易增长的新动能在于通过深化改革、创新驱动、扩大开放和制度保障实现，同时应不断优化对外合作方式、均衡对外贸易结构、改善国内营商环境、培育贸易新模式和新业态促进对外贸易高质量发展。

综上可知，新旧动能转换是新动能代表的先进生产力对落后的、传统的旧生产力为代表的旧动能或淘汰或转型或改造或替代的多重接续的动态发展过程，其中核心驱动力是以知识、技术、信息、数据等新型生产要素为支撑的创新驱动。在此基础上的对外贸易动能转换是在国际开放竞争条件下的对外贸易发展的新动能逐渐取代旧动能的动态发展过程，有利于培育和塑造我国国际竞争新优势，满足对外贸易高质量发展的客观要求。鉴于此，本书将对外贸易动能转换的概念界定为在对外贸易发展过程中，减少外部依赖，增强自身韧性，注重技术效率和绿色发展而带来的新技术、新模式、新通道、新环境和新业态，是对外贸易发展新动能逐渐取代旧动能的过程，表现为对外贸易由内而外的转换提升，具体表现在需求侧、供给侧和结构转换三个维度动能。进一步地，将需求侧动能分为内需动能和外需动能。供给侧动能主要表现在对外贸易经济行为中的供给端的变动和改革，实现提高供给端技术水平、优化和改善供给端要素配置，提高对外贸易供给质量，进而促进对外贸易动能转换速度和效率，主要包含资本动能、人力动能、创新动能和产业动能。在结构转换动能方面，重点强调对外贸易结构和方式的转换与变革，并注重绿色贸易，具体体现在结构动能上。在经济全球化转型和全球价值链重构背景下，对外贸易的结构转变体现在充分利用新技术的新形式、新业态和新模式，以形成对外贸易结构动能转换的主要内容，并发挥不可忽视的作用，以培养对外贸易竞争新优势。

三、外贸竞争力提升的概念界定

外贸竞争力水平反映了一个国家或地区在国际贸易中的竞争能力。中国长期依赖出口导向型的对外贸易发展模式，使得中国成功在国际贸易中谋得一席之地，并顺利成长为世界贸易大国，但中国对外贸易发展弊端频现，"低端锁定""大而不强""卡脖子"问题成为中国对外贸易发展的痛点。随着国际环境复杂多变和国内环境深刻变革，以往的对外贸易发展模式已不再适用，中国亟待重塑对外贸易发展新格局，加强培育国际贸易合作和竞争新优势。在构建双循环新发展格局背景下，加快国际循环畅通，重视外贸竞争力提升，以期促进中国对外贸易高质量发展。刘娟（2016）、李莎莎和李先德（2018）、史安娜和陶嘉慧（2019）等分别对不同产品或服务的外贸竞争力进行比较，认为对外贸易竞争力体现在市场份额的扩张、出口产品或服务的规模效应，外贸竞争力水平的提升有助于占据对外贸易优势地位。赵晓俊和侯景新（2019）在分析中日两国贸易规模、贸易商品结构和对外贸易地域结构的技术水平基础上，以贸易竞争力指数（TC指数）衡量中日两国的对外贸易在国际市场的竞争力。王厚双等（2021）在对标贸易强国概念基础上，引申提出省市对外贸易竞争力的概念，将一省市对外贸易竞争力界定为在国际贸易市场上有活跃表现，并拥有一定市场份额，且能在跨境交易中争取有利的价格。

综上所述可知，对外贸易竞争力反映一个国家或地区参与国际贸易时体现的两种能力：一为是否具备持续出口的能力，二为是否具备从对外贸易活动中获取收益的能力。鉴于此，本书将外贸竞争力提升的概念进行如下界定：外贸竞争力提升是指对外贸易竞争力水平的提升，是一个国家或地区在参与国际贸易活动持续出口和从对外贸易活动中获取收益的能力，是一个国家或地区在国际市场上通过生产要素质量和资源配置水平的提高使企业出口能力增强、市场份额增加并获益的能力。

第二节　理　论　基　础

一、产业升级理论

产业升级理论在研究产业结构调整和升级中被广泛应用。传统产业升级理论均以库兹涅茨（Kuznets，1941）的三次产业划分为基础，研究产业结构的动态变迁过程，表明了随着经济发展，第三产业比重逐步超过第一、第二产业比重的规律性特征。在产业升级经典理论的基础上，以下重点介绍产业升级理论的延伸与拓展。

在经典的产业升级理论基础上，学者们对产业升级理论进行了延伸和拓展研究，具体如下。

一是刘易斯的二元结构转变理论。该理论以其假定为前提，提出农业部门和工业部门之间的要素转移形成的累积效应，直至实现其边际生产率相等才停止，由此变为一元经济结构。农业、工业经济之间的差距得以消除，二者之间的平衡发展得以实现。透过现象看本质，该理论通过分析产业间劳动生产率异质性差异导致产业间劳动力再配置，进而实现产业结构优化调整。

二是罗斯托的主导产业理论。罗斯托在其著作《经济成长的阶段》和《主导部门和起飞》中论述经济增长阶段和主导产业的选择基准，为主导产业理论奠定了基石。罗斯托根据技术和生产率发展水平，把经济增长划分为6个阶段，并提出无论在任何阶段保持经济增长的原因在于主导部门的迅速扩大以及其所产生的扩散效应。主导产业辐射自身扩散效应至全产业链中，产业结构升级得以实现。

三是赫希曼和筱原三代平的主导产业选择基准理论。两人分别提出以关联产业效应、收入弹性和生产率上升等作为主导产业选择具体基准，一定程度上阐释了产业升级的演变方向的动态发展过程，即产业将向以实现主导产业选择具体基准的产业方向调整升级。该理论所述为各国或地区选择并发展适宜的主导产业指明了方向，同时也在一定程度上指明了产业升级所应演变和发展的方向。

四是赤松要的"雁行形态"理论。赤松要解释产业发展的"雁行形态"理论为某一产业在不同国家及一国中不同产业先后转移、变迁的兴盛、衰退过程，并提出后进国家或地区应遵循"进口—国内生产—出口"的发展模式，以在产业兴盛、衰退进程中促进其发展，提供了产业结构高度化的途径。"雁行形态"理论提出产业发展的顺序从以农业为主，向轻工业进而向重工业为主转化，满足了产业发展的一般性趋势。

五是全球化背景下的价值链升级。随着全球化日益繁盛，跨国公司兴盛，产业发展嵌入全球价值链生产网络趋势明显，生产活动得以在参与价值链上实现升级。杰里菲（1999）提出在全球价值链生产网络中的地位及以技术获利的能力均是实现产业升级的重要表现。杰里菲（2001）提出价值链升级是由低增加值率向高的产品升级，拓展了原有价值链和商品链的范围。卡普林斯基和莫里斯（Kaplinsky & Morris，2001）指出全球价值链的关键在于战略价值创造，以此延展价值链升级和价值实现竞争优势。王月琴等（2009）认为全球价值链下产业升级是依托于要素禀赋优势的产业、环节的循序渐进的越级。刘仕国等（2015）提及产业升级包含价值链升级。世界贸易组织（WTO）（2017）报告指出产业发展更加依赖全球价值链下的生产网络系统。整体来看，随着国际、国内市场环境的发展变革，产业升级不再是简单的产业变迁，而是更加细化至产业的横向和纵向链条中的越级，但总体上产业发展方向为由低向高的演变过程。

二、新旧动能转换理论

随着政府性的讨论提及、官方正式文件的出台以及学者们的研究解读，新旧动能转换相关论述和研究成果日益颇丰，虽尚未形成一套系统的新旧动能转换理论体系，但其理论框架已初见端倪。现就新发展阶段下有关中国特色的新旧动能转换理论的初步探索和尝试进行有益地总结和简要介绍，以为后续的研究奠定一定的理论基础。

一是习近平总书记关于新旧动能转换的重要论述。伴随着我国社会主要矛盾的转换，中国经济已然进入新发展阶段，开启了高质量发展进程。我国在新发展阶段面对诸多的发展过程中的困难和挑战，亟须国家顶层设计和经济增长方式的转变。习近平总书记关于新旧动能转换的重要论述正是在深刻总结了中国面临的复杂多变的国内外环境，以及中国经济进入新发展阶段并转向高质量发展进程中面临的问题和现状的基础上的深度见解以及对新发展阶段中国经济发展的纾难解困。习近平总书记指出应"通过有效的市场竞争，提高资源配置效率，实现优胜劣汰和产业重组，提升产能过剩行业集中度，积极推进科技创新，增强核心竞争力，加快推进新旧动能转换"①。借助新一轮技术革命和产业变革的"红利"带来的新技术、新模式、新产业、新经济，促进传统旧动能转型升级，新动能释放强大动力，实现中国经济平稳过渡发展。习近平总书记提出"要加快推进新旧动能转换，巩固'三去一降一补'成果，加快腾笼换鸟、凤凰涅槃"②。在新发展阶段，应妥善处理传统旧动能转型升级以及其与新动能的关系，依靠新动能释能促进中国经济转型。同时，习近平总书记关于世界经济的新旧动能转换的论述，表明世界经济的发展同样需要转变思维，加快新旧动能转换，这也为我国推进对外贸易动能转换提供了战略性指导。习近平总书记指出"新科技革命和产业变革蓄势待发，但增长新旧动能转换尚未完成"③，同时习近平总书记研判世界经济发展趋势，提出新旧动能转换是世界经济复苏和发展的关键性动力，认为"未来 10 年，将是世界经济新旧动能转换的关键 10 年"④，同时强调"尽管世界经济整体保持增长，但危机的深层次影响仍未消除，经济增长新旧动能转换尚未完成，各类风险加快积聚"⑤。新发展阶段中国经济高质量发展不仅要在国内经济循环过程中注重新旧动能转换，而且在参与世界经济和国际贸易往来中重视新动能的

---

① 《中共中央政治局召开会议 决定召开十八届六中全会 分析研究当前经济形势 部署下半年经济工作 中共中央总书记习近平主持会议》，人民网，2016 年 7 月 26 日。

② 《贯彻新发展理念推动高质量发展 奋力开创中部地区崛起新局面》，人民网，2019 年 5 月 23 日。

③ 《习近平主席在亚太经合组织工商领导人峰会上的主旨演讲》，新华社，2018 年 11 月 17 日。

④⑤ 《习近平主席出席金砖国家工商论坛并发表重要讲话》，人民网，2018 年 7 月 26 日。

释放，抓住机遇，加快推进新旧动能转换，以实现中国经济稳步提升和对外贸易的高质量发展。

二是学术界关于新旧动能转换的论述。随着新旧动能转换被频繁提及，学术界开始关注并研究新旧动能转换理论，相关研究成果在一定程度上丰富和完善了新旧动能转换理论。一方面是学术界对新旧动能转换内涵的界定。部分学者从发展经济学的角度阐释新旧动能转换的概念内涵，对于技术创新驱动和释放新动能这一核心力量的解释持有一致观点，并认为新旧动能转换是新动能对旧动能的取代更迭的动态演变过程（王小洁等，2019）。部分学者认为新旧动能转换的内涵还应包括阐明政府政策系统的输出，并从政府政策设计过程角度理解（窦玉鹏，2020）。整体而言，新旧动能转换是一个广泛的开放性的相对概念，应全面系统地加以解释概括。另一方面是学术界对新旧动能转换路径选择的探讨。张文和张念明（2017）以供给侧结构性改革为导向，提出应尽快构建现代产业支撑体系、新需求体系、创新体系和现代规则体系等四大体系，为新旧动能转换提供强力保障。董彦岭（2018）提出新旧动能转换具有长期性且任务艰巨，要因地制宜制定相应策略并平衡好新旧动能转换过程中的利益相关问题。盛朝迅（2020）分别从深化改革、培育主体、集聚产业、创新要素和提升开放等方面提出我国"十四五"时期加快新旧动能转换的思路和实践任务。新旧动能转换呈现的是一个动态发展的趋势，现在的新动能可能会成为以后的旧动能，因此新旧动能转换应该结合一定的生产水平进行，而加快促进新旧动能转换的路径同样囿于当下的生产力水平，需要结合现实情况提出切实可行的方案。

新旧动能转换理论中涉及的两个重要问题，一是新旧动能转换是"转向哪里"；二是新旧动能转换要"如何转换"。首先，对于新旧动能转换"转向哪里"的问题，简单的理解就是旧动能转向新动能。这与新旧动能转换的内涵概念密切相关，也就是要加快淘汰落后的传统的旧动能，取而代之的是新技术、新模式、新业态、新经济下形成的新动能，涉及经济结构转型升级、经济发展方式转变、增长方式转变、发展理念的转变以及经济体制制度的改善优化，表现为长期的、动态的、复杂的过程。其次，对于新旧动能转换"如何转换"的问题，对应了新旧动能转换的路径选择。

新旧动能转换的过程是新动能的培育和旧动能的改造升级，并非对旧动能的完全淘汰、摒弃，而是要挖掘传统动能的优势和精华，进而实现其转型升级为新动能。因此，对于如何实现新旧动能转换，一方面应积极发挥创新驱动的关键核心作用。习近平总书记强调"让科技创新在实施创新驱动发展战略、加快新旧动能转换中发挥重大作用"① 并提出"自主创新是推动高质量发展、动能转换的迫切要求和重要支撑"②。创新作用的发挥成为新旧动能转换得以顺利实现的关键。另一方面应把握新发展阶段贯彻新发展理念，这是新旧动能转换的根本要求。面对处于新发展阶段的困难和挑战，我国研判国内外经济形势，并提出新旧动能转换。习近平总书记关于新发展阶段新旧动能转换的论述成为当下重大经济理论命题。因此，要坚持创新驱动，培育绿色发展理念，协调新旧动能的关系，秉承持续开放的发展态度，充分利用国际、国内双循环实现新旧动能转换。

三、国际贸易理论

传统的古典贸易理论以生产视角切入，系统地解释国际贸易模式。这些理论进一步解释了国际贸易产生的基础以及开放市场积极参与国际分工所获得的益处。但也应注意到，传统贸易理论讨论的只有产业之间的贸易，即解释对象囿于产业间贸易，并均以完全竞争、国际贸易产品同质以及规模报酬不变为假设前提。因此，随着国际贸易领域和范围的深入延伸与拓展，传统贸易理论解释的局限性显现。随着全球化和区域一体化的迅猛发展，国家之间经济交流、交往、交融加深，彼此界限渐趋模糊，融合程度不断加深，国际市场随之扩大，部分发展中国家和新兴经济体自第二次世界大战后发展迅速，并与发达国家成为国际贸易伙伴，相互之间工业制成品的产业内贸易交易频繁，致使出现了除产业间贸易外的新兴国际贸易形式——产业内贸易，并逐渐形成产业内贸易日益繁盛的态势。为解释

---

① 《习近平在上海考察时强调 坚定改革开放再出发信心和决心 加快提升城市能级和核心竞争力》，新华社，2018 年 11 月 7 日。

② 《习近平在京津冀三省市考察并主持召开京津冀协同发展座谈会》，人民网，2019 年 1 月 18 日。

新兴的贸易形式及当下国际贸易出现的新表现和新特征，研究学者们在国际贸易领域中开启新的研究视野，并出现了新的发展，逐渐形成了新贸易理论和新新贸易理论。

（一）古典贸易理论

一是绝对优势理论。亚当·斯密（2019）在其《国民财富的性质和原因的研究》中指出，国际贸易之所以发生的根源在于国家之间的绝对成本差异和绝对劳动率差异。因此亚当·斯密进一步指出，每一个国家都具备各自适宜生产的某种产品的绝对优势条件，通过分工进行专业化生产，然后再进行交换，就可以达到国家间的双赢，从而增加国民财富。当每个国家均按照自身的有利条件及优势所在进行分工、生产和交换，以绝对优势参与国际贸易，那么本国的资源均可以得到高效配置，劳动生产率的水平也随着提高。因此，在绝对优势理论基础上，各国在参与国际贸易时应充分发挥自身的绝对优势，以达到各项资源有效利用，进而实现产量大幅提升和生产高度发展，通过自由贸易发挥各自的绝对优势，并反对贸易保护。他认为，若国际贸易的自由化难以实现，国际贸易不畅通，将进一步影响国际分工，无法充分达到高效率的生产和资源配置，社会生产率水平下降，进而降低国民福利。

二是比较优势理论。大卫·李嘉图（2014）的《政治经济学及赋税原理》提出的比较优势理论在一定程度上弥补了绝对优势理论的不足。该理论从生产成本的相对差别出发，认为是否具备相对优势才是决定一国生产与贸易模式的主要因素。同时一个国家只需生产并出口具有相对优势的产品，也可以在国际贸易中获益，并不必须拥有绝对优势。因此，该理论认为只要按照自身的相对优势参与国际分工，并与其他国家进行国际贸易，发挥自身拥有的相对优势，就必然能从国际贸易中获取收益，即"两利相权取其重，两弊相权取其轻"。比较优势理论在国际贸易理论中占据重要的地位，为自由贸易发展提供了有力支撑，至今仍是许多国家与地区参与国际贸易和制定国际贸易发展战略的重要参考。

三是要素禀赋论。赫克歇尔和贝蒂·俄林认为，一国贸易模式的决定因素来自各国资源或要素禀赋的差异。这一理论从各国拥有要素资源的稀缺性和非均衡性分析国际贸易的发生，提出一国总是在生产过程中依靠自身要素禀赋资源的生产要素创造产品，充分利用资源禀赋方面的比较优势，并依之出口来参与国际贸易，获得由于资源禀赋的比较优势而形成的收益。这一理论与前述大卫·李嘉图的比较优势具有显著不同：其一，两者所指的比较优势来源。李嘉图的比较优势理论中的比较优势来源于国与国之间在劳动生产率上的差异，而要素禀赋论的比较优势在于资源禀赋上的差异。其二，赫克歇尔和俄林的研究还涉及了收入分配的问题。该理论指出，由于不同生产要素的禀赋不同，国际贸易会对这些生产要素的所有者的收入分配产生影响。总体而言，要素禀赋理论的关键在于各国的资源禀赋差异，正是各自不同的资源禀赋决定了其比较优势，成为一国参与全球分工和国际贸易的重要基础。

（二）新贸易理论

随着国际贸易的发展，产业内贸易以及跨国公司的日益盛行，以保罗·克鲁格曼为代表的经济学家开始运用产业组织理论对不完全竞争市场进行分析，开创了贸易理论发展的新阶段，形成了新贸易理论。该理论与传统贸易理论的特点完全不同：一是该理论假设前提为规模经济、不完全竞争；二是其解释对象为产业内贸易。新贸易理论认为，一方面为实现规模经济效益（规模效益递增）、降成本和产品价格，应该集中生产具备自身优势的某几种品牌的产品，以获得规模效应；另一方面由于行业中各自根据选择生产行业中某几种品牌的产品，因而通过交换，以满足消费者的消费需求，这两方面均有效提高了消费者的福利水平。克鲁格曼等从生产层面、供给层面解释产业内贸易。戴芬·林德在 1961 年提出需求层面视角的产业内贸易的解释理论。新贸易理论为第二次世界大战以来迅速发展的发达国家之间的产业内贸易提供了新思路和新视角，对于理解和阐释产业内贸易有着重要的指导作用。

（三）新新贸易理论

新贸易理论虽然很好地解释了产业内贸易，但仍存在重要的缺陷：在其理论假设企业同质前提下，无法解释企业的进入、退出机制。于需求相似理论而言，由于现实经济系统的繁杂多变，各国收入水平无法真实反映其偏好与需求，难以保证其理论基础。鉴于此，以麦利茨模型为基础，提出了基于异质性企业为中心的新新贸易理论。新新贸易理论的核心思想表现在参与国际贸易的微观企业主体在国际竞争市场中的进入、退出的动态过程中，优胜劣汰，最终实现要素资源在企业之间的高效配置，实现整个行业的生产效率的提升。新新贸易理论以微观企业层面异质性探讨贸易问题，为理论的后续发展提供新的微观基础和方向。

以上所述古典贸易理论、新贸易理论和新新贸易理论等国际贸易理论的研究主要内容旨在阐释国际贸易产生的基础、国际贸易的模式以及国际贸易产生的影响。

一是国际贸易产生的基础。国际贸易产生的基础也就是国际贸易产生的原因，即国家之间进行贸易的原因和动力。对于国际贸易产生基础的不同解释构成了不同的国际贸易模型。古典贸易理论中的绝对优势理论所形成的斯密模型，假设劳动是产品中最主要的投入要素，认为国际贸易产生的原因是由于生产技术差异导致的劳动生产率之间的绝对优势。大卫·李嘉图在此基础上批判、继承地形成的李嘉图模型提出国际贸易产生的原因是由于生产技术的差异所带来的比较优势。赫克歇尔—俄林模型认为不同的商品需要不同的生产要素配置，不同国家的生产要素稀缺程度造成了各国产品生产成本的差异，国际贸易产生的原因在于各国之间资源禀赋的差异。而新贸易理论和新新贸易理论解释国际贸易产生的原因则从需求层面、消费者需求偏好、收入层面以及企业规模经济等角度展开。如新贸易理论的林德需求相似模型认为产业内贸易产生的原因在于两国在该产业存在共同需求也就是重叠需求。

二是国际贸易的模式。传统的贸易理论从供给层面（生产技术、资源禀赋）和需求层面（消费者需求偏好）提出国际贸易的模式：一国出口供大于求的产品、进口供不应求的产品。斯密模型从劳动生产率的绝对优势解释国际贸易的模式，即一国生产并出口在劳动生产率方面具有绝对优势的产品，而进口具有绝对劣势的产品。李嘉图模型则从劳动生产率的比较优势解释国际贸易的模式，即一国生产并出口在劳动生产率方面具有比较优势的产品，而进口具有比较劣势的产品。赫克歇尔—俄林模型从供给层面以及国家之间资源禀赋的比较优势解释国际贸易模式，即一国出口本国在资源禀赋具有比较优势的产品（密集使用其充裕性资源生产的产品），进口具有比较劣势的产品（密集使用其稀缺性资源的产品）。新贸易理论和新新贸易理论则从规模经济解释国际贸易模式，即由于企业存在规模经济，国家内的企业集中生产同一产品的几个品牌进而获得规模收益。林德的需求相似理论则从需求角度解释国际贸易模式，即由于国家间存在重叠需求，并进行品质处于这一范围内的产品的贸易。

三是国际贸易产生的影响。国际贸易理论不仅对国际贸易产生的基础和模式进行了相应的解释，而且还对国际贸易所带来的影响进行了分析。即国际贸易对经济、国民福利、国际关系、伙伴国经济的影响、国际贸易动态发展变化、国际贸易与技术进步、国际贸易与企业、产业、经济增长等相互影响。

第三节 文 献 综 述

一、产业升级研究动态

产业升级是产业经济学备受关注的重要主题，既有研究文献较为丰富。以下主要从产业升级内涵、指标测度以及其与外贸关系的相关研究进行介绍、回顾。

首先，有关产业升级内涵界定方面的相关研究。以下将从两方面进行回顾：

一是宏观层面视角。该视角关注的是整体产业结构变迁以及融合于价值链理论的产业升级的状况。库兹尼茨（1985）认为，随着经济的增长，农业、工业及服务业部门的产值和劳动力比重均呈现不同程度的变化，指明了经济发展过程中产业结构升级的基本模式。加里菲等（Gereffi et al.，2005）认为产业升级与价值链提升密不可分，不管是微观主体的企业抑或宏观主体的国家（地区）的产业升级均是沿着价值链条逐步攀升。刘健（1999）认为产业升级就是产业结构升级，二者等同，并提出通过产业结构协调和转换的矛盾运动促使产业结构从低级状态向高级状态演进。赵惟（2005）在提出全球产业结构变化总趋势的基础上提出知识经济昭示下的传统产业变革换代产业结构的重构即表现为产业升级。刘正平（2008）从马克思主义发展观入手，认为产业升级应突破结构内部的限制，以实现产业结构之间的辩证体系。刘杰（2010）认为产业结构升级表现为第一、第二及第三产业之间的规律性转移和资源再配置的过程。王珺等（2012）在扩大区域经济一体化前提下提出，产业转型升级要随着需求结构和要素结构的变化，促使整个经济活动从低附加值向高附加值的全面提升，以实现资源高效配置。唐德森（2014）指出，产业结构转型主要是指产业结构趋向合理化、产业协调融合以及产业关联水平提升等。刘仕国等（2015）对产业升级的概念、内涵等方面进行了全面的阐释，认为产业升级在于提高产品的价值和增加值率，包括生产升级、生产组织升级和市场升级，以此实现利润最大化进而谋求市场竞争中的比较优势。裴小兵和裴志杰（2017）指出，产业结构转型升级的实质在于"转型"和"升级"，核心在于转变经济增长的类型，转变国民经济发展方式，实现产业之间与产业内部占优势的产业向第二、第三产业和技术集约型产业方向发展。张永恒和王家庭（2019）从数量与质量两个维度阐述产业转型升级，从数量角度来看，产业升级表现为非农产业比重提高；从质量角度来看，产业升级表现为传统农业向现代化农业、制造业由劳动向资本和技术密集型行业、服务业向生产性服务业转变。总体而言产业转型升级还表现为产业由数量型向质量型转变。甘行琼等（2020）认为产业结构转型升级是提升产业整体素质和效率的过程。耿子恒等（2021）将产业升级的内涵界定为产业自身的发展水平，并认为产业升级的表现形式为技术水平提高、产业价值链攀升以及产品附加值增加。钟诗韵等（2022）将产业结构升级定义为整体产业质量与效率的提升，提出产业升级不仅包含三次产业比重变化的升级，还包含第三产业内部结构服务化升级和整体产业生产效率的升级。

二是微观层面视角。该视角关注的是微观企业通过技术变革等手段实现向高技术行业的转变。潘（2004）指出企业产品升级表现为生产产品向高附加值和高技术产品的转变。刘志彪（2000）在总结微观经济主体追求分工及降低生产成本的动因下提出，产业升级内涵体现在由低变高的演变发展。丁焕峰（2006）指出产业结构优化是产业结构向着高级化和合理化方向推进的发展过程，其中技术扩散效应得以提高企业的生产效率，促使该产业要素集聚，带动了该产业的发展与升级。刘勇（2007）以广东省产业升级经验为例，提出产业升级应依托技术创新、国内消费市场潜力以带动产业结构优化调整，向高技术和高附加值产业转变。聂建中和王敏（2009）提出，以知识技术含量水平和附加值的高低衡量产业升级级别的高低，因此将产业升级的内涵界定为产业中的技术含量的提高。韩红丽和刘晓君（2011）对产业升级的内涵进行了总结和归纳，分别从生产要素转移的视角和价值链的视角，阐释企业生产能力变化和竞争力提高以实现向资本与技术密集型企业的发展及企业价值的提升，最终实现微观维度产业升级。孙晓华和王昀（2013）、徐春华和刘力（2013）认为，产业升级包含提升价值链中的相对竞争力并生产更高附加值产品。安苑和王珺（2013）认为产业升级是以产业的技术复杂度度量，代表了企业在全球价值链和商品链网络中的位置，以此衡量企业的盈利能力。刘玉荣（2015）认为，中国企业应在重构价值链和国际分工体系的基础上，实现自身向中高端的产业升级。任碧云和贾贺敬（2019）将基于内涵重构下的企业规模、结构、效率和能环四维的内在能力的提高定义为制造业产业升级。易赛键（2020）以实践考察为依据探究基层产业转型升级，指出产业转型升级由向特色农业转向新型工业，转向文化旅游以及淘汰高污染、高排放的产业和企业，推进向新兴产业的转型。刘建江等（2021）认为新时代产业结构转型升级在微观层面表现为产业内企业与产品结构的升级。赵文涛和盛斌（2022）认为城市层面的产业升级是产业结构高级化和结构合理化的表现。

其次，有关产业升级度量指标的相关研究。目前，关于如何度量产业升级仍未达成共识。现有文献衡量产业升级的指标大致有：非农产业比重、技术复杂度指标、霍夫曼比例指标、基础产业超前系数、第三产业与第二产业比重、工业加工程度指标、高新技术产业比重、劳动生产率指标、全要素生产率指标、产业比重向量夹角指标、More结构变动指数、产业结构层次系数、产业结构偏离度、产业高级化与产业合理化、产业结构服务软化指标等（宋锦剑，2000；李晶，2003；周昌林和魏建良，2007；蔡昉等，2009；丁焕峰和孙泼泼，2010；谭晶荣等，2012；程莉，2014；

王一乔和赵鑫，2020；沈琼和王少朋，2019；李治国等，2021；卢现祥和李慧，2021；毛琦梁，2019；付凌晖，2010；韩晶等，2019；韦东明等，2021；干春晖，2011；韩永辉等，2016；陈明和魏作磊，2017；吴传清和周西一敏，2020；包振山等，2022）。相关学者在进行相关实证研究时大多是采用类似指标测度和分析评价产业升级。在产业升级的测定方法方面，张建华和李博（2008）构建产业结构升级评测指标体系，以 KLEMS 核算体系衡量、评价和预测产业结构升级的影响问题。蔡德发和傅彬瑶（2011）利用多层次灰色评价法评价黑龙江省的产业升级。姚志毅和张亚斌（2011）以因子分析法分析评价中国整体和省域产业升级。高燕（2006）等采用动态测度方法，以 Moore 值衡量产业升级指标，并进行相关产业升级研究（靖学青，2008；蒲勇健，2015）。安增军和曾倩琳（2012）利用层次分析法综合分析福建省的产业升级状况。李子伦（2014）同样利用因子分子法测度并比较产业结构升级指数，还有许春和张晨诗（2016）也利用该方法测定高新技术产业升级。钱颜文和顾元勋（2019）以元区域模型探究微观和宏观环境下的产业升级演进。刘志华等（2022）利用熵权法构建产业结构的合理化、高级化与高效化三方面评价指标体系，衡量我国 30 个省份产业升级水平。

最后，有关产业升级与对外贸易的相关研究。一是产业升级与对外贸易单向互动关系的相关研究。对外贸易促进产业升级理论由来已久，最早亚当·斯密和大卫·李嘉图在各自所提的优势理论中也对这一观点持肯定态度，但并不详尽、明确。罗伯特·索洛（Robert Solow，1956）认为生产要素引致的技术外溢提高了一国进出口贸易中的技术水平，在引进、吸收及消化的基础上节约本国研发成本，进而有利于产业结构的优化与升级。波斯纳（Posner，1961）认为，国家之间技术非均衡性引致的比较优势形成相应产业结构，进而决定贸易结构。雷蒙德·弗农（Raymond Vernon，1966）指出，后发国家参与国际分工带动工业结构向高端转化并提高产品技术创新。米可利（Michaely，1977）认为出口高效提升资源再配置效率优化产业结构。瑟尔沃（Thirlwall，1979）指出较高的贸易收入弹性国际分工模式更促进产业结构发展。格罗斯曼和赫而普曼（Grosssman & Helpman，1991）认为出口导向倾向型国家的对外贸易促进了产业结构的升级。总体上，大多学者并不否定或消极看待两者关系。随着对其研究深入，学者们不断对对外贸易和产业升级的研究范围和视域进行拓展与突破：开放条件下，以产业关联度看，钟昌标（2000）认为国际贸易调整由于产业关联性进而引致产业升级；以技术引进看，牛文育（1995）阐释了进出口对产业结构的影响。尹翔硕和徐建斌（2002）以贸易角度论述推动技术进步以及利用比较优势有助于实现高、低技术产业发展和获取贸易利益。乔真真（2007）以对外贸易视角阐释了应发挥劳动力比较优势进而提高本国产业结构要素禀赋。从需求来看，张宇和吴瑾（2010）认为需求通过影响出口进而带动我国产业结构升级。从产业结构影响进出口贸易来看，王冬和孔庆峰（2009）提出出口企业利用产业结构调整摆脱出口困境。温焜（2016）研究发现广东省产业结构优化升级促进了外贸的进出口。李宁等（2021）提出加快促进产业升级进而提高产业竞争力，实现培育中国对外贸易竞争新优势。一部分学者认为，对外贸易在资源配置方面起着重要作用，进而对产业升级产生一定的影响。小泽辉智（Ozawa，1991）探究了对外贸易对生产过程影响方式以及程度的差异。弗兰克尔和罗默（Franker & Romer，1999）认为对外贸易有助于促进产业结构升级，而这种影响效应是通过贸易结构升级推动的。豪斯曼等（Hausmann et al.，2007）认为商品出口结构状况对产业结构状况存在趋同和重要的影响。从长期来看，一国出口结构状况和产业结构状况存在趋同倾向，时间越长，出口结构的影响作用越大。随着对外贸易的发展不断促进一国经济发展，产业结构也随之演进。奈尔等（Nair et al.，2006）提出马来西亚对外开放度与制造业升级存在正相关。国内学者在20世纪末将两者相联系。肖云（1994）提出国际贸易促进产业结构的升级。娄向哲（1994）探讨了中国对外贸易与产业结构变动的相互影响的关系，阐释了两者之间的互动关系。王子先（1999）通过分析我国进出口商品结构发展及影响因素认为，加工贸易极大地促进了制造业产业升级，对外贸易迅速发展既是产业升级的结果也是重要动因。李勇和仇恒喜（2007）提出对外贸易有效促进产业结构升级。陈建华和马晓逵（2009）认为，对外贸易结构中的出口结构与产业升级两者之间存在着强烈的单向因果关系，同时两者之间也存在着长期稳定的动态关系。苏振天（2010）认为进出口带动技术进步和优化出口结构进而带动产业结构升级。

马章良和顾国达（2011）以实证研究说明进出口有助于促进产业升级。邓平平（2018）通过实证研究发现外贸与产业结构优化之间并非简单的线性关系，而表现为正"U"型，同时指出贸易、结构优化均能正向促进产业结构优化。王霞和刘甜（2020）基于 VAR 模型分析新疆加工贸易进口显著促进产业结构升级。二是产业升级与外贸相互促进的双向互动关系的相关研究。皮特（Peter，1987）考察多数新兴工业化国家出口增长与产业发展互相影响。洪银兴（2001）指出加入 WTO 后中国制造业结构、农业结构和服务业结构变化引起产业结构调整，同时又进一步影响融入国际市场后的对外贸易结构。蒋昭侠（2004）以产业结构演进机理辅之以中国香港地区、新加坡产业结构转型案例，阐释了产业结构转型与对外贸易发展密切相关。王桤伦（2006）基于产业间贸易、产业内贸易和产品内贸易的外贸指数结合产业结构的实证分析，发现对外贸易与产业结构变动两者显著相关。聂元贞和孟燕红（2006）提出贸易模式与产业结构存在互动关系。张丝思（2008）发现对外贸易的进出口与产业升级存在互动影响。姜茜和李荣林（2010）发现我国对外贸易结构与产业结构相关性较高。谷永芬和洪娟（2011）研究表明区域产业结构与贸易结构存在互动关系。孙强和温焜（2016）研究结果发现产业结构优化升级可以促进外贸的进出口，相比出口，进口的推动力更强，同时进出口的促进强度存在明显的时期异质性。张莉莉（2018）和刘美玲（2020）认为，产业结构升级与对外贸易之间是相辅相成而非对立关系，对外贸易通过引进资本和技术密集型产品，利用技术外溢效应促进国内产业升级，产业结构升级则实现对外贸易结构优化。三是产业升级与对外贸易之间存在背离。部分学者认为产业升级与外贸并非仅有促进，还存在一定的背离关系。武海峰和刘光彦（2004）认为对外贸易与产业结构调整之间一方面存在相互促进作用，但另一方面制造业出口结构与制造业生产结构可能因为某些因素导致存在不一致的现象，两者出现背离。范爱军和李菲菲（2011）发现贸易方式对产业结构升级的背离，指出加工贸易阻碍产业结构升级。刘斌斌和丁俊峰（2015）以 2001～2012 年省级数据为样本，通过研究出口贸易结构变化对产业结构合理化进程的影响效应发现出口结构造成三次产业之间的劳动生产率水平差距，致使产业结构不合理现象严重。卜伟等（2019）认为当前中国对外贸易结构与产业结构难以互动升级。左勇华和刘斌斌（2019）利用实证分析发现出口贸易结构差异对产业结构调整升级存在不一致的效应。

二、对外贸易动能转换研究动态

首先，有关动能转换内涵的相关研究。2015 年"新旧动能"一词经过白热化发展，新旧动能转换研究持续升温，研究硕果累累。但关于新旧动能转换的内涵，虽然制度性文件对其进行了准确全面的陈述，甚至提出了详细的目标任务和具体措施，但整体来看，无论从经济学界界定还是业界界定来看，"新旧动能转换"的概念内涵都存在多种多样且并不统一的表达。乔梁（2017）从政府文件中解读"新动能"的内涵包含需求和供给两端。黄少安（2017）提出应该更加关注需求、增加投资，在供给端注重产业结构调整和产业升级，进而实现动能的使用和转换。赵炳新等（2018）从实践上看经济发展新动能包括新产业、新业态、新模式和新网络。董彦岭（2018）认为新旧动能转换是一个不断持续的动态发展过程，既包括发展"四新产业"，也包括传统产业的转型升级。杨蕙馨和焦勇（2018）认为新旧动能转换是"新"替代"旧"的过程。余东华（2018）提出新旧动能转换的基本内涵是新动能的塑造和形成以及传统动能的改造升级，并提出以"创"促"转"，大力发展新经济。秦昌才（2019）重新界定旧动能和新动能含义，指出对于要素资源禀赋的过度依赖造成劳动力廉价、资源耗竭、环境污染及低附加值是为旧动能；对于创新驱动的核心动力支撑形成产业结构转换与升级是为新动能。因此要加快实现满足旧动能向新动能的转换要求。裴长洪和倪江飞（2020）在概括习近平总书记关于新旧动能转换重要论述的基础上，阐释了新动能的实质为新需求和新供给的结合以及实现高水平的供需平衡。白柠瑞等（2021）认为新旧动能转换的核心在创新，不仅表现为技术层面的升级迭代，更需要思维观念的转变和制度模式的优化升级。汤旖璆等（2022）提出新动能应从创新、人力资本、制度和绿色发展等维度培育。

其次，有关新旧动能转换的测度研究。张杰等（2017）基于工业部门视角对中国经济新动力进行测算，提出生产装备制造业的发展对 GDP 的直接拉动效应最大，传统制造业转型升级的拉动效应次之。刘岐涛和王磊（2018）从统计视角出发构建了以知识能力、经济活力、创新驱动、数字经济、转型升级和发展成长等 6 个方面 40 个具体指标的新旧动能转换指数评价体系，测度并分析了山东省青岛的新旧动能转换情况。董新兴等（2020）在提炼归纳了 9 个影响新旧动能转换绩效的重要因素的基础上提出 6 个一级指标和 29 个二级指标的新旧动能转换绩效考核指标体系，用以评价新旧动能转换绩效情况。邵明振等（2021）选取 2009～2018 年河南省各地、市面板数据，构建 5 个一级指标及 20 个具体指标的经济新动能指标评价体系综合测度河南省的经济新动能。王晓天（2021）利用熵值法与门槛效应测算和分析了各省份新旧动能转换综合指数及区域特征。李长英等（2021）基于全要素生产率将经济动能分为创新动能、要素动能和制度动能三个维度的 24 个具体指标，测算了中国 29 个省份新旧动能转换综合指数。程璐璐等（2021）以 2009～2019 省域数据的 7 个具体指标构建区域新旧动能转换指标体系，并测度分析中国区域新旧动能转换的区域异质性和空间 σ 收敛以及 β 绝对收敛。

最后，有关对外贸易动能转换与外贸的相关研究。关于对外贸易新旧动能转换的研究较少，但已有学者开始关注对外贸易的新旧动能转换并开展相关研究。裴长洪和刘斌（2019）从三个方面阐释中国对外贸易动能转换：互联网技术和跨境电商、"中欧班列"及中国自由贸易试验区，以此增强中国国际竞争新优势。丁岩（2019）以 2007～2017 年湖北省 17 个州、市的数据为例，运用 Matlab 软件进行分析，结果表明：目前湖北省的主要区域处于旧动能衰退、新动能崛起的重要阶段。居民需求方面，经济发展的强化剂是居民基础性消费，旧的传统动能为资本的供给发挥着巨大作用，创新驱动力不强使得新旧动能转化进程受到制约。在宏观层面，应加快新动能取代旧动能，为对外贸易发展提供新的动力。刘康（2019）根据已有文献分析需求侧、供给侧及结构转换三维动能，反推动能核心代理变量并构建外贸动能转换指数，指出对外贸易动能增量效应达到每期 0.7%。刘曰庆等（2019）以新旧动能转换为背景，采用多个指数对山东省对外贸易依存度、商品结构和市场竞争力进行研究，结果显示其对外贸易竞争力水平仍有待提升。李婧（2021）以中国各省份为研究对象，检验结果表明对外贸易动能转换有利于促进形成产业竞争优势，并与国内消费市场培育产生显著的正向联动效应，对外贸易动能转换有利于加快形成对外贸易产业竞争优势，实现国内、国际双循环良性发展的新局面。

三、外贸竞争力提升研究动态

首先，外贸竞争力与相关概念的关系研究。随着越来越多的国家（地区）参与到国际分工中，生产要素及资源在全球范围流动。国家（地区）之间交往、交流、交融频繁，但也带来了国际竞争的加剧，国际竞争力水平对于一国（地区）参与国际贸易至关重要。国外学者开始关注国际竞争力，并开展相关研究。外贸竞争力是国际竞争力的主要构成。乔伊（Joy，1968）认为一国（地区）参与国际分工和国际贸易，进而导致对外贸易进出口，从而引发有关外贸竞争力问题。阿贾米（Ajami，1992）以一国出口占世界出口份额及其增长衡量。但是也有部分学者反对直接以出口竞争力衡量外贸竞争力。马库森（Markusen，1992）提出，判断一个国家在自由贸易环境中的对外贸易竞争力水平的依据表现在该国通过对外贸易获得的实际收入的增长速度。若该增长速度明显高于其贸易伙伴国，则说明该国具有一定程度的竞争力。部分学者认为外贸竞争力应分别由进口和出口竞争力表示并衡量（Daniel，1994）。波特等（Peter et al.，1998）认为将国际贸易业绩定义为竞争力缺乏说服力，他们提出出口仅是参与国际贸易，走进国际市场进行贸易交换而已，无法测算技术水平、投资流量等信息，因此，难以说明预期可能存在的竞争力水平。叶耀明等（2002）梳理了外贸竞争力的渊源，并提出外贸竞争力的概念属于舶来品，国内从国外引进并且其概念是由国际竞争力概念推广而得，进一步提出外贸竞争力为本国产品和服务在参与国际贸易中表现出的产业竞争力，主要以外贸规模、出口结构及出口产品的科技水平衡量。国际权威机构瑞士国际发展学院（IMD）和世界经济论坛（WEF）将外贸竞争力作为必不可少的考察对象列入其每年公布的国际竞争力测算中。IMD 定义的国际竞争力为一国在参与国际贸易过程中能够均衡获取比贸易伙伴及对手更高收益的能力。而WEF 则将国际竞争力解释为在自由贸易环境下，一国（地区）及企业具备提供优质产品和服务供给于国际市场，并可以实现提高本国人民生活水平的能力，可见两者侧重各有不同。

其次，外贸竞争力的影响因素的相关研究。乔伊（Joy，1968）从多个方面研究了外贸竞争力的影响因素，认为价格因素通过与出口紧密联系而影响外贸竞争力。雷（Ray，1966）通过研究发现同样认为价格因素影响外贸竞争力水平的作用不容忽视，并以英国出口东欧国家的出口竞争力为研究对象，结果表明出口竞争力变化的影响与价格波动紧密联系。克拉维斯和利普斯（Kravis & Robert，1971）通过价格变化指数反映出口商品的竞争力差异。张金昌（2002）利用数理公式研究影响外贸竞争力水平的进出口差额的相关因素，并指出多种因素共同决定进出口差额，其中价格因素起重要作用。部分学者研究非价格因素对外贸竞争力的影响作用。巴拉萨（Balassa，1978）指出，尽管将出口和批发价格联系，但影响产品出口并非全部与价值有关。

最后，国内有关外贸竞争力的相关研究。金培（1997）通过外贸竞争力的分项指标分析中国工业品的总体竞争力。范纯增和姜虹（2002）以理论角度剖析、评价中国外贸产业国际竞争力的结构，认为外贸竞争力的结构包含行业结构、出口规模结构、地区结构和国际分工结构，在总结其不足及原因的基础上进一步提出我国外贸竞争力结构的设想。何正霞（2004）认为，应发展产业内贸易改善出口商品结构以提高我国国际竞争力。王洪庆（2006）以贸易竞争力指数衡量中国各工业行业外贸竞争力水平，研究结果表明 FDI 显著促进了外贸竞争力指数的提升，但存在技术创新水平的异质性表现。赵景峰（2008）通过测算中国 1980～2007 年的各 SITC 分类进出口商品的贸易竞争力指数（即 TC 指数衡量）探究中国外贸发展状况。马爱霞等（2009）运用外贸竞争力指数和贸易专业化指数指标衡量中药产业国际竞争力。喻志军（2009）通过理论分析框架对 RCA 指数、GL 指数和 HIIT 与 VIIT 指数等研究方法进行对比分析，并在计算中国、美国、德国等三国相应指数基础上，归纳不同评价外贸竞争力水平的方法的适用条件及思路。喻志军和姜万军（2009）根据 WEF 的 The global competitiveness report 数据进行整理分析主要经济体的综合国际竞争力与产业内贸易指数，提出可通过产业内贸易提升外贸竞争力。张娟和刘钻石

（2009）利用贸易竞争力指数（TC 指数）表征外贸竞争力水平并基于 2005 年 7 月～2008 年 6 月的月度数据实证分析了外贸竞争力、外国直接投资和实际汇率之间的关系，实证结果表明仅有外贸竞争力是实际汇率的 Granger 原因。吕婕和林芸（2010）利用 SITC 分类的 RCA 指数和 SITC 分类的产业内贸易指数对比分析了中国与美国自 2000 年以来的外贸竞争力水平情况。王育红和丁振辉（2010）以 RCA 指数分析了日本外贸竞争力变化趋势及影响因素。蒋和平和吴玉鸣（2010）构建外贸竞争力水平评价指标体系并利用因子分析法定性和定量综合评价我国的外贸竞争力。宋马林（2011）利用 DEA 视窗分析方法定量分析 16 个主要国家外贸竞争力状况。陈春根和杨欢（2012）以资产利润率表示高新技术产业国际竞争力。郑京淑和郑伊静（2014）从出口规模、出口质量和出口潜力 3 个维度构建了包含 10 个二级指标的外贸竞争力评价体系，通过因子分析考察"双转移"战略对广东省外贸竞争力的影响效应。冯德连和边英姿（2017）以区域性比较优势（RRCA）表征外贸竞争力并实证研究外贸竞争力的影响因素。戴林莉（2017）基于中欧提单视角，在分析中欧贸易情况基础上提出以完善"中欧班列"提单实现推动对欧贸易的新增长点，以提升对欧贸易竞争力。冯德连和顾玲玲（2017）运用 1991～2015 年数据，以贸易竞争力指数（TC 指数）衡量汽车行业外贸竞争力并考察垂直专业化和研发投入与外贸竞争力之间的长期均衡与短期波动。郭鸿琼（2018）以贸易竞争力指数分析福建省外贸竞争力。江静（2020）利用出口增速变化指数和外贸竞争力指数（TC 指数）分析了中国外贸竞争力变化趋势，并基于判别矩阵法综合分析影响外贸竞争力变化的关键因素，最后从产品方面、渠道方面、价格和促销方面得出主要的影响因素。尔扎莫（2021）在阐述跨境电商正外部性的基础上，进一步分析了跨境电商的正外部性对我国外贸竞争力的抑制作用，加大品牌建构和持续运营的难度以及加速当地竞争对手成长和全球制造业分散化等路径抑制外贸竞争力提升。

四、文献述评

综合来看，既有文献关于产业升级、对外贸易动能转换、外贸竞争力以及产业升级与外贸竞争力提升、对外贸易动能转换与外贸竞争力提升的研究成果已较为丰富，为本书后续研究奠定了扎实的研究基础。然而，既有文献仍在研究思路、研究内容及研究视域上存有不足之处，这也为本书进一步研究提供了可能。

1. 从研究思路上，已有的相关研究成果大多仅关注产业升级与外贸竞争力提升以及对外贸易动能转换与外贸竞争力提升之间的两两关系，而直接将产业升级、对外贸易动能转换与外贸竞争力放在统一的分析框架下考察三者之间关系的研究文献则较为少见。缺乏全面系统的逻辑思维难以翔尽分析新发展阶段下产业升级、对外贸易动能转换对外贸竞争力提升的影响效应。

2. 从研究内容上，已有文献侧重于从线性角度探讨产业升级和对外贸易动能转换对对外贸易竞争力提升的影响，鲜有文献从非线性角度研究产业升级、对外贸易动能转换对对外贸易竞争力提升的影响的规律性特征与异质性表现。与此同时，既有文献针对对外贸易动能转换影响对外贸易竞争力方面的研究更多是侧重于理论层面的探讨，主要涵盖对外贸易动能转换的内涵、路径选择等方面培育国际竞争优势，较少有经验证据的支撑。鲜有文献从制造业行业层面和地区层面分别构建需求侧、供给侧与结构转换的三维动能的理论框架和指标体系，并具体测度制造业细分行业和中国各省域的对外贸易动能转换程度指数。

3. 从研究视域上，针对产业升级对对外贸易竞争力影响的研究相对充裕，学者们从不同的研究方法和不同的指标选取得到相应的研究结论。但由于选择差异也就带来了一定的研究结论不同。本书立足新发展阶段，并考虑对外贸易动能转换这一关键变量，全面清晰地阐释产业升级、对外贸易动能转换与外贸竞争力提升的相互关系，深入考察产业升级、对外贸易动能转换对外贸竞争力提升的影响效应，以期实现中国对外贸易高质量发展的进一步探讨。

因此，基于已有相关文献的基础与不足，本书将在我国构建双循环新发展格局背景下，基于制造业行业和地区层面两维视角，突破产业升级、对外贸易动能转换与外贸竞争力提升的两两关系的研究框架，运用全面系统的逻辑思维将产业升级、对外贸易动能转换与外贸竞争力提升圊于统一的研究视域。另外，本书构建对外贸易动能转换的理论框架和指标体系，综合测度与分析制造业行业和地区层面的对外贸易动能转换水平。在此基础上重点分析产业升级、对外贸易动能转换对外贸竞争力的直接影响效应，以及产业升级通过诱导对外贸易动能转换、对外贸易动能转换通过驱动产业升级进而影响外贸竞争力的间接影响效应和中介效应，以及其存在的非线性影响效应，最后分析产业升级、对外贸易动能转换与外贸竞争力三者之间短期波动与长期均衡的互动关系，从而更加全面、系统和统一地分析产业升级、对外贸易动能转换如何促进对外贸易竞争力提升，以期对不断提高我国参与国际贸易的地位和话语权的持续改善提出针对性的政策建议，以实现我国对外贸易高质量发展。

第三章 产业升级、对外贸易动能转换 对外贸竞争力提升的理论分析

近年来中国对外贸易发展成果斐然，但中国仍旧面临对外贸易竞争力水平较低的发展困境。虽然中国通过加入 WTO 得以融入全球产业分工，在国际贸易中分得一杯羹，成为"世界工厂"的代名词，但中国"大而不强"的局面和处于全球价值链低端锁定的窘境仍困扰着中国对外贸易竞争力提升。国际经济循环受阻，为中国对外贸易竞争力提升又增加了"拦路虎"，这些都对中国对外贸易发展提出了更高的要求。在此背景下，如何畅通国际经济循环，提升中国对外贸易竞争力，实现其与国内大循环的有效衔接、良性互补，成为当下中国经济迈向高质量发展、产业结构优化升级和攀登全球价值链高端亟须解决的问题。改革开放40多年来，我国不断调整、改善和优化产业结构，产业升级持续发力。一方面，随着中国经济持续发展，产业升级所带来的正向溢出效应，对于中国经济的"强身健体"至关重要，从而实现中国经济内在发展驱动力，并实现由内带外，释放经济发展的新增长潜能，进而助推中国对外贸易竞争力提升；另一方面，中国经济稳中向好的基本面始终没有改变，中国对外贸易动能转换已然释放出强劲的动力，外贸动能转换过程中的新表现，同样能有效

助力中国对外贸易竞争力提升。具体来看，从宏观层面来讲，产业升级带来产业结构不断优化，产业升级过程中的技术创新溢出和积累的物质资本及人力资本效应传导，同时对外贸易动能转换实现需求侧动能转换、供给侧动能转换和结构动能转换，贯穿于中国对外贸易发展的全过程，有利于中国企业提高技术水平和出口产品质量，获取持续出口与收益的双重能力，实现对外贸易竞争力的提升。从微观层面来讲，中国产业升级和对外贸易动能转换使得中国对外贸易中的产品质量得到"质的飞跃"和发展模式上实现"新的突破"，助力我国对外贸易发展，进而实现对外贸易竞争力的提升。

本章内容主要讨论产业升级、对外贸易动能转换如何影响外贸竞争力提升的影响机理，系统全面地讨论产业升级、对外贸易动能转换和外贸竞争力提升之间的相互关系，探究产业升级、对外贸易动能转换对外贸竞争力提升的影响机理，着重考察产业升级、对外贸易动能转换与外贸竞争力提升之间的相互影响关系。

第一节　产业升级、对外贸易动能转换对外贸竞争力提升的影响机理

一、产业升级对外贸竞争力提升的影响机理分析

一国或地区的外贸竞争力直接关系着该国或地区在参与国际贸易中的地位和话语权，深刻影响着社会、经济和就业的方方面面。新时代背景下，深入探究外贸竞争力提升的影响因素，对于实现中国对外贸易高质量发展，增强国际贸易话语权意义重大。产业升级是指随着新技术的发明和广泛应用以及新产业、新经济的不断涌现，传统的旧有的低技术含量、低附加值和高耗能、高污染的产业模式、产品工艺和流程逐渐被高技术含量、高附加值、低耗能低污染的新模式、新产品和新工艺所替代，并逐步实现经济持续发展的动态过程（Swan，1956；Solow，1956；Solow & Robert，1956）。外贸竞争力提升则表明国家或地区具备的持续对外出口以及从对

外贸易活动中获益能力的增强。而产业升级往往伴随着技术进步、高技能人才、竞争能力、市场需求刺激和产业结构升级等因素的革新，进而有利于改善一国或地区的生产经营状况，提高生产效率和产品或服务技术含量，增强其向外开拓市场的能力，并提高其在国际贸易市场中的份额，有利于推动外贸竞争力提升。因此，本书从产业升级激发的技术创新溢出、竞争示范效应凸显、消费需求和产业结构升级等多个方面分析产业升级影响外贸竞争力提升。

技术创新溢出。产业升级是从"创造性的破坏"到"技术范式的变迁"的动态过程（马强和远德玉，2004），技术创新通过实现相对独立的技术、经济和社会过程之间的复杂联系，进而将技术因素融入产业结构优化和升级的演化中。同时，技术创新的外溢效应与新产品国际间贸易在非线性状态下会引起相变并带来"本质"上变化或"革命"过程（蒋景东，2021），因而实现国际贸易中产品的量与质的双重提高，对于实现对外贸易竞争力水平提供了硬核支持。一方面，从技术变革视角来看，产业升级过程中对新技术的强烈需求，促进新技术变革并提高了对技术创新速度和技术创新效率的相应要求，进而提升绿色全要素生产率（逯进和李婷婷，2021），并进一步对全球价值链产生正向反馈（阿瑟，2018）；另一方面，从演化视角来看，技术创新先后经历新技术突破、技术导入、架构创新、技术标准化、融合创新、范式革命等阶段推动，实现传统的经典产业升级理论等提出的产业结构变迁，进而逐步实现产业渐进式升级，并最终实现供需两端的双向驱动达到闭环式升级（邹坦永，2021），实现技术创新驱动产业升级的关键环节，并通过产业发展传导至对外贸易，增进对外贸易中产品的技术含量，提高对外贸易中产品附加值和参与国际分工的竞争优势，不断增强和提升对外贸易的竞争力水平。

企业间竞争示范效应凸显。随着国际外循环经济发展受挫，对参与国际竞争的相关企业提出了更高的要求，优化产业升级提升外贸竞争力迫在眉睫。一方面，参与国际竞争的相关企业不断改善要素配置效率、提高生产效率，精进自身的管理模式、改进旧有的工艺，在竞争中逐步提高服务质量，降低成本（张楠等，2011），正如新新贸易理论所指出的参与国际贸易的微观企业主体在国际竞争市场中的进入、退出的动态过程，实现优胜劣汰，最终实现要素资源在企业之间的高效配置，实现全产业生产效率的提升，以竞争带动产业升级，进而在国际竞争中占据优势地位，有利于实现外贸竞争力水平的提升；另一方面，企业之间存在强烈的示范效应，倒逼落后企业进行相应改革，落后企业可以通过向优先完成产业升级实现外贸竞争力水平提升的企业学习，通过不断加强新技术的引进，管理经验的学习、消化和吸收，逐步向优势企业及竞争力强的企业相靠拢，进而带动整体产业链条、全行业和全产业的产业竞争力，得以在对外贸易中站稳脚跟。

刺激消费需求。产业升级会极大地刺激消费需求。在新一轮技术革命和产业变革的推进背景下的产业升级，不限于简单的扩大再生产和技术应用，而是将人工智能、物联网、区块链、云计算等新技术充分应用到产业升级过程中去，进而增加相关企业提升产品质量和相关消费群体消费潜能的供需双方需求。所以，一旦实现产业升级，新经济、新模式、新业态、新产业层出不穷，引致新型消费，不断满足消费者的个性化、定制化和多样化的消费需求，进而激发出巨大的消费需求潜能（任保平和苗新宇，2021）。而消费需求潜能的释放，可以直接增加国际市场需求，进而增加高技术产品和高质量产品出口比重，从而助推外贸竞争力提升。

积累物质资本和人力资本。随着一国或地区对外贸易的快速发展，贸易总量随之增长，更大范围和更深层次地利用国际、国内市场的要素资源，物质和人力资本高度集聚，从而加速要素积累，并实现要素资源的重新配置，进而提升资源效率，实现产业升级。在产业升级过程中，参与国际贸易的相关企业通过技术进步实现要素资本的优化配置，从而实现高技术物质资本积累，在国际竞争中取得优势地位，对外贸竞争力提升起到有益的促进作用。同时，随着新兴产业和战略性产业蓬勃发展，对人力资本的技能要求随之提高，甚至在国际贸易中需要对人力资本进行"大换血"，以适应产业升级带来的新变化，满足对外贸易中人力资本的新要求。

产业结构效应。产业结构优化升级使得三次产业之间的发展更加合理高效，进而决定了对外贸易中贸易结构的均衡协调发展，产品优势显现，进而在国际贸易中占据优势地位，不断提高国际竞争力水平。同时，这种国际竞争力也可以创造出产品的相对竞争优势或比较优势，使得对外贸易竞争力提升，从国际贸易中获取更多收益与利润。产业结构效应体现在以下几个方面：首先，产业结构升级程度决定对外贸易结构优化的程度。产业结构通过对外贸易参与国际贸易分工并实现利益分配，在此过程中形成对外贸易结构，并由供给和需求两端决定进出口商品的结构。伴随着产业结构优化升级，在这样的产业结构基础上的对外贸易结构随之升级，出口产品由初级产品转向加工产品即工业制成品、高技术产品为主。从这方面来讲，对外贸易结构与产业结构存在较高关联度（左勇华和刘斌斌，2019；逯建等，2020），贸易结构是产业结构的直接反映，产业升级优化的程度直接决定着对外贸易结构的优化程度。其次，对外贸易结构优化的前提是产业结构优化。对外贸易结构从低层次的初级产品出口转向高技术产品、技术和资本密集型产品的出口，需要以自身产业结构升级为支撑，对外贸易结构优化是以产业结构优化为前提的（屈小芳和张瑜，2020）。产业结构与贸易结构协同发展至关重要，但若是产业结构与贸易结构的发展匹配程度较低，导致产业结构与贸易结构错配程度较高，就难以发挥产业结构效应（吴鹏等，2020），进而造成对外贸易竞争力水平较低，无法形成国际贸易中独有的话语权。最后，产业结构通过技术进步、新兴产业等途径促进对外贸易结构优化。产业结构与对外贸易结构之间高度互动关系（温焜，2016；代新玲，2017），促使产业结构优化、升级直接带动贸易结构优化（刘美玲，2020）。技术变革成为产业结构优化的关键驱动力，技术进步能有效促进产业升级。因此，产业结构优化升级需要技术支持毋庸置疑。一国或地区参与国际贸易发展中，需要加大科技研发力度，实现突破现有技术限制，实现产业技术水平变革，同时不断发展新兴产业和服务业，增强对外贸易获益的能力，不断提高本国或地区在"微笑曲线"中的地位，增加高附加值产品和技术密集产品的出口比重，进而实现对外贸易结构的优化，增加在国际贸易中的获利能力，得以实现外贸竞争力水平提升。由此，可绘制出产业升级对外贸竞争力提升的影响机理（见图 3 - 1）。

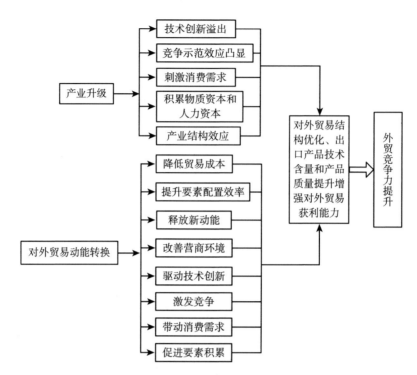

图 3 − 1 产业升级、对外贸易动能转换对外贸竞争力提升的影响机理

基于以上分析，提出假设 H1。

假设 H1：产业升级可以有效促进外贸竞争力提升。

二、对外贸易动能转换对外贸竞争力提升的影响机理分析

自 2008 年金融危机以来，全球经济增长乏力，尤其是发达国家的自身经济发展相对放缓和国内矛盾的不可调和，迅速崛起的发展中国家对现有规则秩序话语权和治理权的诉求，加之落后国家对于传统的国际分工体系的不满，导致逆全球化愈演愈烈，致使国际贸易推动经济发展的效力渐衰渐弱。面对国内外纷繁复杂的发展环境，风险和挑战接踵而至，为实现中华民族的伟大复兴，中国经济的"强身健体"至关重要，应不断增加生存力、竞争力、发展力和持续力，以便形成复合比较优势，助力中国对外贸易高质量发展。而在如此环境和背景下，中国对外贸易动能转换的多重集聚优势叠加，已初步展露优势，对我国对外贸易旧动能的转型和新动能的

培育提供了有效支撑，有利于增强对外贸易竞争优势，进而助力外贸竞争力提升。由此，本书下面将进一步从贸易成本、贸易费用、要素配置效率、新动能释放、技术创新、竞争示范等多角度、多方面分析对外贸易动能转换促进对外贸易发展新动能形成，进而促进对外贸易竞争力水平的提升。

降低贸易成本。传统国际贸易交易模式下，价值链上不同环节的各企业在对外贸易交易过程中要花费较大的时间和精力对潜在的客户对象进行搜寻，同时协调交易、销售和运输等环节（李轩和李珮萍，2021），对于参与对外贸易的企业来说，贸易成本着实成为对外贸易竞争力提升的负担。随着对外贸易动能转换，以利用互联网等新技术为主要特征的新业态、新经济等新兴经济的出现，实现要素资源的高效配置（韩玉军和李子尧，2020），畅通了对外贸易供给方和需求方之间的贸易流程，可以有效降低信息搜寻成本、营销渠道成本、交付运输成本、售后服务成本和管理治理等贸易成本，使对外贸易交易环节更加优化，为外贸竞争力提升奠定了基础。

提升要素配置效率。对外贸易动能转换是实现生产要素密集度逆转，是"高能量密度"的要素不断替代"低能量密度"的要素的过程（宁朝山，2019），是资本技术优势逐步取代劳动力密集劣势的动态发展过程，是要素配置效率提升的过程。新贸易理论提出为实现规模经济效益、降低企业生产成本以实现产品价格下降，应该集中生产具备自身优势的某几种品牌的产品，以获得规模经济效应。由此可知，对外贸易动能转换的过程体现了要素效率提升，进而有利于达到规模经济效应，从而提高了参与国际贸易的竞争力。当今百年未有之大变局下，国际环境风起云涌，全球范围内供应链、产业链面临断链重组危机，价值链重构诉求强烈，进一步加剧了国家之间的对外贸易竞争，进而对外贸竞争力水平提出更高的要求。对外贸易发展就必须推动对外贸易发展动力由旧动能向新动能转变，同时必须摒弃传统的依靠资源要素投入增长的发展模式，不断通过制度创新和技术变革实现要素资源效率提升，培育对外贸易新的增长点和新的国际合作与竞争优势，获得持续性的对外贸易发展动力（李宁等，2021），进而实现对外贸易竞争力水平的提升。

释放新动能。对外贸易动能转换在于对外贸易中的旧动能逐渐褪去，新动能占据主导地位，新动能释放能量，不断优化对外贸易，进而提升对外贸易竞争力水平。当前中国对外贸易结构转换的新动能释放主要来源于以下三个方面：一是互联网跨境电商的异军突起。随着互联网技术的大范围应用，直播经济和平台经济的发展以及异质性消费偏好的兴起均为参与对外贸易的企业，尤其为中小企业实现跨境电商提供了技术支持和市场环境。互联网与跨境电商所形成的不同以往的分工模式，并通过网络技术的应用改造原有的组织结构和激发微观主体表现出新特征，致使全球价值链体系重塑和更新，为中国对外贸易动能转换注入一剂"强心针"，为中国迈向全球价值链高端环节提供了新动力，进而助力对外贸易竞争力提升（裴长洪等，2019）。二是"中欧班列"的开通运行。"中欧班列"这驾"铁骆驼"行走在欧亚大陆，实现了中国内陆地区对外开放的新格局，为构建双循环新发展格局提供了重要通道。同时，"中欧班列"与海运联合进一步增加了中国东、中、西部地区全领域的经济外向度发展的辐射范围，有利于中国形成东西互动的全球价值链"双向环流"，极大地拓宽了对外贸易的范围，打破了地理限制（张祥建等，2019），有助于实现对外贸易竞争力提升。三是自由贸易试验区的多重正向集聚的叠加优势。中国自由贸易试验区的顶层设计、体制机制改革创新、制度成果创新、要素资源集聚等多项优势，为对外贸易动能转换提供了多重叠加优势，使得对外贸易复合比较优势显现（郭永泉，2018），随着自由贸易港的建设将进一步推动对外贸易动态比较优势实现，为对外贸易竞争力提升提供了坚实的外在支撑。

改善营商环境。对外贸易动能转换还在于营商环境的改善。良好而优质的营商环境为对外贸易发展提供良好的交流、投资与合作的环境，为持续推进对外贸易发展提供基础支撑。通过深化改革创新，进一步优化通关全链条、全流程；规范收费，为外贸、外资等企业提供应有的便利和优惠，实现降低进出口环节费用；随着数字经济时代的到来，数字技术的广泛应用，实施数字赋能、科技赋能，提升口岸综合服务能力，打造智能化、数字化新型基础设施；提高服务效率和服务质量，提高跨境贸易的服务水平和完善跨境贸易的整体服务效率与质量；持续推进跨境口岸的互联、互通、互享，不断提升跨境贸易便利化水平（张会清，2017），实现对外贸易营商环境的优化改善。通过优化营商环境，全面提高关贸监管和审批效率，吸引越来越多的经济主体参与跨境贸易和跨境服务贸易，增强对外贸易发展水平，有利于进一步推进对外贸易竞争力水平的提升。

驱动技术创新。对外贸易动能转换是以创新驱动为核心引擎的新动能释放的一个持续不断的发展过程。对外贸易新旧动能转换表现为新技术的应用，传统的、旧的生产方式或生产模式逐渐被新型的生产方式和新模式所替代（孙明岳，2019），在一定程度上提高了企业的生产效率和产品技术复杂度，为外贸竞争力的提升提供了技术创新支持。另外，对外贸易动能转换通过利用互联网、5G、物联网、云计算等新一代数字技术，一方面，加速了对外贸易发展过程中的技术转移，为处于相对落后处境的企业提供了绝佳的学习环境和条件，同时降低了参与对外贸易的企业的试错成本；另一方面，互联网等新技术使用而引致的学习效应和技术创新效应的溢出提高了后来者的追赶能力。这就为后来者争取获得更多的市场份额，为参与国际贸易提供了有利地位，有助于外贸竞争力提升。

激发竞争。在新冠疫情冲击、中美经贸摩擦和地缘政治冲突交织下的世界经济复苏低迷，对外贸易发展面临着巨大的挑战和压力。因此，参与对外贸易的企业亟须对外贸易动能转换。一方面，应不断改进原有的生产工艺、生产模式及管理模式；另一方面，应不断提高产品质量和品质，不断扩大出口，积极发挥竞争效应，以竞争"倒逼"企业实施创新战略，增加创新的"量"与创新的"质"（吴朝阳和陈雅，2020），进而提高企业参与国际贸易的竞争优势，整体上增强外贸竞争力。同时，参与对外贸易的企业在对外贸易动能转换过程中可充分利用超级规模的国内外市场，降低市场的不确定性，形成技术沉淀的相对竞争优势（柴秋星，2021），培育新的对外贸易合作与竞争优势。

带动消费需求。对外贸易动能转换不仅侧重在供给侧动能转换，而且还在于需求侧动能转换。在对外贸易动能转换过程中所带动的消费需求释放，一方面，对于内需动能而言，我国庞大且多样化的消费需求下的消费市场和中等收入群体的扩容，有助于加快形成高度完善供需匹配的内需体系。因此，在内需消费需求带动下，原本外向型出口企业转向国内市场，实现内销，以充足的利润保障提高国内外贸企业在全球价值链中的地位（张立新等，2018）；另一方面，对于外需动能而言，对外贸易动能转换在于构建高水平的对外开放平台，充分打开国际消费需求市场，通过推动对外贸易发展的新业态和新模式，不断促进互联网跨境电商、数字贸易和服务贸易的发展，满足国外市场消费需求，不断适应国际消费需求的要求，助推对外贸易高效高速增长，进而实现外贸竞争力提升。

促进要素积累。不同要素积累能够促进不同服务部门出口增长（申朴和尹翔硕，2008）。对外贸易动能转换体现为多种要素积累效应的释放。首先，对外贸易动能转换是由低向高、由劣向优转变的过程，即由高污染、高耗能、低技术的粗放型发展方式向低污染、低耗能、高技术的集约型发展方式的转变，这一过程中实现了资本、技术等生产要素的积累。其次，对外贸易动能转换需要借助新一代技术的加持，需要大量的高技能人才，这就引致对外贸易动能转换实现了人力资本的积累，达到了高技能劳动力等生产要素的积累效应。最后，对外贸易动能转换是聚合各类生产要素的复杂动力系统，是对资本、技术、劳动力等生产要素综合积累效应的实现，有助于增加对外贸易增长，进而对外贸竞争力提升产生积极的促进作用。由此可见，产业升级通过技术创新溢出、竞争示范效应凸显、刺激消费需求、积累物质资本和人力资本以及产业结构效应等诸多方面促进外贸竞争力提升。同时，对外贸易动能转换通过降低贸易成本、提升要素配置效率、释放新动能、改善营商环境、驱动技术创新、激发竞争、带动消费需求、促进要素积累等多个方面推动外贸竞争力提升。由此，可绘制出对外贸易动能转换对外贸竞争力提升的影响机理图（见图 3 - 1）。

基于以上分析，提出假设 H2。

假设 H2：对外贸易动能转换有助于释放对外贸易发展的新动能，对外贸竞争力提升具有正向的促进作用。

三、产业升级诱导对外贸易动能转换对外贸竞争力提升的影响机理分析

上述分别分析了产业升级和对外贸易动能转换对外贸竞争力提升的影响机理，下面侧重对产业升级加快对外贸易动能转换进而影响外贸竞争力提升的三者之间的互动关系进行阐释，也就是探讨产业升级有效加快对外

贸易动能转换，实现诱导效应，进一步引致外贸竞争力提升的影响机理。当前我国经济发展态势向纵深切入，中长期经济发展过程中面临着困难和挑战，发展动能不足问题突出，直接表现为对外贸易结构发展失衡，亟须实现对外贸易动能转换，推进外贸竞争力提升。同时，在我国深化供给侧结构性改革，清理自身供需梗阻的矛盾点，产业升级应放在改革前端处理。产业升级通过技术革新、知识创造等向新经济发展方向优化转型，不仅有效推进经济体系优化升级，构建现代产业体系，而且通过由内向外推展，成为加快实现对外贸易动能转换的重要推手，不断形成完善的产业链供应体系，持续攀登全球价值链高端，进而促使对外贸易结构优化转型，实现外贸竞争力的提升。产业升级加快对外贸易动能转换产生诱导效应进而影响外贸竞争力提升主要体现以下方面。

一是产业升级通过技术进步加快对外贸易动能转换进而促进外贸竞争力提升。产业升级表现为技术革新的应用，是新技术在产业生产、流通、交换和消费的各个环节的广泛应用，并通过自主创新能力和信息化水平提升（纪玉俊和李超，2015），进而加快对外贸易动能转换。尤其在新发展阶段，新一代科技革命与产业变革，催生了新型数字化产业，增强了传统产能与数字技术的渗透融合，打破了原有要素供需矛盾，提高了传统企业的市场竞争水平（冯素玲和许德慧，2022），这有助于进一步发挥产业升级引致的空间溢出效应，有助于加速诱导对外贸易动能转换的实现。同时正如罗斯托主导产业理论所言，技术进步形成的新兴主导产业，通过技术进步使不适应经济发展需要的、原有的、落后的旧动能逐渐被新兴的、发达的、先进的新动能所替代，技术进步所带来的产业升级的动态协同（张倩肖等，2019）传导至对外贸易环节，诱导和引发对外贸易动能转换，增加出口贸易技术含量和提高对外贸易的管理效率，有助于加快对外贸易动能转换，进而释放新动能，有利于培育国际竞争新优势。

二是产业升级通过提高资源配置效率加快对外贸易动能转换，进而促进外贸竞争力提升。无论产业间、产业内还是产品内的产业升级，一定程度上实现了资源配置效率的提升，有利于缓解供需梗阻，实现新旧动能的顺利转换，并有助于以产业升级促进对外贸易链条的越级式升级（沈潇，2018），为对外贸易发展提供优质的供给质量和环境。产业升级通过资源配置效率提升，进而传导至对外贸易动能转换供给侧的产业动能环节，有助于为对外贸易动能转换提供优良的现代化产业基础和形成全产业链体系，为对外贸易动能转换提供坚实的供给端保障，进而加快对对外贸易动能转换的诱导效应、促进外贸竞争力提升。

三是产业升级通过激发新需求加快对外贸易动能转换进而促进外贸竞争力提升。随着新技术的大规模应用，持续地破旧向新，原有的旧产业向现代新兴产业转变，新经济新业态新模式层出不穷，平台经济、直播经济与互联网跨境电商等呈现"井喷式"发展，数字经济蓬勃发展，跨越地理、时空限制等个性化、多元化的新需求被激发（高振娟等，2021），不断汇集成经济发展新动能，促进对外贸易转型发展，助推对外贸易动能转换。

四是产业升级通过优化贸易结构加快对外贸易动能转换进而促进外贸竞争力提升。贸易结构取决于产业结构，因而产业升级带动低端产业（劳动密集型）向高端产业（资本和技术密集型）转型、产业链的低端向产业链的高端转型和低附加值产品向高附加值产品转型，进而实现贸易结构的优化升级（段联合，2021），对于去除对外贸易旧动能、释放新动能起到促进作用，有助于推进对外贸易动能转换进程，增强对外贸易竞争新优势，不断提升外贸竞争力。由此，可绘制出产业升级诱导对外贸易动能转换，进而推动外贸竞争力提升的影响机理（见图3-2）。

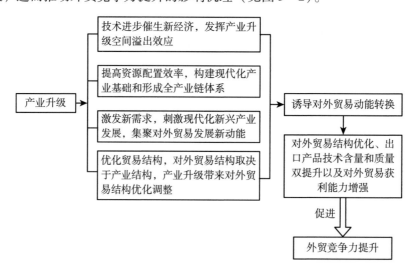

图3-2 产业升级诱导对外贸易动能转换对外贸竞争力提升的影响机理

基于以上分析，提出假设 H3。

假设 H3：产业升级通过诱导对外贸易动能转换，培育国际合作和竞争新优势，进而促进外贸竞争力的提升。

四、对外贸易动能转换驱动产业升级对外贸竞争力提升的影响机理分析

以上分析了产业升级诱导对外贸易动能转换影响外贸竞争力提升的机理，阐释了产业升级、对外贸易动能转换与外贸竞争力提升三者之间可能存在的一种互动关系。接下来将着重分析产业升级、对外贸易动能转换与外贸竞争力提升之间可能存在的另一种互动关系，即对外贸易动能转换驱动产业升级进而影响外贸竞争力提升的机理。对外贸易动能转换可能通过以下三个方面驱动产业升级，进而有利于外贸竞争力的提升。

一是对外贸易动能转换通过需求侧的需求释能驱动产业升级，进而推动外贸竞争力提升。对外贸易动能转换是新动能逐步取代旧动能的动态过程，在对外贸易动能转换中，需求侧动能的内需动能得以释放大规模的国内消费需求和消费潜力，同时外需动能通过国内外环境和条件的变化得以重新释放，这就要求产业高度发展以满足内外需动能的消费需求，进一步要求产业升级优化（汪廷美，2020）。于内需而言，国内超大规模消费市场和多层次、多样性的消费需求使原有产业面临更大的机遇和挑战，为满足对外贸易动能转换下的内需要求，传统产业加快转型步伐，不断提高资源配置效率和生产率水平，实现朝向高端的现代化产业发展，进而实现产业升级。于外需而言，由于国际环境持续恶化，同时国际贸易的外贸领域同样困难重重，参与外循环发展受挫，对外贸易动能转换对外需动能提出了更高要求。因此，在对外贸易动能转换的过程中，不断激发的新动能效能，有效传导至对外贸易相关产业领域，不断优化调整提高国际竞争优势，有利于外贸竞争力提升。

二是对外贸易动能转换通过供给侧的"提质增效"驱动产业升级，进而推动外贸竞争力提升。对外贸易动能转换以充分利用和掌握新技术为支撑，有助于实现新兴产业、新商业模式和传统产业的技术改革，有效驱动

产业升级，进而带来出口竞争优势提升的机遇（隆国强，2016），对外贸易动能转换通过提高供给端的生产效率，砍掉无效的落后产能，不断调整被扭曲的要素结构，降低了生产成本，缓解供给端矛盾，弱化了生产边界，不断提高供给水平，实现经济发展的"提质增效"，使得经济效益得以提高。这也在一定程度上实现了对产业的改造升级，提高了全要素生产率，驱动了产业升级。同时，对外贸易结构性动能转换有利于促进流通经济发展（刘畅，2021），进而实现供给端资源的顺利匹配，加快产业升级。

三是对外贸易动能转换通过结构转换的"弯道超车"驱动产业升级，进而推动外贸竞争力提升。对外贸易动能转换的结构转换主要表现在参与对外贸易的新业态、新模式、新经济、新产业等"四新"效应，互联网跨境电商、平台经济、"中欧班列"、自由贸易试验区等新兴形式的出现形成经济发展的新动能，不断释放出经济增长的新势能（裴长洪和刘斌，2019）。这些新形式的出现顺势驱动产业升级，有助于实现传统的、原有的旧产业不断改造、优化向高端产业、新兴产业等的进军，进而有利于推动产业升级，以实现现代产业体系的构建。由此，可绘制出对外贸易动能转换驱动产业升级，进而推动外贸竞争力提升的影响机理（见图3-3）。

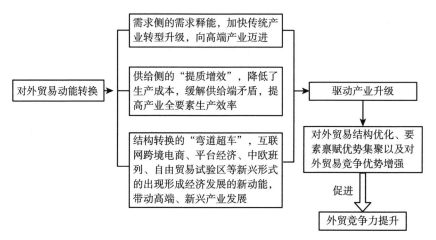

图3-3　对外贸易动能转换驱动产业升级对外贸竞争力提升的影响机理

基于以上分析，提出假设H4。

假设H4：对外贸易动能转换可以有效驱动产业升级，实现资源优化配置，并进一步促进外贸竞争力提升。

第二节 产业升级、对外贸易动能转换对外贸竞争力提升的数理分析

为了深入探究产业升级、对外贸易动能转换如何影响外贸竞争力提升的机理，下面通过构建数理模型来分析产业升级、对外贸易动能转换如何影响外贸竞争力提升。通常情况下，企业由低技术向高技术的技术水平的选择对于提升要素生产效率、增加产品附加值和效益能力起着关键性的作用，也是其由低端产业向高端产业转型的重要因素。因此鉴于技术选择对于产业升级的核心作用，以低技术和高技术的技术选择表征产业升级。同时，在对外贸易动能转换过程中，贸易方式的选择同样对对外贸易动能转换产生不同的影响。一般而言，加工贸易方式并不掌握价值链的高端附加值和关键核心技术，仅参与中间制造环节，相较于一般贸易方式，其获利能力欠缺。因此，以不同的贸易方式转型表征对外贸易动能转换，探讨产业升级、对外贸易动能转换的变化对出口国产品技术含量及获益能力的提高，即对外贸竞争力水平提升的影响效果。本书在新新贸易理论框架下，借鉴麦利茨（Melitz，2003）和布斯托斯（Bustos，2009）的分析框架构建理论模型解释异质性企业以低技术向高技术的技术水平的选择和参与国际贸易的贸易方式的选择，分别以产业升级和对外贸易动能转换两个维度，具体则以技术选择表征产业升级，以不同贸易方式表征对外贸易动能转换，刻画出口国产品技术含量及获益能力提高，即在国际贸易活动中增加出口国的出口技术含量以及提高获益能力，进而实现外贸竞争力提升的路径。假设存在两个对称国家，并只有一种生产要素即劳动力 L；市场为垄断竞争市场；每种产品只由一家企业生产，且自由进出，用 φ 表示其劳动生产率，φ 越大，生产效率越高，可变成本越小。进入市场的企业的生产效率服从帕累托累积分布函数 $G(\varphi) = 1 - \varphi^{-k}$，且 $k > 1$，企业进入或退出取决于生产率效率；企业利用特定技术生产产品，设该生产技术具有不变的边际成本 $1/\varphi$ 和固定成本 f。企业在两种技术 le、He 之间进行决策，成

本函数如下：

$$TCle(q,\varphi) = \left(f + \frac{q}{\varphi}\right)$$

$$TChe(q,\varphi) = \left(f\eta + \frac{q}{\gamma\varphi}\right)$$

$$(3.1)$$

其中，q 为企业的产量，$\eta > 1$，$\gamma > 1$，f 表示固定成本，$1/\varphi$ 表示边际成本。其中，低技术 le 的固定成本 f 低于高技术 He，低技术 le 边际成本 $1/\varphi$ 高于高技术 He。企业选择高技术水平以实现产业升级则通过支付更高的 f 以降低生产 $1/\varphi$。企业向国外市场供给可以通过加工贸易 P 和一般贸易 G，企业采用何种贸易方式决定了企业出口的成本的大小。具体地，加工贸易出口的固定成本为 f_p，可变成本为 τ_p，且 $\tau_p > 1$，表示为保证 1 单位加工出口产品到达国外市场，需要 τ_p 单位。一般贸易出口的固定成本和可变成本分别为 f_g 和 τ_g。同时作出如下假设：加工贸易的可变贸易成本、固定贸易成本低于一般贸易出口（即 $\tau_g > \tau_p$，$f_g > f_p$）。一般而言，加工贸易为利用本国生产能力和技术的比较优势下的满足国外买家要求仅负责加工环节的一种贸易方式，一定程度上具备特定的销售渠道和市场，大大节省了固定销售成本，而且加工贸易为一国承接国外生产以融入国际分工的重要方式，普遍享受关税优惠以及快捷的清关流程，但由于仅参与加工环节，获得收益部分也仅为加工价值的增值；另外，在本国生产者和国外买家的议价中，加工贸易出口商会从总收益中分得一部分 $\phi_p \in (0,1)$。因此，加工贸易与一般贸易出口相比获利程度更低，因而以企业对外贸易方式的选择即由加工贸易向一般贸易转型代表对外贸易动能转换。

将消费者对差异化产品偏好为标准的不变替代弹性（CES）形式，差异产品间的替代弹性为 $\sigma = 1/(1-\rho) > 1$，其中 $\rho \in (0,1)$ 表示消费者对产品多样性的偏好程度。根据效用最大化，消费者对每类产品的需求函数为：

$$q(w) = E\bar{P}^{\sigma-1}[p(w)]^{-\sigma} \qquad (3.2)$$

其中，$p(w)$ 为每类产品 w 的价格，$\bar{P} = \left[\int_0^M p(w)dw\right]^{\frac{1}{1-\sigma}}$ 为整个行业的价格指数，M 为产品种类个数，E 为整体支出水平。在 CES 偏好下，企业实现利润最大化的价格是边际成本的加成，加成率为 $1/\rho > 1$。对采用低技术、高技术下的不同贸易方式企业的利润最大化价格为：

$p_{le}^p(\varphi) = \tau_p/(\rho\varphi)$ 低技术加工出口；$p_{he}^p(\varphi) = \tau_p/(\rho\gamma\varphi)$ 高技术加工出口；$p_{le}^G(\varphi) = \tau_G/(\rho\varphi)$ 低技术一般贸易出口；$p_{he}^G(\varphi) = \tau_G/(\rho\gamma\varphi)$ 高技术一般贸易出口。

因此，不同贸易方式选择和技术选择下企业的利润水平分别为：

$$\pi_{le}^p(\varphi) = \phi_p \tau_p^{1-\sigma} \varphi^{\sigma-1} A - (f + f_p) \tag{3.3}$$

$$\pi_{he}^p(\varphi) = \phi_p \tau_p^{1-\sigma} (\varphi\gamma)^{\sigma-1} A - (f\eta + f_p) \tag{3.4}$$

$$\pi_{le}^G(\varphi) = \tau_G^{1-\sigma} \varphi^{\sigma-1} A - (f + f_G) \tag{3.5}$$

$$\pi_{he}^G(\varphi) = \tau_G^{1-\sigma} (\varphi\gamma)^{\sigma-1} A - (f\eta + f_G) \tag{3.6}$$

其中，式（3.3）~式（3.6）分别为低技术加工贸易出口、高技术加工贸易出口、低技术一般贸易出口以及高技术一般贸易出口。$A = \frac{1}{\sigma} E (\bar{p}\rho)^{\sigma-1}$ 为支出水平、价格指数和替代弹性等变量的函数。企业根据利润最大化选择由低技术水平向高技术水平的技术升级和由加工贸易向一般贸易转变的贸易方式转型以实现产业升级和对外贸易动能转换。其一，当利用企业选择高技术水平下的加工贸易可以实现更高利润时，加工贸易企业就会选择向高技术水平转变以技术升级实现自身产业升级。于是，令式（3.3）等于式（3.4），得到临界生产率 φ_1^*：

$$\varphi_1^* = \left[\frac{(\eta-1)f}{\phi_p \tau_p^{1-\sigma} (\gamma^{\sigma-1} - 1) A} \right]^{\frac{1}{\sigma-1}} \tag{3.7}$$

当企业生产率高于 φ_1^*，低技术加工贸易企业将选择以技术升级实现产业升级，进而提高了国内出口产品技术含量。其二，令式（3.3）等于式（3.5），当 $\phi_p < \left(\frac{\tau_p}{\tau_G}\right)^{\sigma-1}$，存在生产率临界值 φ_2^*：

$$\varphi_2^* = \left[\frac{f_G - f_p}{(\tau_G^{1-\sigma} - \phi_P \tau_P^{1-\sigma}) A} \right]^{\frac{1}{\sigma-1}} \tag{3.8}$$

当企业生产率高于 φ_2^*，企业从事低技术一般贸易相较于低技术加工贸易能够赚取更多的利润，低技术加工贸易企业将选择实现贸易方式转型，进而助推对外贸易动能转换的实现，增强其在国际贸易中的获利能力。其三，令式（3.4）等于式（3.6），原本的高技术加工贸易企业跨越生产率门槛后，能够在一般贸易的贸易方式上得到更高的利润，因而加工贸易企业向一般贸易转变的对外贸易动能转换使得企业在参与国际贸易中获益更高，应实现超越其生产率效率门槛 φ_3^*：

$$\varphi_3^* = \frac{1}{r}\left[\frac{f_G - f_P}{(\tau_G^{1-\sigma} - \phi_P \tau_P^{1-\sigma})A}\right]^{\frac{1}{\sigma-1}} \tag{3.9}$$

当企业生产率高于 φ_3^*，企业从事高技术一般贸易出口能够获取更高的利润，贸易方式实现转型，在国际贸易中的获利能力得以提升。其四，令式（3.5）等于式（3.6），低技术一般贸易出口企业向高技术一般贸易出口转变以技术升级实现产业升级带来利润增加，应实现跨越其生产率门槛 φ_4^*：

$$\varphi_4^* = \left[\frac{(\eta-1)f}{\tau_G^{1-\sigma}(\gamma^{\sigma-1}-1)A}\right]^{\frac{1}{\sigma-1}} \tag{3.10}$$

当企业生产率高于 φ_4^*，企业选择从低技术一般贸易出口转向高技术一般贸易出口，以实现技术提升带动产业升级增强其在对外贸易中的获利能力，实现其对外贸易竞争力的提升。

接下来讨论企业通过技术升级和贸易方式转变即产业升级和对外贸易动能转换双重升级的路径实现出口产品技术含量增加以及获益能力的提升。当满足以下条件时，企业先实现贸易方式转变再通过技术升级的方式实现双重升级：

$$\frac{\gamma^{\sigma-1}-1}{(\eta-1)f} < \frac{1-\phi_P(\tau_P/\tau_G)^{1-\sigma}}{f_G-f_P} \tag{3.11}$$

即当技术升级实现产业升级的收益（可变成本节约 $\gamma^{\sigma-1}-1$）与投入（固定成本增加$(\eta-1)f$）之比小于贸易方式转变的收益（贸易利润率与可变成本变化的综合影响 $\phi_P(\tau_P/\tau_G)^{1-\sigma}$）与投入（贸易方式转变固定成本提升$f_G-f_P$）之比时，企业选择通过现有技术升级实现产业升级进而再进行贸易方式转型，通过双重升级实现其产品技术含量及获益能力的提高，进而增强在对外贸易竞争力的优势，助力外贸竞争力提升。

当满足以下条件时，企业先实现通过技术升级再通过贸易方式转变的方式实现双重升级：

$$\frac{1-\gamma^{1-\sigma}}{(\eta-1)f} > \frac{\left[(\tau_G/\tau_P)^{1-\sigma}/\phi_P - 1\right]}{f_G-f_P} \tag{3.12}$$

即当贸易方式转变的收益（贸易利润率与可变成本变化的综合影响 $\phi_P(\tau_P/\tau_G)^{1-\sigma}$）与投入（贸易方式转变固定成本提升 f_G-f_P）之比小于技术升级实现产业升级的收益（可变成本节约 $\gamma^{\sigma-1}-1$）与投入（固定成本增加 $(\eta-1)f$）之比时，企业选择进行贸易方式转型再通过技术升级实现产业升级，通过双重升级实现其产品技术含量提高以及较高的获益能力，进而增强对外贸易竞争力。

综合以上数理模型分析，当企业克服一定的生产率门槛，产业升级与对外贸易动能转换能够促进本国外贸竞争力提升，这种提升效应是由技术升级和贸易方式转变来实现的。如果技术升级的成本越低，成本节约的效果越明显，企业则越倾向于实现技术升级即从低技术向高技术转型，增加出口产品的技术含量，提高在全球价值链分工中的相对地位以实现外贸竞争力提升；如果贸易方式转变的成本越低，成本节约的效果越强，企业越倾向于选择贸易方式转型即从加工贸易出口方式向一般贸易出口方式转变，进而省去加工贸易利润分摊环节，得以实现获益能力的提升，同样实现外贸竞争力提升。因而，在企业处于低技术水平和加工贸易环节的情况下，应积极鼓励企业研发投入开发新技术以及引进先进技术和提高生产效率，以通过技术升级实现自身产业升级和贸易方式转变实现对外贸易动能转换的结构转换，通过技术溢出效应和贸易方式转变提高企业的出口产品技术含量与获益能力，从而有益于外贸竞争力提升。

第三节 本章小结

本章主要阐释产业升级、对外贸易动能转换对外贸竞争力提升的理论分析，重点分析了产业升级、对外贸易动能转换对外贸竞争力提升的影响机理及数理分析：即产业升级对外贸竞争力提升的影响机理；对外贸易动能转换对外贸竞争力提升的影响机理；产业升级诱导对外贸易动能转换对外贸竞争力提升的影响机理；对外贸易动能转换驱动产业升级对外贸竞争力提升的影响机理以及产业升级、对外贸易动能转换影响外贸竞争力提升的数理分析。具体而言，产业升级通过技术创新溢出、企业间竞争示范效应凸显、刺激消费需求、积累物质资本和人力资本以及产业结构效应等诸多方面促进外贸竞争力提升。对外贸易动能转换通过降低贸易成本、提升要素配置效率、释放新动能、改善营商环境、驱动技术创新、激发竞争、带动消费需求、促进要素积累等多个方面推动外贸竞争力提升。同时产业升级通过技术进步、提高资源配置效率、激发新需求和优化贸易结构等多途径加快对外贸易动能转换,进而有助于外贸竞争力提升;对外贸易动能转换通过需求侧的需求释放、供给侧的提质增效和结构转换的"弯道超车"等驱动产业升级,进而助推外贸竞争力提升。

第四章

中国产业升级、对外贸易动能转换和对外贸易竞争力的特征与事实

第一节　中国产业升级的特征及事实

一、地区层面

产业结构的变迁和调整优化对经济增长有着重要的作用。一旦政策运用不当，"结构性减速"问题严重，将对经济增长造成一定的冲击。目前，我国产业升级并未完全处于合理化、高级化水平，仍有待进一步改善。从三次产业对 GDP 贡献率来看，第一产业的贡献率从 2001 年的 4.6% 下降到了 2019 年的 3.9%，第二产业对 GDP 贡献率从 2001 年的 46.4% 下降为 43.3%。两者呈现稳中有降的趋势。同时，第三产业由原来的 49% 稳步增长到了 2019 年的 63.5%（见图 4 - 1）。2020 年的第一产业、第二产业的贡献率再度攀高和第三产业的贡献度断崖式下跌，主要由于新冠疫情对第三产业的大范围冲击。不考虑 2020 年不可抗力因素的影响，整体来看，中国产业结构优化趋势明显，第一产业、第二产业对 GDP 的贡献度逐步下降，第三产业对 GDP 的贡献度稳步提

升，中国产业升级持续加强中。

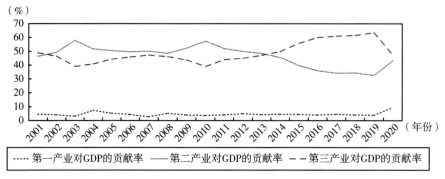

图 4-1 2001~2020 年中国三次产业对 GDP 贡献率
资料来源：国家统计局，https：//data. stats. gov. cn/easyquery. htm?cn = C01。

虽然第一产业和第二产业增加值占比逐年降低，第三产业比重及其对 GDP 的贡献率稳中向上，但并不能单纯地说中国产业实现了转型升级。通过计算 2001~2019 年的产业高级化和产业合理化水平，可以看出产业高级化水平从 2012 年开始出现较快的提升，产业高级化水平呈现逐年改善态势（见图 4-2）。中国的产业高级化指数从 2001 年的 0.9202 一跃升至 2019 年的 1.3834，产业向第三产业的梯度转移趋势明显。同时，中国的产业合理化指数从 2001 年的 0.2981 下降至 2019 年的 0.114，可见产业合理化水平的发展仍有待增强。产业合理化水平表明产业发展向均衡状态的发展，因此可知中国近 20 年的产业发展呈现非均衡状态，产业合理化水平并未达到最优。

从中国省份层面来看，北京市的产业高级化水平最高，2019 年达到了 5.1692，说明北京市第三产业增加值远远超过第二产业增加值，产业结构趋向高级化。其次是 2019 年的上海市、海南省、黑龙江省和天津市产业高级化水平处于前位，其产业高级化水平分别为 2.6946、2.8476、1.8851 和 1.8011。仅有福建省和陕西省的第三产业增加值未超过第二产业增加值，其高级化水平仅为 0.9337 和 0.9867，均未达到 1，但也是非常接近 1（见表 4-1）。同时从 2001 年、2005 年和 2010 年来看，第三产业增加值超过第二产业增加值的省份还处于较少数状态。近年来，我国发展以现代服务业为主的第三产业已初见成效，各省份第三产业增加值均有较大幅度提升，同时也促进了中国各省份的产业高级化水平提升。整体来看，各省份 2001 年以来产业结构不断优化，产业升级逐步推进。但各省份的产业高级化水平发展不均衡，区域差异明显，所以产业升级均衡化发展仍是亟待解决的问题。

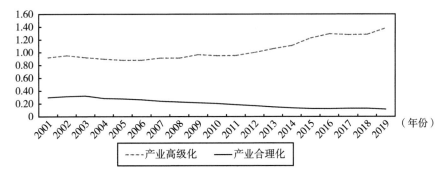

图 4 - 2　2001～2019 年中国产业高级化和产业合理化水平

注：常见的度量指标大致有非农产业的比重、产业结构层次系数、第二产业与第三产业比重、霍夫曼比例指标、基础产业超前系数、工业加工程度指标、Moore 结构变动指数、K 结构变动指数化、高新技术产业比重、全要素生产指标等。本书在衡量产业升级时通过测度产业高级化和产业合理化两个角度进行量化处理。借鉴干春晖等（2011）和周国富等（2021）的研究，产业高级化的计算方法是第三产业增加值与第二产业增加值之比。产业合理化计算方法如下：$E_{it} = \sum_{j=1}^{3} \left(\frac{g_{ijt}}{G_{it}} \right) \ln \left(\frac{g_{ijt}}{G_{it}} / \frac{l_{ijt}}{L_{it}} \right)$，其中，$i$ 表示地区，j 表示产业，t 表示年份；E_{it} 表示产业合理化，g_{ijt} 为 j 产业增加值，G_{it} 表示 i 地区 t 年总产值，ijt 表示 i 地区在时间 t 年的 j 产业的就业人数，L_{it} 为 i 地区 t 年的总就业人数。

资料来源：笔者根据 2001～2019 年国家统计局和中国统计年鉴数据计算得到。

表 4 - 1　　　　　　　中国地区层面分年份产业高级化水平

省份	2001 年	2005 年	2010 年	2015 年	2019 年
北京	2. 3542	2. 7029	3. 5904	4. 0520	5. 1692
天津	0. 9189	0. 7709	0. 8657	1. 1140	1. 8011
河北	0. 7069	0. 6337	0. 6653	0. 8325	1. 3230
山西	0. 9440	0. 6035	0. 5690	1. 2997	1. 1739
内蒙古	1. 0664	1. 1296	1. 0764	1. 1480	1. 2510
辽宁	0. 8392	0. 8442	0. 6821	0. 9697	1. 3850
吉林	1. 0073	0. 8944	0. 6904	0. 7279	1. 5248
黑龙江	0. 6661	0. 6245	0. 8015	1. 5871	1. 8851
上海	1. 1303	1. 0838	1. 3478	2. 1301	2. 6946
江苏	0. 7040	0. 6269	0. 7772	1. 0637	1. 1535
浙江	0. 8906	0. 8855	0. 8795	1. 0832	1. 2681
安徽	0. 7947	0. 9519	0. 6515	0. 7235	1. 2297
福建	0. 9195	0. 8162	0. 7822	0. 8052	0. 9337
江西	1. 1240	0. 7570	0. 6202	0. 7615	1. 0750
山东	0. 7198	0. 5654	0. 6753	0. 9678	1. 3295

省份	2001 年	2005 年	2010 年	2015 年	2019 年
河南	0.7123	0.5925	0.5368	0.8033	1.1022
湖北	1.0251	0.9281	0.7750	0.9432	1.2001
湖南	1.1278	1.0999	0.8603	0.9849	1.4155
广东	1.0015	0.8615	0.9088	1.1367	1.3726
广西	1.2139	1.1426	0.9949	0.8502	1.5220
海南	1.8571	1.5889	1.8353	2.2532	2.8476
重庆	1.0054	0.9198	1.0462	1.0602	1.3223
四川	0.9581	0.9249	0.6954	0.8488	1.4076
贵州	0.9817	0.9771	1.1509	1.1370	1.3915
云南	0.9514	0.9637	0.8969	1.1232	1.5354
西藏	2.2102	2.2750	1.8905	1.4699	1.4537
陕西	0.9879	0.8800	0.7546	0.8084	0.9867
甘肃	1.0028	0.9389	0.7741	1.3349	1.6788
青海	1.6578	1.2945	1.2773	1.3677	1.2970
宁夏	1.1177	0.8994	0.8544	0.9321	1.1887
新疆	1.0970	0.7979	0.6816	1.1637	1.4639

图 4 - 3 报告了 2001 ~ 2019 年全国及三大地区[①]产业高级化指数的情况。从图 4 - 3 中可以看出中国各区域产业高级化指数均值内部变革的时序变化波动情况。2001 ~ 2004 年，全国及三大地区之间的产业高级化指数的差距并不悬殊，尤其是东部和西部地区与全国平均水平较为接近，基本处于 1 ~ 1.2 之间，只有中部地区产业高级化指数较低，其指数值低于 1。2005 ~ 2016 年全国及三大地区之间产业高级化指数的均值呈现差距明显拉大的趋势。整体上，东部地区的产业高级化指数占据首位，并遥遥领先，增长趋势明显。东部地区依靠资源优势、地理优势等条件率先发展以服务业为主的第三产业，第三产业增加值逐年增长并超过第二产业增加值。中部与西部地区由于自身限制，第二产业仍在国民经济发展中占据主导地位，以现代服务业为主的第三产业的发展落后于东部地区，因此导致第三

---

① 东、中、西部的划分：东部地区包括北京、天津、河北、辽宁、上海、江苏、浙江、福建、山东、广东、海南；中部地区包括山西、吉林、黑龙江、安徽、江西、河南、湖北、湖南；西部地区包括内蒙古、广西、重庆、四川、贵州、云南、西藏、陕西、甘肃、青海、宁夏、新疆（划分依据：国家统计局贸易外经统计统计信息，http://www.stats.gov.cn/tjsj/zxfb/201912/t20191219_1718494.html）。

产业增加值并未超过第二产业增加值，产业高级化指数呈现出轻微下降的趋势。随着近年来，尤其是党的十八大提出创新驱动发展战略以及"十三五"规划提出服务业发展的重点和机制研究以来，立足于我国产业发展需要，重点培育以技术创新和科技进步为主的现代服务业，推进高新技术产业和新兴产业的发展，充分利用新技术，以数字经济实现传统产业改造升级，以实现产业升级。全国及三大地区产业高级化指数上升趋势明显，且东、中、西部之间差距有所缩小。可见，就产业高级化指数而言，我国产业升级发展态势良好，取得了一定的成绩。

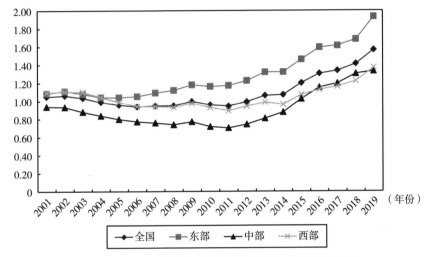

图 4 - 3 2001 ~ 2019 年全国及三大地区产业高级化指数

图 4 - 4 报告了 2001 ~ 2019 年全国及东部、中部和西部地区产业合理化指数均值的时序变化特征情况。从图 4 - 4 中明显可见，全国层面及东中西部地区的产业合理化指数均呈现持续下降趋势。可见，伴随着经济持续高速增长，以现代服务业为主的第三产业和第二产业整体发展速度远超第一产业，形成我国三大产业结构非均衡性发展态势突出，表现为产业结构侧重于发展某一产业，导致劳动力等要素资源倾斜，产业之间增加值差距明显，产业合理化指数降低，产业结构也随之呈现失衡状态。东部地区的产业合理化指数处于最低水平，全国及中部次之，西部地区居于最高水平，这也在侧面映照了东中西部地区产业发展不均衡的不争事实。因此，总体而言，我国产业升级虽然取得一定成效，但仍处于初级阶段，非均衡性和异质性显著问题明显，产业升级转型仍有待进一步提升。

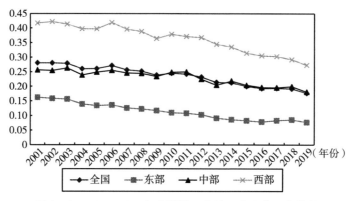

图 4 - 4　2001 ~ 2019 年全国及三大地区产业合理化指数

二、行业层面

一般而言，工业增加值率或行业产值比重指标常被用来衡量制造业产业升级。行业产值比重增加，一方面因为某一行业产值上升，表明该行业本身附加值提高和其他行业转向该行业的转型升级的综合表现；另一方面工业增加值仅反映行业内部增加值及其变化情况，且数据缺失，导致数据不可得①。相较于工业增加值率，其综合性更强，可能能够更好地度量制造业各细分行业的产业升级。因此，本书衡量制造业各细分行业产业升级使用行业产值比重指标。

同时，鉴于数据的可得性，并兼顾其连续性和完整性，对于制造业行业各细分行业进行分类划分和整理。本书依据郭克莎（2005）、沈能等（2014）按照制造业行业要素密集分类标准，并采用 2011 年行业分类标准，进行相关整理分类②，为了数据前后对应，将 C36 数据并入 C37，最

---

①　自 2008 年及以后年度国家统计局不再对外公布（规模以上）工业分行业增加值数据。

②　我国《国民经济行业分类》的国家标准首次于 1984 年发布，之后分别于 2002 年、2011 年和 2017 年进行三次修订，由于本书使用的数据期间为 2001 ~ 2019 年，因此采用 2011 年修订版标准，对其数据进行整理计算。具体而言，2011 年修订版本相对于 2002 年修订版本的区别主要在于：将"饮料制造业"调整为"酒、饮料和精制茶制造业"，将"纺织服装、鞋、帽制造业"调整为"纺织服装、服装业"，将"皮革、毛皮、羽毛（绒）及其制品业"调整为"皮革、毛皮、羽毛及其制品和制鞋业"，将"印刷业和记录媒介的复制"调整为"印刷和记录媒介复制业"，将"文教体育用品制造业"调整为"文教、工美、体育和娱乐用品制造业"，将"橡胶制品业"和"塑料制品业"合并为"橡胶和塑料制品业"，将"交通运输设备制造业"分解为"汽车制造业"和"铁路、船舶、航空航天和其他运输设备制造业"，将"通信设备、计算机及其他电子设备制造业"调整为"计算机、通信和其他电子设备制造业"，将"仪器仪表及文化、办公用机械制造业"调整为"仪器仪表制造业"，将"工艺品及其他制造业"调整为"其他制造业"，将"废弃资源和废旧材料回收加工业"调整为"废弃资源综合利用业"，增加了"金属制品、机械和设备修理业"。

终得到 27 个制造业细分行业（见表 4 - 2）。

表 4 - 2　　　　　　　制造业各细分行业及按照要素密集度分类

类别	具体行业
劳动密集型	C13 农副食品加工业，C14 食品加工业，C15 酒、饮料和精制茶制造业，C16 烟草制造业，C17 纺织业，C18 纺织服装、服饰业，C19 皮革、毛皮、羽毛及其制品业和制鞋业，C20 木材加工及木、竹、藤、棕、草制品业，C21 家具制造业，C22 造纸及纸制品业，C23 印刷和记录媒介复制业，C24 文教、工美、体育和娱乐用品制造业，C29 橡胶和塑料制品业
资本密集型	C25 石油加工、炼焦及核燃料加工业，C30 非金属矿物制品业，C31 黑色金属冶炼及压延加工业，C32 有色金属冶炼及压延加工业，C33 金属制品业，C34 通用设备制造业，C35 专业设备制造业
技术密集型	C26 化学原料和化学制品制造业，C27 医药制造业，C28 化学纤维制造业，C37 交通运输设备制造业，C38 电气机械和器材制造业，C39 计算机、通信和其他电子设备制造业，C40 仪器仪表制造业

因此，鉴于以上分析在此使用行业产值比重指标衡量制造业细分行业的产业升级，具体如表 4 - 3 所示。从表 4 - 3 可以看出，2001 ~ 2019 年我国制造业各行业产业升级除个别产业均值指数较低外，其余行业产业升级指数水平较高。整体上我国制造业各细分行业的产业升级发展态势良好。其中，C39、C37、C31 和 C26 的产业升级指数的 19 年均值均超过 5，分别为 10.13、8.14、7.70 和 6.50。根据制造业各细分行业的产业升级指数的大小来看，其特征表现：一是制造业各细分行业产业升级内部指数差距悬殊，但整体看其差距呈现缩小趋势。从各行业 2001 年产业升级指数情况来看，C39 的产业升级指数为 11.64，而 C21 的产业升级指数仅为 0.13，相距甚远。同时从 2019 年产业升级指数情况来看，C39 的产业升级指数为 6.95，而 C23 的产业升级指数为 0.24。可见中国制造业将近 20 年的高速发展，整体来看产业升级明显，同时各行业之间差距存在缩小迹象。二是制造业单个行业产业升级指数变动波动较大。例如，行业 C13 在 2001 ~ 2019 年间产业升级指数在 2 ~ 6 之间反复横跳，自身产业升级指数变动幅度较大，与之类似的行业还有 C15、C16、C17、C25、C26、C30、C31、C32、C37、C38 和 C39。可知制造业行业存在单个行业产业升级指数不稳定，存在不小波动。

产业升级、对外贸易动能转换对外贸竞争力提升的影响效应研究

表 4 - 3　2001~2019年制造业各细分行业产业升级情况

行业	2001年	2002年	2003年	2004年	2005年	2006年	2007年	2008年	2009年	2010年	2011年	2012年	2013年	2014年	2015年	2016年	2017年	2018年	2019年	均值
C13	2.95	2.93	2.73	4.14	2.65	2.54	2.70	4.62	5.11	3.11	5.21	5.23	6.51	6.57	6.65	6.61	2.57	2.45	2.39	4.09
C14	1.42	1.52	1.47	1.44	1.33	1.34	1.32	1.50	1.68	1.42	1.66	1.66	1.97	2.06	2.21	2.26	1.22	1.18	1.15	1.57
C15	2.28	2.14	1.70	1.21	1.28	1.32	1.36	1.27	1.35	1.36	1.38	1.40	1.67	1.69	1.78	1.83	1.00	0.97	0.94	1.47
C16	2.76	2.93	2.33	1.29	1.61	1.37	1.40	0.87	0.92	1.22	0.80	0.81	1.00	0.94	0.97	0.85	0.77	0.74	0.71	1.28
C17	4.45	4.24	4.62	5.14	4.03	3.84	3.61	4.14	4.17	3.16	3.86	3.87	4.01	3.89	3.98	3.87	1.98	1.90	1.84	3.72
C18	1.15	1.07	1.35	1.98	1.28	1.37	1.32	1.82	1.91	1.26	1.60	1.60	2.17	2.17	2.25	2.27	1.18	1.13	1.11	1.58
C19	0.72	0.66	1.25	1.37	1.03	1.01	1.00	1.14	1.17	0.97	1.05	1.06	1.41	1.43	1.49	1.46	0.80	0.76	0.74	1.08
C20	0.36	0.36	0.34	0.69	0.31	0.33	0.36	0.92	1.05	0.38	1.41	1.07	1.30	1.39	1.43	1.45	0.39	0.37	0.36	0.75
C21	0.13	0.12	0.29	0.57	0.39	0.45	0.42	0.59	0.62	0.40	0.60	0.60	0.71	0.76	0.81	0.85	0.37	0.35	0.34	0.49
C22	1.51	1.53	1.43	1.67	1.33	1.28	1.27	1.51	1.50	1.21	1.43	1.43	1.59	1.42	1.44	1.42	0.71	0.68	0.66	1.32
C23	0.52	0.51	0.43	0.59	0.35	0.33	0.32	0.52	0.54	0.26	0.46	0.46	0.57	0.71	0.76	0.79	0.25	0.25	0.24	0.47
C24	0.30	0.29	0.45	0.60	0.42	0.42	0.39	0.48	0.48	0.32	0.38	0.38	1.27	1.52	1.60	1.62	0.74	0.71	0.70	0.69
C25	6.66	3.36	5.81	4.43	6.54	6.58	5.55	4.39	3.93	6.16	4.36	4.37	4.93	4.21	3.47	3.27	2.85	2.66	2.59	4.53
C26	7.04	6.46	5.68	6.42	5.72	5.56	5.55	8.44	6.71	5.73	7.19	7.20	8.39	8.50	8.42	8.33	4.24	4.05	3.94	6.50

续表

行业	2001年	2002年	2003年	2004年	2005年	2006年	2007年	2008年	2009年	2010年	2011年	2012年	2013年	2014年	2015年	2016年	2017年	2018年	2019年	均值
C27	2.23	2.96	2.02	1.61	1.62	1.49	1.45	1.53	1.72	1.62	1.77	1.77	2.14	2.40	2.60	2.73	1.59	1.53	1.50	1.91
C28	1.34	1.22	1.14	0.97	1.23	1.21	1.24	0.77	0.70	0.87	0.79	0.79	0.83	0.74	0.74	0.76	0.49	0.47	0.46	0.88
C29	2.10	2.15	2.21	2.98	2.04	2.01	1.93	2.73	2.87	1.84	2.70	2.71	3.07	3.11	3.18	3.14	1.37	1.31	1.28	2.35
C30	2.68	2.55	2.60	3.70	2.31	2.34	2.41	4.05	4.51	2.74	4.74	4.76	5.57	6.01	6.06	6.05	2.08	1.98	1.93	3.64
C31	7.84	7.64	9.08	8.41	10.57	10.13	10.55	8.65	7.78	9.94	7.56	7.59	8.61	7.33	6.19	5.79	4.44	4.16	4.04	7.70
C32	2.49	2.34	2.45	2.97	2.92	3.83	4.12	4.05	3.76	3.74	4.24	4.25	4.74	4.77	4.70	4.69	2.87	2.75	2.68	3.60
C33	1.43	1.41	1.53	2.56	1.57	1.72	1.76	2.91	2.93	1.69	2.76	2.77	3.66	3.78	3.81	3.78	1.49	1.42	1.39	2.34
C34	3.08	3.25	3.35	4.23	3.41	3.51	3.53	4.78	5.01	3.57	4.83	4.86	4.77	4.87	4.77	4.64	2.13	2.03	1.97	3.82
C35	2.15	2.27	2.58	2.51	2.15	2.22	2.20	2.79	3.04	2.71	3.09	3.10	3.59	3.62	3.66	3.62	1.69	1.61	1.56	2.64
C37	8.75	9.99	9.93	6.84	7.86	7.92	8.30	6.47	7.57	10.40	7.46	7.49	8.35	8.78	9.11	9.67	6.79	6.54	6.40	8.14
C38	5.35	5.38	5.35	5.57	5.36	5.63	5.92	5.89	6.18	6.52	6.07	6.09	6.84	6.91	7.03	7.12	4.24	4.07	3.97	5.76
C39	11.64	12.29	14.68	11.04	14.30	14.24	13.52	8.54	8.14	11.25	7.54	7.56	8.77	8.81	9.24	9.45	7.43	7.13	6.95	10.13
C40	0.88	0.85	1.22	1.09	1.13	1.19	1.13	0.97	0.91	0.92	0.90	0.90	0.84	0.86	0.88	0.91	0.46	0.45	0.43	0.89

第二节 中国对外贸易动能转换的特征及事实

当前国际环境复杂，逆全球化现象充斥，加之 2020 年新冠疫情冲击，使得中国对外贸易发展面临更多的机遇和挑战。尽管如此，中国对外贸易发展仍韧性十足。根据国家统计局数据（2022）显示，2021 年中国进出口总值达到 39.1 万亿元，同比增长 21.4%，并实现进口和出口双增长，增长幅度均超 20%。尽管受到多重不利因素的冲击影响，中国对外贸易规模仍创历史新高，对外贸易仍表现出顽强的生命力，可见中国对外贸易发展韧性仍在。同时，伴随着中国自由贸易试验区形成东中西全区域覆盖格局、互联网跨境电商贸易蓬勃发展和"中欧班列"常态化运行，以及"双碳"目标下绿色贸易方式逐步兴起，为我国对外贸易新旧动能转换提供了新动能和新动力，推动中国外贸竞争新优势逐渐形成。

一、我国对外贸易动能转换的事实表现

我国对外贸易动能转换主要体现在以下三点：一是中国自由贸易试验体制机制创新优势、区位优势及制度创新优势明显。截至 2021 年，我国已在东部、中部和西部地区建立 21 个自由贸易试验区，成为规则、规制、管理标准等制度性的高地，在自身资源禀赋基础上形成集聚效应，充分利用各类创新资源、技术等要素，累计形成了上百项制度创新成果向全国复制推广（见表 4-4），逐步推进形成高标准的自由贸易区网络体系。二是互联网跨境电商呈"井喷式"增长。数据显示，2010～2019 年，互联网跨境电商交易规模几乎保持了 20% 的增速，2019 年中国跨境电商交易规模达到 10.5 万亿，同比增长 16.7%（见图 4-5）。三是"中欧班列"的"国际物流骨干"作用的发挥，并保持着持续增长态势。国铁集团（2021）发布数据显示，2021 年 1～10 月，"中欧班列"开行 12605 列，运送货物 121.6 万次标准箱，较上年同比分别增长 26% 和 33%，远超 2020 年全年运送总

量，实现了双增长。部分"中欧班列"相关情况见表4-5。"中欧班列"的常态化运行为中国与欧亚国家进行贸易往来提供了新运输通道，有利于加快各方企业复产复工，实现了货物和服务的跨境流动，发挥了国际运输"稳定器"的作用。同时各开通城市将具有自身优势的产品通过"中欧班列"输送至欧亚大陆，拓展了可贸易的范围，重塑了全球产业链供应体系，为对外贸易结构转换动能提供了新途径。

表4-4　　　　中国自贸试验区发布时间及其部分代表性创新成果

自由贸易区	发布时间	创新成果
中国（上海）自由贸易试验区	2013.9.27	首次推出服务贸易负面清单
中国（广东）自由贸易试验区	2015.4.20	实行"一线放开，二线安全高效管住"
中国（天津）自由贸易试验区	2015.4.20	实行国际贸易"单一窗口"管理
中国（福建）自由贸易试验区	2015.4.20	优化营商环境
中国（辽宁）自由贸易试验区	2017.3.31	首个船舶航运专业性融资中心
中国（河南）自由贸易试验区	2017.3.31	丰富跨境电商销售途径
中国（湖北）自由贸易试验区	2017.3.31	缓解科技型中小企业融贷
中国（浙江）自由贸易试验区	2017.3.31	首个船舶进出境无纸化通关口岸
中国（重庆）自由贸易试验区	2017.3.31	海关管创新
中国（四川）自由贸易试验区	2017.3.31	提升"中欧班列"运输效率
中国（陕西）自由贸易试验区	2017.3.31	铁路运输方式舱单归并
中国（海南）自由贸易试验区	2018.10.16	首单沪琼自由贸易账户联动业务
中国（山东）自由贸易试验区	2019.8.26	首创海铁联运货物"全程提单"模式
中国（江苏）自由贸易试验区	2019.8.26	"保税+出口"混拼、多式联运监管新模式
中国（广西）自由贸易试验区	2019.8.26	边境陆路口岸全信息智能通关模式
中国（河北）自由贸易试验区	2019.8.26	综合保税区跨界共商、共建、共享新模式
中国（云南）自由贸易试验区	2019.8.26	"跨境直通、电子批量"边民互市结算新模式
中国（黑龙江）自由贸易试验区	2019.8.26	外资、外地企业离岸、异地登记注册服务新模式
中国（北京）自由贸易试验区	2020.9.21	数字经济先行
中国（湖南）自由贸易试验区	2020.9.21	大力创新税收制度
中国（安徽）自由贸易试验区	2020.9.21	深入推动创新驱动发展战略

资料来源：笔者根据各自贸试验区官网、每日经济新闻等公开资料搜集整理。

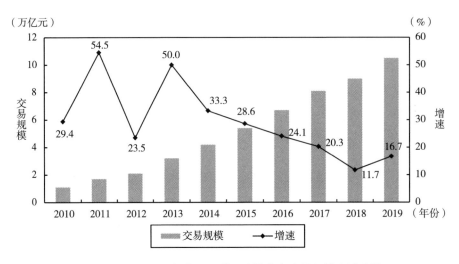

图4-5 2010~2019年中国互联网跨境电商交易规模和增速情况

资料来源：笔者根据阿里研究院和海关总署官网数据整理。

表4-5 部分常态化"中欧班列"运行情况简要

城市	开通年份	主要货物类别（去程）	2019年运营数量（列）
重庆	2011	电子产品及配件、整车及汽车配件、医药、食品及日用品等	1500
郑州	2013	电子产品、高档服装、冷链产品、医疗器械、机电产品等	1000
西安	2016	电器、通信产品、汽车零部件、服装等	2133（含亚洲方向）
成都	2011	汽车及配件、机械产品、电脑及半成品、服装鞋类、日用品等	1600
武汉	2012	光学产品、电子产品、汽车整车及零部件、日用品等	332
苏州	2013	笔记本电脑、平板电脑、液晶显示屏、硬盘、芯片等	231
长沙	2012	机电产品、茶叶、服装、鞋帽、陶瓷、食品、钢铁等	411
义乌	2014	电子产品、小百货、五金工具、日化品等	274
合肥	2014	太阳能光伏、传感器、机器人等产品	368
乌鲁木齐	2016	食品、保健护理品、家居产品和机电类产品等	1100

资料来源：根据中华人民共和国商务部、中国国家铁路集团有限公司和各官方网站等公开资料整理得到。

二、我国对外贸易动能转换的特征

(一) 对外贸易动能转换的理论框架与指标体系构建

1. 对外贸易动能转换的理论框架。对外贸易动能转换的本质在于参与对外贸易活动主体的生产行为条件、生产活动过程和生产行为输出结果都发生新的变化，从传统的旧动能转换为新动能。对外贸易活动主体生产行为条件的优化在于各个生产要素的选择，提高各生产要素的质量和素质，转变生产方式和发展方式，不断释放生产要素的供给弹性，增强对外贸易动能转换的动力源。在生产活动的行为过程中，应充分利用科技革命和产业变革的"科技红利""时代红利"，加强智能化、自动化、网络化和数字化的应用，实现新的生产方式和生产模式。另外，生产行为的输出结果应更加注重新兴产业、现代服务业和高新技术产业，提高科技含量，对传统产业改造升级，实现对外贸易动能转换。朱启荣和言英杰（2012）从反映外贸的"量"和"质"等 6 个方面 19 个具体指标利用主成分分析法得到中国外贸增长质量综合指数。汪素芹（2013）同样基于外贸量速、结构、效益、竞争力以及可持续发展力等方面构建中国外贸发展方式转变的综合评价指标体系，并具体测度 15 个省市的指数，为中国外贸发展方式转变提出建议。沈国兵和张鑫（2017）在以上基础上考虑外贸能源效益构建包含 6 个方面的评价指标体系，对中国省级外贸可持续发展动态演进进行综合评估。郑江淮等（2018）提出新动能是集需求侧、供给侧和结构转换 3 个维度动能的综合体现，以解析中国经济增长动能转换。裴长洪和刘斌（2019）指出，中国对外贸易竞争新优势体现在互联网和跨境电商的新业态、"中欧班列"的新贸易运输方式和自由贸易区的三重叠加优势。马林静（2020）基于外贸高质量发展内涵特征，构建包含外贸结构优化度、外贸绩效水平、外贸竞争力、外贸规模地位及外贸发展可持续性等 5 个维度的外贸增长质量评价体系，并测算其综合指数。高运胜等（2021）在分析中国外贸发展现状及困境的基础上，从转型升级、创新驱动、扩大开放和制度改革等方面阐释中国对外贸易高质量发展的新动能塑造。在已有研究基础上，尝试构建中国对外贸易动能转换包含需求侧动能、供给侧动能和结构转换动能 3 个维度的理论框架。具体而言，需求侧动能则体现为经济主体的需求能力。进一步地，将需求侧动能分为内需动能和外需动能。内需动能表现在中国超大规模消费市场和超大规模消费群体的大容量、广泛性及多元化。外需动能是对外贸易的扩张，将中国置身于世界经济体系范畴，参与全球化分工的表现。需求侧动能体现了内外联动下的对外贸易发展状态。供给侧动能主要表现在对外贸易经济行为中的供给端的变动和改革，为破除供给端的旧有禁锢，提高生产要素效益，进而促进对外贸易动能转换速度和效率，提高对外贸易供给质量，主要包含为资本动能、人力动能、创新动能和产业动能。资本动能对企业生产活动而言至关重要，是企业生产经营活动得以实现的现实基础，也是企业未来发展和调整升级的重要保证。而人力动能是强调劳动力的职业素养，不仅关注劳动力的数量问题，更加看重劳动力质量的提升，进而保障对外贸易的人力资源，以适应对外贸易动能转换需求和增强对外贸易的自适应性。创新动能又细分为技术创新和产品创新，是提升供给质量的重点对象，是对外贸易质量提升的重要表现。产业动能主要体现在产业基础的塑造，通过优化产业基础，提高产业服务化、智能化水平，有利于参与全球价值链高端制造，对供给侧动能发挥着重要作用。在结构转换动能方面，主要关注于对外贸易的结构和方式的转换与变革，并注重绿色贸易，具体体现在结构动能上。在经济全球化转型和全球价值链重构背景下，对外贸易的结构转变体现在充分利用新技术的新形式、新业态和新模式，强调贸易竞争力和转变贸易方式，注重绿色贸易，以形成对外贸易结构动能转换的主要内容，并发挥不可忽视的作用，以培养对外贸竞争新优势。同样，制造业行业层面包含需求侧动能、供给侧动能和结构转换动能 3 个维度的理论框架，需求侧动能表现为制造业的内需动能和外需动能两个方面；供给侧动能表现为制造业资本动能、人力动能和创新动能 3 个方面；结构转换动能主要表现在结构动能上。

2. 对外贸易动能转换指标体系构建。基于经济增长动能的理论基础，将中国对外贸易动能转换（the dynamic energy conversion of China's foreign trade，DEC）的指标体系构建需求侧、供给侧以及结构转换 3 个维度动能，对中国地区层面和制造业行业层面的对外贸易动能转换的发展状态进行测度、分析和评价。其中，就地区层面而言，需求侧由内外需动能构成；供给侧动能由资本动能、人力动能、创新动能和产业动能等 4 个二级维度构成；结构转换动能主要表现在结构动能上。就制造业行业而言，需求侧动能表现为制造业的内需动能和外需动能；供给侧动能表现为制造业资本动能、人力动能和创新动能 3 个二级维度；结构转换动能主要表现在结构动能上。具体指标体系见表 4 - 6 和表 4 - 7。

表 4 - 6　　　　　中国省份层面对外贸易动能转换评价指标体系

一级维度	二级动能	三级动能	指标说明	指标属性
需求侧	内需动能	城乡消费水平	城镇居民消费性支出额	正向指标
		社会消费品零售总额	全社会消费品零售总额	正向指标
		经济波动水平	GDP 增长率	正向指标
		消费者价格指数	CPI 指数	负向指标
	外需动能	对外开放度	进出口总额占 GDP 比重	正向指标
		出口依存度	出口总额占 GDP 比重	正向指标
		OFDI 水平	OFDI 投资额	正向指标
供给侧	资本动能	资本投入	固定资产投资额	正向指标
		基础设施建设	人均长途光缆线路长度	正向指标
			高速公路里程占公路里程比重	正向指标
			铁路营业里程与总人口之比	正向指标
			公路营业里程与总人口之比	正向指标
	人力动能	教育年限	平均受教育年限*	正向指标
		教育支持力度	教育支出占财政支出比重	正向指标
		高等教育水平	普通本专科在校生数/总人口	正向指标
	创新动能	技术创新	发明专利授予量	正向指标
			科研经费支出占 GDP 的比重	正向指标
		产品创新	高新技术产品出口额	正向指标
	产业动能	产业基础	第三产业增加值占比	正向指标
			高技术产业主营业务收入	正向指标

续表

一级维度	二级动能	三级动能	指标说明	指标属性
结构转换	结构动能	互联网公众参与度	互联网上网人数与地区年末人口比值	正向指标
		"中欧班列"	各省份当年开通"中欧班列"的列次数	正向指标
		自由贸易试验区	各省份拥有的自由贸易区的个数	正向指标
		贸易竞争力	货物贸易 TC 指数	正向指标
			人均出口规模	正向指标
			出口技术复杂度指数**	正向指标
		能源消耗强度	各省能源消耗总量	负向指标
		贸易结构	服务贸易出口额占出口总额比重	正向指标
			一般贸易出口额占出口总额比重	正向指标
			加工贸易出口额占出口总额比重	正向指标

注：＊平均受教育年限借鉴王长明等（2021）采用经验分析中的各地区人均受教育年限来衡量；＊＊借鉴赫斯曼（Hausmann，2007）、程锐等（2020）等方法计算 30 个省域出口技术复杂度，详见第五章的第二节。

表 4 - 7   中国制造业行业层面对外贸易动能转换评价指标体系

一级维度	二级动能	三级动能	指标说明	指标属性
需求侧	内需动能	人均消费水平	当年居民人均消费水平	正向指标
	外需动能	行业对外开放度	进出口总额与当年 GDP 之比	正向指标
		外商资本	外商投资额	正向指标
		对外投资水平	对外直接投资流量	正向指标
供给侧	资本动能	固定资产投资额	固定资产投资额度	正向指标
	人力动能	科研人员当量	当年科研人员当量	正向指标
	创新动能	科研经费支出	科研经费支出额	正向指标
		产品创新	新产品产值	正向指标
		产品或工艺创新	有产品或工艺创新的企业数	正向指标
结构转换	结构动能	出口交货值占比	出口交货值占工业销售产值的比重	正向指标
		技术引进	技术引进经费支出	正向指标
		技术改造	技术改造经费支出	正向指标
		绿色发展	能源消耗总量（万吨标准煤）	负向指标
		工业机器人进口	工业机器人进口贸易额＊	正向指标
		工业机器人出口	工业机器人出口贸易额	正向指标

注：＊李丫丫和潘安（2017）指出工业机器人进口显著提升制造业全要素生产率，因此以工业机器人贸易额代表制造业行业智能化程度，以表征制造业行业的结构动能转换水平，并以工业机器人贸易额表示。具体数据来源于联合国 Comtrade 数据库（UN Comtrade Database），借鉴赵春明等（2020）以制造业各行业占制造业行业比重为权重计算各细分行业工业机器人贸易额。

（二）行业层面对外贸易动能转换指数情况

采用主成分分析方法确定各指标权重最后得到中国制造业行业层面对外贸易动能转换发展情况并进行系统性评价，得到 2001～2019 年中国制造业行业对外贸易动能转换指数（见表 4 - 8）[①]。从表 4 - 8 中可以看出，我国制造业行业对外贸易动能转换指数时序变化存在一定的波动，且行业之间同样存在不小的差距。首先，整体来看，我国制造业行业的对外贸易动能转换表现为新动能释放，逐步提升的动态过程。2001 年各制造业行业对外贸易动能转换指数整体上数值偏小，且除 C38 为正的 0.0262 之外，其余行业的数值均为负值。但截至 2017 年及之后年份，各制造业行业对外贸易动能转换指数均转变为正值。可见，近年来随着我国大力发展制造业相关战略的实施，我国对外贸易动能转换的动力持续增强。其次，从制造业行业对外贸易转换指数的均值情况来看，均值满足正值条件的行业有 C13C14、C18、C19、C27、C34、C37、C38 和 C39。同时，整体来看这些行业的对外贸易动能转换指数数值较大，表明这些行业对外贸易动能转换能力较强。而其他行业的对外贸易动能转换指数多年表现为负值，即使转为正值，其数值仍较小。可见，中国制造业"大而不强"的桎梏仍在，仍应进一步加快对外贸易动能转换，助力中国走向制造强国。

[①]　在计算制造业行业层面对外贸易动能转换指数时，需要用各制造业行业进出口贸易额。由于该数据来源于联合国 Comtrade 数据库（UN Comtrade Database）。我国缺少按照《国民经济行业分类》（2011 年修订版）中的制造业行业进行细分的进出口贸易数据，同时，中国工业行业标准分类（CICC）与联合国国际贸易标准分类（SITCRev. 3）并不一致，需要对两者进行统一。参照盛斌（2002）的归类方法，结合本书的研究目的，将《国民经济行业分类》（2011 年修订版）中制造业行业中的"农副食品加工业 C13"和"食品制造业 C14"合并为"食品加工和制造业 C13C14"，这就导致由原来的 27 个制造业行业变为 26 个制造业细分行业，后续进行的实证检验同样使用合并后的数据集合，具体的数据说明详见第五章的第一节。

表 4 - 8　2001～2019 中国制造业行业层面对外贸易动能转换指数时序情况

行业	2001年	2002年	2003年	2004年	2005年	2006年	2007年	2008年	2009年	2010年	2011年	2012年	2013年	2014年	2015年	2016年	2017年	2018年	2019年	均值
C13																				
C14	-0.1379	-0.1366	-0.1360	-0.1329	-0.1333	-0.1317	-0.1293	-0.1241	-0.1076	-0.0188	-0.0502	-0.0012	-0.0011	0.0651	0.0937	0.1953	0.2433	0.2869	0.4180	-0.0625
C15	-0.3681	-0.3581	-0.3524	-0.3377	-0.3247	-0.3126	-0.2892	-0.2557	-0.2178	-0.2092	-0.1512	-0.1532	-0.0083	0.0119	0.0167	0.0372	0.0257	0.0281	0.0396	-0.1592
C16	-0.2901	-0.2968	-0.2976	-0.2405	-0.2986	-0.2990	-0.2859	-0.2762	-0.2327	-0.2187	-0.1811	-0.2358	-0.2105	0.1905	0.1698	0.1476	0.1230	0.1960	0.3066	-0.1440
C17	-0.3115	-0.3004	-0.2768	-0.2272	-0.2545	-0.2378	-0.2124	-0.1575	-0.0927	-0.1067	0.0086	-0.0415	0.0011	0.0387	0.0719	0.1012	0.1291	0.1095	0.1623	-0.1146
C18	-0.2935	-0.2932	-0.1980	-0.0654	0.0533	0.1281	0.2404	0.3363	0.3182	0.3606	0.5003	0.6381	0.6708	0.6976	0.6636	0.6296	0.5846	0.5521	0.5433	0.0309
C19	-0.3443	-0.3464	-0.3160	-0.2811	-0.2197	-0.1912	-0.1288	-0.0863	-0.0571	-0.0170	-0.0106	0.0129	0.0235	0.0457	0.0765	0.2238	0.3548	0.5943	0.6986	-0.1046
C20	-0.3984	-0.3882	-0.3747	-0.3438	-0.3506	-0.3410	-0.3259	-0.2997	-0.2780	-0.2776	-0.2093	-0.2277	-0.2018	-0.1703	0.0149	0.0321	0.1052	0.1930	0.2080	-0.1778
C21	-0.3985	-0.3892	-0.3813	-0.3637	-0.3596	-0.3462	-0.3273	-0.3080	-0.2857	-0.2743	-0.2395	-0.2256	-0.1975	0.0170	0.0183	0.0210	0.0498	0.0682	0.0751	-0.1807
C22	-0.3745	-0.3604	-0.3504	-0.3257	-0.3136	-0.2974	-0.2713	-0.2358	-0.1960	-0.1782	-0.0994	-0.0830	-0.0504	-0.0131	0.0156	0.0191	0.0486	0.0519	0.0716	-0.1528
C23	-0.3868	-0.3775	-0.3661	-0.3371	-0.3495	-0.3414	-0.3231	-0.2983	-0.2753	-0.2726	-0.2333	-0.2304	-0.2021	-0.1745	0.0154	0.0235	0.0310	0.0899	0.1056	-0.1751
C24	-0.3833	-0.3733	-0.3699	-0.3569	-0.3535	-0.3468	-0.3266	-0.3044	-0.2858	-0.2783	-0.2457	-0.1961	-0.1548	-0.1171	0.0299	0.0608	0.0938	0.1025	0.1453	-0.1778
C29	-0.3293	-0.3129	-0.3264	-0.2887	-0.3015	-0.2857	-0.2476	-0.2237	-0.1697	-0.1465	-0.0744	-0.1193	0.0328	0.0922	0.1143	0.1486	0.1820	0.1991	0.2428	-0.1385
C25	-0.2796	-0.2527	-0.2510	-0.1933	-0.1935	-0.1449	-0.0833	0.0367	0.1281	0.1302	0.4076	0.2462	0.4026	0.5417	0.5864	0.6456	0.7179	0.6389	0.7108	-0.0581
C30	-0.3652	-0.3409	-0.3399	-0.3030	-0.3050	-0.2840	-0.2490	-0.1813	-0.1549	-0.1416	-0.0326	-0.0364	0.0765	0.1479	0.1851	0.2339	0.2687	0.2814	0.3441	-0.1402
C31	-0.3716	-0.3615	-0.3584	-0.3318	-0.3305	-0.3186	-0.2954	-0.2730	-0.2548	-0.2376	-0.1913	-0.1980	-0.0537	-0.0188	0.0095	0.0215	0.0550	0.0832	0.1270	-0.1649
C32	-0.3550	-0.3327	-0.3215	-0.2633	-0.2868	-0.2677	-0.2322	-0.1644	-0.1256	-0.1272	-0.0254	0.0311	-0.0133	0.0324	0.0562	0.0864	0.1101	0.0995	0.1436	-0.1303
C33	-0.3309	-0.3189	-0.3180	-0.2665	-0.2828	-0.2641	-0.2313	-0.1558	-0.0732	-0.1048	0.0709	0.0462	0.1176	0.1944	0.2332	0.2846	0.3013	0.2149	0.2681	-0.1235
C34	-0.2816	-0.2529	-0.2237	-0.1448	-0.1320	-0.0845	0.0013	0.0793	0.1751	0.2257	0.3548	0.2383	0.2756	0.3402	0.3353	0.3568	0.4029	0.4148	0.4999	-0.0336
C35	-0.3476	-0.3367	-0.3336	-0.2906	-0.2968	-0.2599	-0.2342	-0.1824	-0.1194	-0.0969	0.0152	-0.0222	0.0146	0.0858	0.1124	0.1692	0.2289	0.2522	0.3085	-0.1315
C26	-0.3567	-0.3419	-0.3343	-0.2767	-0.3052	-0.2886	-0.2552	-0.2007	-0.1624	-0.1752	-0.0557	0.0204	0.0029	0.0669	0.0847	0.1312	0.1651	0.1550	0.2166	-0.1419
C27	-0.2799	-0.2677	-0.2542	-0.1619	-0.1872	-0.1551	-0.1094	0.0129	0.0759	0.0546	0.2735	0.1940	0.2085	0.2831	0.2992	0.3262	0.3764	0.3567	0.4302	-0.0670
C28	-0.3386	-0.3278	-0.3041	-0.2472	-0.2664	-0.2313	-0.1872	-0.0763	-0.0432	-0.0265	0.1530	0.1026	0.0903	0.1390	0.1706	0.1952	0.2438	0.2462	0.2984	-0.1078
C37	-0.1153	-0.0763	-0.0434	0.1514	0.0705	0.1498	0.2479	0.3964	0.5580	0.6731	0.9166	0.3537	0.7167	0.8802	0.9684	1.1263	1.2735	1.3544	1.4826	0.1059
C38	0.0262	0.1346	0.1795	0.7789	0.2748	0.3349	0.4156	0.5480	0.6628	0.7028	0.9258	0.3179	0.5001	0.5948	0.6453	0.7193	0.8292	0.8643	0.9708	0.2136
C39	-0.2060	-0.1444	-0.0706	0.0983	0.1216	0.2130	0.3523	0.5233	0.5520	0.6989	0.8930	1.1902	1.4627	1.5937	1.6769	1.8643	2.0920	2.2701	2.4223	0.2136
C40	-0.3705	-0.3607	-0.3502	-0.3117	-0.3236	-0.3084	-0.2821	-0.2278	-0.2173	-0.2117	-0.1267	-0.1647	-0.1169	-0.0878	-0.0677	-0.0389	0.0076	0.0066	0.0381	-0.1560

（三）地区层面对外贸易动能转换指数情况

本书利用主成分分析法，对中国各省域的对外贸易动能转换发展情况进行系统性评价，得出 2001～2019 年对外贸易动能转换指数的均值情况（见图 4－6）①。从图 4－6 中可见，2001～2019 年中国对外贸易动能转换指数持续走高，全国对外贸易动能转换指数均值水平从 2001 年一路增长，19 年间增速明显。但同时明显可见中国对外贸易动能转换指数的非均衡态势，存在区域分异性，表现为由东向西梯级递减。具体来看，东部地区省份普遍处于较高水平（2019 年广东以 2.1034 居于首位）；中部地区省份低于全国平均水平但高于西部地区；西部地区省份对外贸易动能转换指数处于最低水平（2019 年甘肃以 －0.0855 居于末位）。由此可见，中国对外贸易动能转换整体处于上升期，东部地区增长势头迅猛，中西部地区有待提升，区域异质性显著，有待进一步解决。

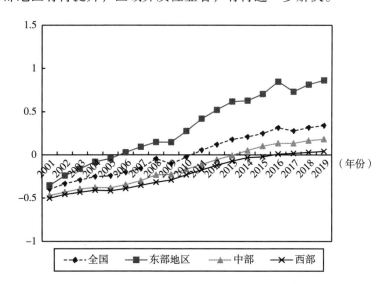

图 4－6　2001～2019 年中国对外贸易动能转换指数趋势
资料来源：笔者根据相关统计数据整理计算得到。

---

①　利用主成分分析法，构造样本矩阵，标准化处理的基础上，使用 Spss 25.0 进行降维分析，其中得到 4 个特征值大于 1 的主成分的贡献率为 89.045%，最后以 4 个主成分的贡献率为权数进行加权平均，构造出综合评价函数，得到各省域对外贸易动能转换指标权重，最后得到各省域的对外贸易动能转换指数。

　　基于对中国对外贸易动能转换指数的总体评价，进一步选取 2012 ~ 2019 年各省域对外贸易动能转换指数值进行排序及比较分析，得到相应的对外贸易动能转换指数排名及次序变化情况（见表 4 - 9）。可知，2012 ~ 2019 年除北京、天津、上海、湖南、青海和新疆等省份排名次序中间虽有所波动但仍保持在最初水平外，其他省份均有或大或小的变化。其中排名次序明显提升的省份有海南和贵州，分别提高 14 和 21 个位次，可见海南和贵州在对外贸易动能转换上取得较大成效，主要得益于海南自由贸易港建设及深度开放和贵州省大力打造新兴产业、紧抓数字经济战略先机"东数西算"项目的实施，加快了对外贸易新动能持续释放；排名次序明显下降的省份有山西、内蒙古、辽宁、黑龙江、广西和重庆，分别降低 5 个、5 个、7 个、7 个、4 个和 4 个位次。同时可看到对外贸易动能转换指数排名靠前的省份始终被东部省份的北京（1.4367）、上海（1.4723）、广东（2.1035）、江苏（1.6468）和浙江（1.3150）占据。排名最后的多为西部地区省份，包括广西（0.0698）、甘肃（- 0.0855）、云南（- 0.0555）和青海（- 0.0836）。从表 4 - 6 中排名可知，一方面说明东部地区对外贸易动能转换效果明显，处于全国前列，中部地区和西部地区对外贸易动能转换明显落后于东部地区。因此，协调东、中、西部发展差距，实现各区域良性健康发展的新格局成为双循环战略下我国对外贸易动能转换的重心工作；另一方面排名实现追赶的省份如东部地区的海南和西部地区的贵州表现突出，可见个别地区在加快实现对外贸易动能转换上有异军突起的势头，整体层面呈现分散化发展态势。因此应重点关注其各项维度的均衡发展。整体来看，中国对外贸易动能转换在区域发展上呈现东、中、西部梯度递减状态，同时各区域内部对外贸易动能转换指数同样存在差距。因此，在加快对外贸易动能转换的过程中，全国区域异质性问题应高度重视，但各区域内部差异性问题同样不可忽视，应实施全面协调的政策措施，促进更大范围持续提升对外贸易动能转换，不断培育对外贸易的国际合作和竞争新优势。

表4-9　中国各省份2012~2019年对外贸易动能转换指数排名及次序变化

省份	2012年	2013年	2014年	2015年	2016年	2017年	2018年	2019年	2012年与2019年
北京	4	3(1)	3(0)	4(-1)	4(0)	5(-1)	5(0)	4(1)	0
天津	8	7(1)	7(0)	7(0)	6(1)	7(-1)	8(-1)	8(0)	0
河北	10	9(1)	10(-1)	11(-1)	11(0)	8(3)	7(1)	7(0)	3
山西	17	19(-2)	20(-1)	20(0)	20(0)	20(0)	20(0)	22(-2)	-5
内蒙古	12	13(-1)	13(0)	17(-4)	14(3)	18(-4)	17(1)	17(0)	-5
辽宁	7	8(-1)	8(0)	10(-2)	12(-2)	13(-1)	12(1)	14(-2)	-7
吉林	23	23(0)	23(0)	25(-2)	26(-1)	26(0)	26(0)	25(1)	-2
黑龙江	20	17(3)	22(-5)	24(-2)	24(0)	24(0)	27(-3)	27(0)	-7
上海	3	4(-1)	4(0)	1(3)	2(-1)	3(-1)	2(1)	3(-1)	0
江苏	1	1(0)	2(-1)	3(-1)	3(0)	2(1)	3(-1)	2(1)	-1
浙江	6	5(1)	5(0)	5(0)	5(0)	4(1)	4(0)	5(-1)	1
安徽	19	21(-2)	18(3)	13(5)	17(-4)	16(1)	15(1)	18(3)	1
福建	9	10(-1)	9(1)	8(1)	8(0)	10(-2)	10(0)	10(0)	-1
江西	24	25(-1)	25(0)	23(2)	25(-2)	23(2)	25(-2)	23(2)	1
山东	5	6(-1)	6(0)	6(0)	7(-1)	6(1)	6(0)	6(0)	-1
河南	13	11(2)	11(0)	9(2)	10(-1)	11(-1)	11(0)	11(0)	2
湖北	14	14(0)	16(-2)	18(-2)	16(2)	17(-1)	16(1)	15(1)	-1
湖南	16	16(0)	17(-1)	16(1)	15(1)	15(0)	14(1)	16(-2)	0
广东	2	2(0)	1(1)	2(-1)	1(1)	1(0)	1(0)	1(0)	1
广西	22	18(4)	26(-8)	26(0)	23(3)	25(-2)	23(2)	26(-3)	-4
海南	26	26(0)	29(-3)	30(-1)	30(0)	27(3)	22(5)	12(10)	14
重庆	15	15(0)	15(0)	14(1)	18(-4)	12(6)	18(-6)	19(-1)	-4
四川	11	12(-1)	12(0)	15(-3)	13(2)	14(-1)	13(1)	13(0)	-2
贵州	30	30(0)	14(16)	12(2)	9(3)	9(0)	9(0)	9(0)	21
云南	27	28(-1)	27(1)	27(0)	27(0)	28(-1)	28(0)	28(0)	-1
陕西	18	20(-2)	19(1)	19(0)	19(0)	19(0)	19(0)	20(-1)	-2
甘肃	28	29(-1)	30(-1)	29(1)	29(0)	30(-1)	30(0)	30(0)	-2
青海	29	27(2)	28(-1)	28(0)	28(0)	29(-1)	29(0)	29(0)	-1
宁夏	25	24(1)	24(0)	22(2)	22(0)	22(0)	24(-2)	24(0)	1
新疆	21	22(-1)	21(1)	21(0)	21(0)	21(0)	21(0)	21(0)	0

资料来源：笔者根据相关统计资料整理计算得到。

第三节 中国对外贸易竞争力的特征及事实

一、中国对外贸易竞争力的总量变化

(一) 中国货物贸易的整体水平和增长情况

中国自加入 WTO 以来，国际贸易发生了量和质的飞跃，进出口贸易总额不断攀升，对外贸易的发展为中国经济腾飞提供了长足的动力（见图 4 - 7）。从图 4 - 7 中可见，2020 年进出口总额达到 321557 亿元，比 2001 年的 42183.62 亿元增长了 562.28%。其中出口总额由 22024.44 亿元增加至 179326 亿元，20 年增长达 6 倍之多。但是从出口总额的增速来看，我国出口增长并不稳定，波动较大，自 2018 年以来出口总额增速呈现下降趋势，这表明我国对外贸易竞争力释放空间减小，对外贸易竞争力后劲不足，有待进一步提升。

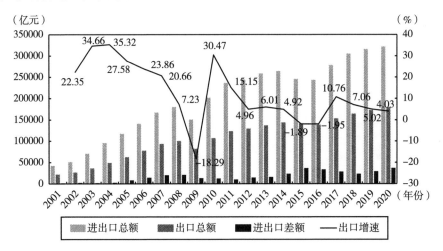

图 4 - 7 2001～2020 年中国货物进出口总额、出口总额和进出口差额
资料来源：笔者根据商务部商务数据中心公布数据整理。

(二) 中国服务贸易的整体水平和增长情况

近年来，服务贸易发展势头不减，并在对外贸易中愈来愈发挥更加重要的作用。从表 4 - 10 中可以看出中国服务贸易进出口总额增长的情况，2019 年达到 54153 亿元人民币，同时 2020 年服务贸易进出口总额也仍达到 45643 亿元人民币。但从中明显可见，我国服务贸易逆差形成了巨大的"鸿沟"。由于 2020 年新冠疫情暴发对我国服务贸易产生不小的影响，致使服务贸易进出口总额出现明显的回落，但整体来看，我国服务贸易呈现增长态势。

表 4 - 10　　　　　　2010 ~ 2020 年中国服务贸易进出口额　　　　单位：亿元

时间	进出口额	出口额	进口额	进出口差额
2010 年	25022	12008	13014	- 1006
2011 年	28875	12936	15939	- 3002
2012 年	30422	12699	17722	- 5023
2013 年	33814	13020	20794	- 7774
2014 年	40053	13461	26591	- 13130
2015 年	40745	13617	27127	- 13510
2016 年	43947	13918	30030	- 16112
2017 年	46991	15407	31584	- 16177
2018 年	52402	17658	34744	- 17086
2019 年	54153	19564	34589	- 15025
2020 年	45643	19357	26286	- 6929

资料来源：笔者根据商务部商务数据中心公布数据整理。

二、中国对外贸易竞争力的结构情况

对外贸易竞争力不仅表现在对其贸易总量的比较，同时也取决于对外贸易的结构优劣。当前世界经济发展面临着前所未有的挑战，贸易保护主义和逆全球化主义盛行，以美国为主导的发达国家主张"制造业回流"，制造业的重要性可见一斑。一国（地区）的制造业发展水平展现了其实体经济实力，是其参与国际贸易的重要筹码，其重要地位不容忽视。同时，随着服务贸易在国际贸易中起举足轻重的影响，对对外贸易竞争力也发挥着关键性作用。因此，本书针对对外贸易竞争力的结构重点分析制造业行业结构情况和服务贸易分行业竞争力情况。

（一）中国制造业行业结构及贸易竞争力

从表 4 - 11 数据来看，制造业出口总产值从 2001 年的 15310.65 亿元增长到 2005 年的 46104.19 亿元、2009 年的 70292.29 亿元、2013 年的 111752.85 亿元及 2016 年的 116670.57 亿元，十几年的发展，增加了 7.62 倍，可见制造业分行业出口取得了较大成效，增长趋势明显。具体来看，2016 年的制造业 C39 行业出口位居第一，从 2001 年的 3792.93 亿元增加到 2016 年的 47081.32 亿元，这也说明我国制造业 C39 在国际市场中的高需求，其竞争力提升较为明显。近年来华为、小米和联想等国有品牌纷纷走上国际市场，得到了世界各国消费者的青睐，赢得了不错的口碑和声誉，也验证了我国计算机、通信和其他电子设备制造业飞速发展的事实。电气机械及器材制造业和交通运输设备制造业的出口规模位于前列，其 2016 年的出口交货值分别达到了 10092.24 亿元和 6597.03 亿元，远高于行业平均水平。近年来我国的"高铁技术"居于世界领先地位，并逐渐走出国门，持续向世界范围出口，充分说明了其竞争优势的提升。但是，技术密集型中的 C27、C34、C35 和 C40 等低于行业平均，其竞争优势并不明显。烟草制造业和饮料制造业的出口交货值在 2016 年仅分别为 41.24 亿元和 256.21 亿元，远远低于行业平均水平，竞争劣势显著。中国的烟草与饮料制造大部分在国内销售和使用，纵观国际知名品牌的饮料企业，很难找到中国品牌，大多是国外的可口可乐等控股。服装及鞋帽制造业的出口增长同样较快，国际需求量增长较快，在 2016 年达到 4748.25 亿元，这也正好验证了"Made in China"之说。

表 4 - 11　　　　　　近年中国制造业分行业贸易出口规模　　　　单位：亿元

制造业行业	2001 年	2005 年	2009 年	2013 年	2016 年
C13 农副食品加工业	449.99	1080.91	1705.73	3091.21	2836.34
C14 食品制造业	143.26	404.33	632.29	1042.66	1114.45
C15 饮料制造业	54.13	128.01	169.10	246.92	256.21
C16 烟草制造业	14.55	25.41	23.69	35.98	41.24
C17 纺织业	1588.88	3336.03	3732.25	3922.84	3521.73
C18 服装及鞋帽制造业	1355.36	2323.48	3145.84	4728.30	4748.25

制造业行业	2001 年	2005 年	2009 年	2013 年	2016 年
C19 皮革、毛皮、羽毛（绒）及其制品业	889.60	1714.10	1956.82	3129.20	3382.59
C20 木材加工及木竹、藤、棕、草制品业	110.24	383.48	591.38	789.66	892.23
C21 家具制造业	159.36	731.28	992.92	1452.47	1786.33
C22 造纸及纸制品业	126.50	310.51	450.82	570.08	569.82
C23 印刷和记录媒介复制业	59.14	156.85	258.63	394.70	481.31
C24 文教体育服务器制造业	433.01	940.03	1267.35	3914.86	4397.74
C29 橡胶制品业	189.45	562.36	895.49	1537.71	1553.64
C29 塑料制品业	501.49	1282.49	1714.29	2175.96	2189.65
C25 石油加工、炼焦和核燃料加工业	174.06	329.39	351.85	553.42	610.21
C30 非金属矿物制品业	375.80	929.56	1251.34	1785.89	1776.09
C31 黑色金属冶炼及压延加工业	226.75	1158.23	979.37	2308.04	2320.08
C32 有色金属冶炼及压延加工业	235.43	699.38	741.27	1226.85	1124.06
C33 金属制品业	691.47	1746.86	2133.39	3589.60	3630.42
C34 通用设备制造业	520.57	1717.85	2736.25	4969.76	4930.98
C35 专用设备制造业	225.17	750.85	1534.10	2994.31	3024.39
C26 化学原料及化学制品制造业	594.54	1557.83	2264.65	3984.60	4333.64
C27 医药制造业	183.38	439.28	747.17	1184.17	1460.42
C28 化学纤维制造业	70.29	161.04	250.32	479.24	559.96
C37 交通运输设备制造业	583.43	1865.82	4771.85	6196.41	6597.03
C38 电气机械及器材制造业	1102.80	3728.01	6070.31	9376.47	10092.24
C39 计算机、通信和其他电子设备制造业	3792.93	16164.20	27224.00	44915.73	47081.32
C40 仪器仪表制造业	459.07	1476.62	1699.82	1156.12	1358.20
制造业出口总产值	15310.65	46104.19	70292.29	111752.85	116670.57
行业平均	546.81	1646.58	2510.44	3991.17	4166.81

资料来源：笔者根据《中国工业统计年鉴》整理计算得到。

限于数据的可得性，本书将进一步根据制造业的低技术制造业、中技术制造业和高技术制造业①，以及其进出口情况计算得到制造业分行业贸易竞争力的 TC 指数。从表 4 - 12 中可以看出，中国低技术制造业的 TC 指数接近 0.8，具有极强的竞争优势。虽然 2019 年较 2015 年略有下降，但降幅并不明显，竞争优势地位稳固。中技术制造业的贸易竞争力 TC 指数从 2015 年的 0.2915 跌至 2019 年的 0.2604，整体处于微弱优势并逐渐失去优势的趋势。高技术制造业的 TC 指数基本稳定在 0.12 附近，最高为 2019 年的 0.1565，总体上处于区间（0，0.3），但距离 0.3 较远，表明高技术制造业的竞争优势不足，没有足够的支撑力。总体而言，中国制造业的外贸竞争力依然表现在低技术制造业层面，而中、高技术制造业的竞争力仍旧薄弱，在未来大国之间的强强竞争之下，制造业行业的竞争力表现至关重要。因此我国应加快推进基础研究，提高关键核心技术的自主性，积极打造以本国为主导地位的全球价值链和产业链，提高中、高技术制造业在参与国际贸易的竞争力水平。

表 4 - 12   **中国制造业贸易竞争力 TC 指数**

分类	2015 年	2016 年	2017 年	2018 年	2019 年
低技术制造业	0.8315	0.8297	0.8146	0.8132	0.8165
中技术制造业	0.2915	0.2784	0.2535	0.2545	0.2604
高技术制造业	0.1478	0.1293	0.1293	0.1168	0.1565

资料来源：联合国贸易和发展会议数据库（UNCTAD）。

（二）中国服务贸易行业结构及贸易竞争力

表 4 - 13 显示了中国服务贸易分行业情况。从其分行业进出口数据来看，我国服务贸易各行业的进出口总额整体上逐年增加，但增加额有限，且增速较低。其中，加工服务的出口额和进出口总额较为接近，2019 年的加工服务出口额为 195.31 亿美元，进出口总额为 198.43 亿美元，两者仅相差 3.12 亿美元，进口需求较小，说明我国服务贸易中的加工服务在国际上有着较大的市场需求，即在满足国内需求的前提下，更多地向世界输

---

① 联合国贸易和发展会议数据中心将制造业分类为低技术制造业、中技术制造业和高技术制造业。

送。旅游服务的进出口总额相对较大，2015 年达到了 2949. 99 亿美元，虽然 2019 年进出口总额略有下降，但在服务贸易各行业中仍处于首位。但旅游服务的出口额较低，说明我国对国外旅游服务需求缺口较大，贸易逆差程度深。2015 ~ 2019 年建设服务的出口额整体处于增长状态，但是并不明显，增加幅度较低。同时，金融服务表现不佳，其进出口总额较低，截至 2019 年进出口总额仅为 63. 70 亿美元，出口额为 39. 04 亿美元。另外，知识产权使用费仍然处于逆差状态，且逆差程度不断加深。这也说明我国仍处于技术劣势，还需要不断进口国外先进的技术、专利等服务，综合服务贸易分行业进出口总额和出口额情况来看，我国服务贸易竞争力水平有待提高，外贸竞争力不足。

表 4 - 13　　2015 ~ 2019 年中国服务贸易分行业出口额和进出口总额　　单位：亿美元

服务贸易细分行业	2015 年		2016 年		2017 年		2018 年		2019 年	
	出口额	总额	出口额	总额	出口额	总额	出口额	总额	出口额	总额
加工服务	204. 36	205. 97	186. 27	187. 85	180. 68	182. 45	219. 79	222. 43	195. 31	198. 43
维护和维修服务	36. 05	49. 24	50. 46	70. 65	59. 25	81. 95	71. 80	97. 17	101. 67	138. 20
运输服务	385. 94	1239. 34	338. 27	1144. 07	371. 04	1300. 49	423. 10	1506. 24	459. 66	1506. 88
旅行服务	449. 69	2947. 99	444. 26	3055. 55	387. 99	2935. 88	394. 68	3163. 68	344. 58	2851. 98
建设服务	166. 52	268. 50	126. 90	209. 57	239. 26	324. 93	265. 94	351. 97	279. 62	372. 38
保险和养老金服务	49. 76	137. 70	41. 54	170. 66	40. 46	144. 55	49. 24	168. 05	47. 72	155. 31
金融服务	23. 34	49. 79	32. 12	52. 45	36. 94	53. 12	34. 82	56. 04	39. 04	63. 70
知识产权使用费	10. 85	231. 07	11. 68	251. 47	47. 62	333. 37	55. 63	411. 62	66. 44	409. 72
电信、计算机和信息服务	257. 84	370. 14	265. 31	391. 10	277. 67	469. 44	470. 68	708. 43	537. 85	806. 45
其他商业服务	584. 03	979. 45	578. 95	1013. 20	615. 38	1043. 92	699. 15	1172. 08	732. 47	1230. 22
个人、文化和娱乐服务	7. 31	26. 26	7. 42	28. 83	7. 59	35. 13	12. 14	46. 08	11. 96	52. 69
别处未提及的政府服务	10. 64	36. 30	12. 09	40. 83	17. 01	51. 57	17. 54	62. 26	15. 41	52. 54

资料来源：笔者根据 TRADEMAP 数据库和国家外汇管理局《国际收支平衡表》整理。

表 4 - 14 为 2015 ~ 2019 年中国服务贸易分行业贸易竞争力 TC 指数。从其分行业竞争力指数结果来看，我国服务贸易中的加工贸易竞争力极强，一直保持在 0. 97 附近，接近于 1，正好验证了中国成为"世界打工

人"之说。维护和维修服务的 TC 指数从 2015 年的 0.4643 提高到了 2019 年的 0.4713，虽然较 2018 年略有下降，但整体竞争力处于较强地位。而运输服务处于较大的劣势，但是有好转迹象，TC 指数整体趋势在提升。旅行服务的竞争力劣势较大并在恶化，从 2015 年的 −0.6949 降低至 2019 年的 −0.7584。而我国的建设服务的竞争力水平取得不错的成绩，TC 指数从 2015 年的 0.2402 一路增长至 2019 年的 0.5018，将微弱的竞争优势转化为较强的竞争优势。而保险和养老金融服务竞争力不稳定，但整体处于竞争劣势。金融服务贸易发展成果明显表现不俗，贸易竞争力指数从 2015 年的 −0.0623 转变为 2019 年的 0.2258，从极大的竞争劣势中脱离，并成功具备一定程度的竞争优势。我国的知识产权使用费服务情况不容乐观，竞争劣势突出。2015 年和 2016 年的 TC 指数接近于 −1，说明我国对知识产权使用费服务的对外需求极大，本国的知识产权服务难以满足自身需求，对外竞争力劣势明显。电信、计算机和信息服务的 TC 指数除了 2017 年的 0.1830，都位于 0.3 附近，说明近年来我国这方面的竞争优势明显。而其他商业服务的 TC 指数也稳定在 0.14 ~ 0.20 之间，相对来说也比较稳定，且具备一定的竞争优势。个人、文化和娱乐服务的竞争劣势明显，且这种劣势状态持续未有改变。

表 4 – 14　　　　　2015 ~ 2019 年中国服务贸易分行业贸易竞争力 TC 指数

项目	2015 年	2016 年	2017 年	2018 年	2019 年
加工服务	0.9844	0.9832	0.9805	0.9763	0.9686
维护和维修服务	0.4643	0.4284	0.4460	0.4778	0.4713
运输服务	− 0.3772	− 0.4087	− 0.4294	− 0.4382	− 0.3899
旅行服务	− 0.6949	− 0.7092	− 0.7357	− 0.7505	− 0.7584
建设服务	0.2404	0.2111	0.4727	0.5111	0.5018
保险和养老金服务	− 0.2773	− 0.5132	− 0.4402	− 0.4140	− 0.3855
金融服务	− 0.0623	0.2246	0.3911	0.2428	0.2258
知识产权使用费	− 0.9061	− 0.9071	− 0.7143	− 0.7297	− 0.6757
电信、计算机和信息服务	0.3932	0.3568	0.1830	0.3288	0.3339
其他商业服务	0.1926	0.1428	0.1790	0.1930	0.1908
个人、文化和娱乐服务	− 0.4429	− 0.4850	− 0.5677	− 0.4731	− 0.5460
别处未提及的政府服务	− 0.4137	− 0.4079	− 0.3404	− 0.4366	− 0.4134

资料来源：笔者根据 TRADEMAP 数据库计算整理。

整体而言，我国服务贸易分行业的贸易竞争力水平较低。一方面，服务贸易分行业的进出口总额增长速度缓慢，出口额较低；另一方面，除加工服务具有极强的竞争优势外，其他行业的竞争力均不足。可见，我国服务贸易竞争力水平整体较为落后，因此，借助双循环新发展格局大力发展高水平、高质量对外贸易迫在眉睫，同时还要更深、更大力度推进供给侧结构性改革和加快对外贸易动能转换，进而助推我国外贸竞争力水平提升。

三、中国外贸竞争力提升的特征及事实

（一）行业层面

表 4 – 15 报告了 2001～2019 年中国制造业行业层面贸易竞争力指数即 TC 指数[①]的时序变化情况。整体来看，我国制造业贸易竞争力指数的内部变革波动较大，行业之间表现出的竞争力优势存在差距。各制造业行业间的贸易竞争力指数存在差距，C18 和 C21 的贸易竞争力指数在 2019 年达到 0.8888 和 0.9174，接近于 1，其竞争优势极强。而 C27 和 C32 的贸易竞争力指数在 2019 年仅为 – 0.3393 和 – 0.2976，表现出一定的竞争劣势。具体来看，可以看出部分行业在对外贸易中表现出极强的竞争优势，C17、C18、C19、C20、C21、C24、C33、C39 等行业的贸易竞争力指数在 2019 年均大于 0.6，且接近于 1，竞争力突出。C13、C14、C15、C22、C26、C27、C32 和 C38 等行业的贸易竞争力指数在 2019 年表现为负值，竞争优势不明显。部分制造业行业的贸易竞争力指数在逐渐走强，竞争优势也在不断显现，如 C37、C38 和 C39 等行业。

---

① 贸易竞争力是一国通过对外贸易活动所反映的竞争力，在此使用贸易竞争力指数（trade competitiveness index，TC）衡量，计算方法为进出口差额（净出口额）与进出口总额的比值，即 $TC = (E_i - M_i)/(E_i + M_i)$。现有文献根据其取值范围分类：若取值（ – 1， – 0.6），具有极大的竞争劣势；取值（ – 0.6， – 0.3），具有较大竞争劣势；取值（ – 0.3，0），具有微弱竞争劣势。类似的，取值（0，0.3），具有微弱竞争优势；取值（0.3，0.6），具有较强竞争优势，取值（0.6，1），具有极强竞争优势。

产业升级、对外贸易动能转换对对外贸易竞争力提升的影响效应研究

表 4-15　　2001～2019 中国制造业行业层面贸易竞争力指数（TC 指数）时序情况

行业	2001年	2002年	2003年	2004年	2005年	2006年	2007年	2008年	2009年	2010年	2011年	2012年	2013年	2014年	2015年	2016年	2017年	2018年	2019年	均值
C13	0.3803	0.3313	0.2702	0.2211	0.2894	0.3014	0.2159	0.1442	0.1723	0.1478	0.1149	0.0548	0.0393	0.0285	0.0135	0.0373	0.0155	-0.0598	-0.1420	0.1356
C14																				
C15	0.7006	0.7159	0.6559	0.6283	0.4752	0.3427	0.2262	0.1295	0.1398	0.0048	-0.0967	-0.1273	-0.0877	-0.0406	-0.0782	-0.0883	-0.1680	-0.1826	-0.1687	0.1569
C16	0.7031	0.7845	0.7039	0.6136	0.6380	0.6730	0.6103	0.5652	0.5429	0.6590	0.6323	0.6698	0.6876	0.1444	0.1514	0.1503	0.1256	0.1114	0.0965	0.4875
C17	0.1447	0.2231	0.3083	0.3717	0.4516	0.4968	0.5415	0.6005	0.5998	0.6252	0.6645	0.6547	0.6623	0.6920	0.7028	0.7243	0.7271	0.7385	0.7685	0.5630
C18	0.9328	0.9364	0.9468	0.9513	0.9570	0.9645	0.9664	0.9628	0.9662	0.9619	0.9491	0.9449	0.9416	0.9360	0.9275	0.9217	0.9118	0.9004	0.8888	0.9404
C19	0.6829	0.6964	0.7022	0.7023	0.7340	0.7302	0.7435	0.7787	0.7979	0.7964	0.8030	0.7940	0.7785	0.8047	0.7959	0.7838	0.7333	0.7173	0.7061	0.7516
C20	0.4077	0.4839	0.5044	0.6387	0.7405	0.8283	0.8529	0.8606	0.8891	0.8698	0.8793	0.8712	0.8430	0.8613	0.8207	0.8014	0.7957	0.8150	0.8031	0.7667
C21	0.9105	0.9159	0.8899	0.8995	0.9284	0.9296	0.9253	0.9297	0.9216	0.9191	0.9083	0.9242	0.9217	0.9151	0.9237	0.9119	0.9019	0.9024	0.9174	0.9156
C22	-0.6225	-0.6091	-0.5652	-0.5580	-0.4588	-0.3569	-0.3245	-0.3703	-0.3225	-0.3333	-0.3043	-0.2092	-0.1361	-0.0831	-0.0795	-0.0896	-0.1804	-0.2050	-0.0397	-0.3078
C23	-0.0231	0.1179	0.1624	0.2391	0.2836	0.3323	0.4035	0.4338	0.3433	0.3329	0.3563	0.3780	0.3306	0.3493	0.4122	0.3926	0.3846	0.3436	0.3057	0.3094
C24	0.7765	0.7656	0.7418	0.7115	0.7084	0.7092	0.6836	0.6848	0.7074	0.6630	0.6790	0.7068	0.7459	0.7330	0.7511	0.7678	0.8276	0.8279	0.8338	0.7381
C25	-0.0988	-0.0917	-0.0827	-0.1082	-0.0956	-0.2636	-0.1768	-0.2111	-0.1848	-0.1779	-0.2526	-0.2845	-0.1977	-0.0939	-0.0907	-0.0021	-0.0082	0.1009	0.1859	-0.1123
C26	-0.4862	-0.4910	-0.4834	-0.4764	-0.4196	-0.4352	-0.3313	-0.3350	-0.3452	-0.3969	-0.2603	-0.2605	-0.2619	-0.2034	-0.1585	-0.1690	-0.1796	-0.1618	-0.1571	-0.2653
C27	0.2381	0.2367	0.2529	0.2601	0.2413	0.2459	0.2136	0.1880	0.1250	0.1416	0.0223	-0.0756	-0.1364	-0.1759	-0.2022	-0.2376	-0.2729	-0.2498	-0.3393	0.0250
C28	-0.9207	-0.8621	-0.8172	-0.7844	-0.6831	-0.4783	-0.2419	-0.1378	-0.2955	-0.2157	-0.0551	-0.1013	-0.1622	-0.0390	0.0057	0.1916	0.1174	0.1520	0.1383	-0.2731
C29	0.3202	0.3317	0.2863	0.2954	0.3544	0.3541	0.3695	0.3735	0.3263	0.2806	0.3460	0.4209	0.4474	0.4732	0.5129	0.5194	0.5268	0.5412	0.5731	0.4028
C30	0.3185	0.3407	0.3465	0.3654	0.4516	0.4787	0.4813	0.5227	0.5296	0.4632	0.4050	0.4600	0.4015	0.4504	0.4553	0.3842	0.4104	0.3918	0.4185	0.4040
C31	-0.5465	-0.6073	-0.6414	-0.2552	-0.1548	0.2014	0.3619	0.4465	-0.0562	0.2246	0.3425	0.4045	0.4367	0.5256	0.5328	0.5036	0.4234	0.4431	0.3700	0.1555
C32	-0.3007	-0.3254	-0.3010	-0.2085	-0.2193	-0.1113	-0.2603	-0.2432	-0.5146	-0.4665	-0.4107	-0.4351	-0.3851	-0.3222	-0.3008	-0.3090	-0.3325	-0.3417	-0.2976	-0.3203
C33	0.5089	0.5106	0.4706	0.4991	0.5568	0.5828	0.6179	0.6300	0.5706	0.5626	0.5925	0.6216	0.6383	0.6377	0.6775	0.6500	0.6573	0.6732	0.7042	0.5980
C34	-0.2572	-0.2541	-0.2413	-0.2161	-0.1270	-0.0430	0.0749	0.1186	0.0706	0.0673	0.0922	0.1594	0.2152	0.2282	0.2880	0.3173	0.2964	0.3008	0.3318	0.0749
C35	-0.5299	-0.5542	-0.5612	-0.5458	-0.3796	-0.3013	-0.2266	-0.1025	-0.1386	-0.2413	-0.2225	-0.0314	0.0042	0.0111	0.0336	0.0016	-0.0237	-0.0717	0.0017	-0.2041
C37	-0.0506	-0.0622	-0.0739	0.0250	0.1664	0.1174	0.2133	0.2717	0.1592	0.1452	0.1309	0.0800	-0.0085	-0.0791	0.0381	-0.0313	-0.0202	0.0046	0.0622	0.0573
C38	-0.1752	-0.2243	-0.2656	-0.2662	-0.2589	-0.2360	-0.2100	-0.1413	-0.1640	-0.1327	-0.1039	-0.0786	-0.0535	-0.0497	-0.0341	-0.0669	-0.0908	-0.1037	-0.0454	-0.1421
C39	0.3370	0.4281	0.4713	0.5333	0.5663	0.5924	0.6389	0.6470	0.6422	0.6582	0.6402	0.6058	0.6052	0.6319	0.6395	0.6263	0.7895	0.7834	0.7761	0.6112
C40	-0.0068	-0.0008	-0.0728	-0.1110	-0.0762	-0.0634	-0.0144	-0.0160	-0.0148	-0.0400	-0.0303	-0.0074	-0.0033	0.0018	0.0229	0.0271	0.0367	0.0432	0.0359	-0.0152

（二）地区层面

图 4 – 8 报告了全国和东、中、西部三大地区 2001 ~ 2019 年对外贸易的贸易竞争力指数（TC 指数）的均值变化情况。整体来看，我国对外贸易的贸易竞争力指数均大于 0，表明我国各区域对外贸易具备一定的竞争优势。具体来看，西部地区的贸易竞争力指数最大，高于全国及东、中部地区的均值数。2015 年达到 0.3837，表现出较强的贸易竞争优势。而东部地区贸易竞争力指数的均值水平最低，最高值仅为 2006 年的 0.0981，竞争优势较为微弱。虽然东部地区贸易竞争力指数的均值水平较低，但像河北省、浙江省、广东省、福建省、江苏省等省份表现出较为强劲的竞争优势。中部地区贸易竞争力指数的均值介于西部地区与东部地区之间，与全国水平较为接近，但整体而言，中部地区的对外贸易具有一定的竞争优势。值得注意的是，由于受 2008 年的金融危机影响，在 2009 年全国及三大地区的贸易竞争力指数均出现了"断崖式下跌"，可见发展对外贸易的国际环境对对外贸易竞争力的提升有着至关重要的作用。

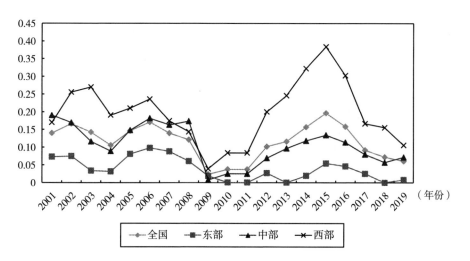

图 4 – 8　2001 ~ 2019 年全国及三大地区贸易竞争力指数均值情况

第四节 产业升级、对外贸易动能转换 与外贸竞争力提升的基本关系

一、产业升级与外贸竞争力的基本关系

图4-9报告了制造业行业层面的产业升级和外贸竞争力提升之间的相关关系。图4-10显示了中国地区层面的产业升级和外贸竞争力提升之间的相关关系（其中，制造业行业产业升级以行业产值比重表征；地区层面以各省域产业高级化表征，下同）。图4-9中的横轴代表制造业行业产业升级指数，纵轴代表着制造业行业层面的贸易竞争力指数，可知产业升级与贸易竞争力指数存在着一定的相关关系，但也可以看到出现了较为分散的边缘点，制造业产业升级与对外贸易动能转换存在一定分散趋势，其相关关系可能并非简单的单一性关系。因此，需要进一步借助计量实证模型和经验证据验证制造业行业产业高级化与外贸竞争力提升的相关关系。

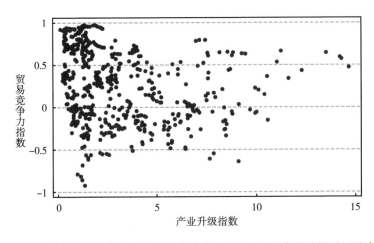

图4-9 中国制造业行业层面的产业升级和对外贸易竞争力指数关系散点

图4-10报告了中国地区层面的产业高级化和外贸竞争力提升之间的相关关系。图4-10中的横轴代表着产业高级化指数，纵轴代表着贸易竞

争力指数，可知地区层面的产业高级化与外贸竞争力提升的观测值总体处于密集状态，可知其有着显著的正相关关系。但在图 4 - 10 中同样存在着一些处于边缘的观测点，这也意味着产业高级化与贸易竞争力指数之间并非简单的单一性关系。因此，需要进一步借助计量实证模型和经验证据验证地区层面的产业高级化与外贸竞争力提升的相关关系。

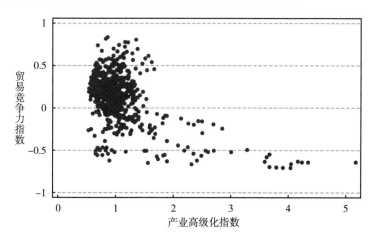

图 4 - 10　中国地区层面的产业高级化和对外贸易竞争力指数关系散点

二、对外贸易动能转换与外贸竞争力的基本关系

图 4 - 11、图 4 - 12 分别显示了中国制造业行业层面和地区层面的对外贸易动能转换与外贸竞争力提升之间的相关关系。从图 4 - 11 可以看出，横轴代表着制造业行业的对外贸易动能转换指数，纵轴代表着制造业行业层面的贸易竞争力指数，对外贸易动能转换指数与贸易竞争力指数的观测点较为密集，表明了两者之间显著的正向关系。但从图 4 - 11 中也可以看到出现了少许较为分散的边缘点，这意味着对外贸易动能转换与贸易竞争力指数可能并非只存在简单的单一性关系。因此，需要进一步借助计量实证模型和经验证据验证制造业行业对外贸易动能转换与外贸竞争力提升的相关关系。

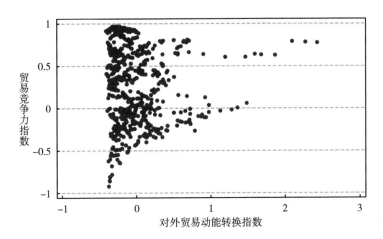

图4-11　中国制造业行业层面的对外贸易动能转换与贸易竞争力指数关系散点

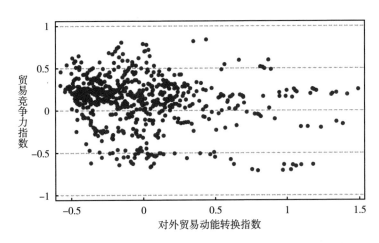

图4-12　中国地区层面的对外贸易动能转换与贸易竞争力指数关系散点

图4-12报告了中国地区层面的对外贸易动能转换和外贸竞争力提升之间的相关关系。从图4-12中可以看出，横轴代表地区层面的对外贸易动能转换指数，纵轴代表着地区层面的贸易竞争力指数，可知地区层面的对外贸易动能转换与外贸竞争力提升存在着一定的相关关系，但同时图4-12中出现不少处于边缘的观测点，这也意味着对外贸易动能转换与贸易竞争力指数之间的正相关关系可能存在差异，并非简单的单一性关系。因此，需要进一步借助计量实证模型和经验证据验证地区层面的对外贸易动能转换与外贸竞争力提升的相关关系。

三、产业升级与对外贸易动能转换的基本关系

图4-13和图4-14分别显示了中国制造业行业层面和地区层面的产业升级与对外贸易动能转换之间的相关关系。从图4-13中可以看出，横轴代表制造业行业对外贸易动能转换指数，纵轴代表着制造业产业升级指数，制造行业层面的产业升级与对外贸易动能转换之间存在着显著的正相关关系。但同样存在一些边缘的观测点，这也意味着产业升级与对外贸易动能转换相关关系可能存在差异，并非简单的单一性关系。因此，需要进一步借助计量实证模型和经验证据验证制造业行业层面的产业高级化与对外贸易动能转换的相关关系。

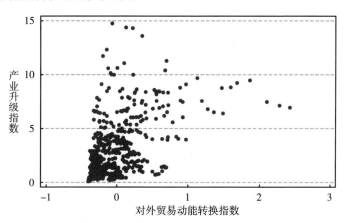

图4-13　中国制造业行业层面的产业升级和对外贸易动能转换关系散点

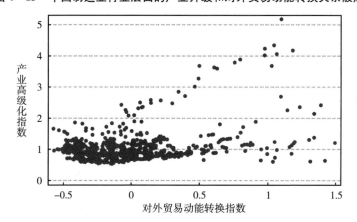

图4-14　中国地区层面的产业高级化和对外贸易动能转换关系散点

图 4-14 报告了地区层面的产业高级化与对外贸易动能转换之间的相关关系，从图 4-14 中可以看出，横轴代表着对外贸易动能转换指数，纵轴代表着产业高级化指数，地区层面的产业高级化与对外贸易动能转换之间存在着显著的正相关关系，但个别观测点较为发散，这意味着产业高级化与对外贸易动能转换相关关系可能存在差异，并非简单的单一性关系。因此，需要进一步借助计量实证模型和经验证据验证地区层面的产业高级化与对外贸易动能转换的相关关系。

第五节 本章小结

本章重点考察了我国自 2001 年以来产业升级、对外贸易动能转换和外贸竞争力提升的特征与事实。通过整理事实数据分别对制造业行业和地区层面的产业升级指数、对外贸易动能转换指数以及制造业细分行业、低中高制造业和服务贸易的总量规模与结构以及贸易竞争力指数等进行测算和比较分析，得出如下主要结论。

第一，整体来看我国产业升级取得一定的成效。从地区层面来看，2001 年以来，全国及三大地区产业高级化指数上升趋势明显，且东中、西、部之间差距有所缩小。可知，随着第三产业在国民经济中愈来愈发挥着重要作用，产业结构优化明显，产业高级化指数逐步提高，产业升级持续推进。但就产业合理化指数而言，我国产业合理化程度并不理想，全国整体产业合理化指数从 2001 年的 0.2981 下降至 2019 年的 0.114，产业合理化有待进一步增强。从行业层面来看，我国制造业行业产业高级化虽存在一定的内部变革，但行业之间的差距具有缩小的迹象，整体水平呈现波动上升的趋势。

第二，我国对外贸易动能转换在持续加强，新动能不断得到释放。从行业层面来看，我国制造业行业对外贸易动能转换表现为新动能释放，并逐步提升的动态过程。2001~2019 年各制造业行业对外贸易动能转换指数整体上数值偏小，且除 C38 为正的 0.0262 之外，其余行业的数值均为负值。但 2017 年及之后年份，各制造业行业对外贸易动能转换指数均转变为正值，对外贸易动能转换得以顺利实现。从地区层面来看，中国各省域地区的对外贸易动能转换整体处于上升期，东部地区增长势头迅猛，中西部地区顺势而上，对外贸易动能转换表现出强劲的向上趋势。

第三，我国的对外贸易竞争力整体呈现出一定的竞争优势，自2001年加入世界贸易组织以来，我国的货物贸易进出口总额不断攀升，其总量增长为国际贸易增长作出了重大贡献。另外，服务贸易在对外贸易发展中占据越来越重要的地位，我国服务贸易进出口总额逐年增长，2020年达到45643万亿元。从制造业细分行业数据，我国C39和C37等行业进出口增长明显。最后，从测算的贸易竞争力指数来看，制造业行业层面的TC指数存在不同程度的内部波动，C18和C21的贸易竞争力指数在2019年分别达到0.8888和0.9174，接近于1，其竞争优势极强，部分行业仅表现出一定的竞争优势，而其他行业表现为微弱的竞争劣势。我国地区层面的贸易竞争力整体具有优势，表明我国各省域对外贸易竞争力具备一定的竞争优势。

第四，从产业升级、对外贸易动能转换与外贸竞争力提升的基本关系来看，无论是在行业层面还是地区层面，产业升级与外贸竞争力提升、对外贸易动能转换与外贸竞争力提升以及产业升级与对外贸易动能转换提升之间均表现为较为明显的正相关关系，但同时也出现了一些处于边缘的观测点，可能导致其相关关系出现一定的差异，可能并非简单的单一性关系。因此，需要进一步借助计量实证模型和经验证据验证产业升级、对外贸易动能转换和外贸竞争力之间的相关关系。

第五章 产业升级、对外贸易动能转换对外贸竞争力提升的直接影响效应

正如前面所述，产业升级通过技术创新溢出、企业间竞争示范效应凸显、刺激消费需求、积累物质资本和人力资本以及产业结构效应等诸多方面促进外贸竞争力提升。对外贸易动能转换通过降低贸易成本、提升要素配置效率、释放新动能、改善营商环境、驱动技术创新、激发竞争、带动消费需求、促进要素积累等多个方面推动外贸竞争力提升。本章进一步通过构建计量模型实证分析产业升级与对外贸易动能转换对外贸竞争力提升的影响效应，并在控制与不控制对外贸易动能转换和产业升级等情形下，分别进行产业升级对外贸竞争力提升的直接影响效应以及对外贸易动能转换对外贸竞争力提升的直接影响效应的实证检验。而对于产业升级与对外贸易动能转换对外贸竞争力提升的诱导效应、驱动效应以及间接影响效应则放在下一章重点分析。

第一节 产业升级对外贸竞争力提升的直接影响效应

一、制造业行业层面

(一) 计量模型构建

重新梳理产业升级与外贸竞争力提升的关联关系，能够在外循环经济在我国经济中的地位较改革开放后的前30年相比出现较为明显的下降的形势下 (江小涓和孟丽君，2021)，通过不断优化产业结构转型，实现产业升级，进而为我国参与国际贸易提供坚实的产业基础，为助力外贸竞争力提升提供一定的理论依据和实证分析基础。本书借鉴傅晓岚 (2005) 和黄华峰 (2014) 等计量模型思路，构建如下计量模型。为了能够全面反映制造业行业层面产业升级对外贸竞争力提升的影响，本书从行业产业升级、劳动力投入等方面加以扩展，构建产业升级对外贸竞争力的直接影响效应模型。

$$TC_{it} = \alpha_0 + \alpha_1 industry - up + \alpha_j Control + \mu_i + \varepsilon_{it} \qquad (5.1)$$

其中，TC 代表制造业行业的贸易竞争力指数；$industry - up$ 代表制造业行业的产业升级；$Control$ 为控制变量；i 和 t 分别为行业和年份，μ 为固定效应，ε 为随机误差项。

(二) 变量选取及数据来源

产业升级作为本节的核心解释变量，鉴于上一章对制造业行业产业升级的概念内涵的阐释与比较，以行业产值比重 ($industry - up$) 衡量。

外贸竞争力提升作为本节的核心被解释变量，鉴于前述对外贸竞争力提升的概念内涵的界定，外贸竞争力提升是一国 (地区) 在国际市场上通过生产要素质量和资源配置水平的提高，在国际市场中持续出口并获益的能力。本书借鉴黄先海 (2006)、曹冲等 (2020) 和宣善文 (2020) 等将贸易竞争力指数作为衡量外贸竞争力的指标。

对于其他的控制变量而言，除了在模型中考虑资本、劳动力等生产要素的因素，从现实方面考虑，制造业行业的技术创新程度对制造业发展起着关键性作用，因此需要对技术因素加以控制。制造业行业的基础设施水平对行业的对外贸易发展同样有着重要的影响作用，同样需要加以控制。本书还引入各行业就业人数尽可能消除规模差异性因素影响。因此，制造业行业控制变量主要包含：行业技术创新水平（tech），以发明专利申请数衡量；行业的资本投入（inv），以固定资产投资额衡量；行业的劳动力投入（labor），以就业人数衡量。为尽量消除各解释变量之间的自相关和异方差等问题以及增强可比性，对技术创新（tech）、资本投入（inv）和劳动力投入（labor）等变量取自然对数进行相关实证检验。

数据来源。原始数据来源于《中国统计年鉴》、《中国工业统计年鉴》、《中国科技统计年鉴》及联合国 Comtrade 数据库。制造业行业进出口数据来源于联合国 Comtrade 数据库。对于部分年份缺失的数据采用均值插入法或趋势分析法等方法进行填充，以制造业细分的 26 个行业的 2001～2019 年的数据为研究对象。需要说明的是，鉴于数据前后的一致性，在选取制造业行业相关数据时采用分行业大中型工业企业统计口径为准[①]。制造业各行业进出口贸易数据自行整理计算。本书所分析的制造业行业具体分类详见第四章表 4－2，由于制造业行业进出口数据经由匹配获取，需要将C13 和 C14 合并计算进行匹配，最终得到 26 个制造业细分行业的数据。最后以得到的制造业行业面板数据进行相关实证检验。

表 5－1 报告了制造业全行业及劳动密集型、资本密集型和技术密集型三大行业的产业升级，外贸竞争力提升以及相关控制变量的相关描述性统计。首先就制造业行业而言，固定资产投资（inv）、就业人数（labor）和发明专利申请数（tech）的标准差较大，其数值波动较为明显。以技术密集型行业的发明专利申请数为例，其最小值为 410，最大值达到 204836，标准差为 39937. 34。其次，就核心变量而言，制造业行业的产业升级（industry－up）的标准差较大，全部行业及三大行业的标准差分别为 2. 7741、1. 2997、

----

① 由于 2012 年《中国科技统计年鉴》的统计数据仅有分行业规模以上工业企业的相关统计数据，缺失分行业大中型工业企业的相关统计数据，因此，除 2011 年为分行业规模以上工业企业的相应统计数据之外，其他均以分行业大中型工业企业为统计口径。

2.3399 和 3.2724，其数据之间的波动同样存在一定的波动幅度。而行业贸易竞争力指数（TC 指数）标准差基本稳定在 0.4 上下，浮动较小。制造业行业对外贸易动能转换（DEC 指数）以技术密集型行业的 0.5653 为最大，但整体变动幅度不大。

表 5-1　　制造业全行业及三大行业的各变量的描述性统计

行业		TC	industry-up	DEC	inv	labor	tech
全部行业	均值	0.2482	3.1446	4.66E-09	8.51E+07	3.33E+06	13794.59
	标准差	0.4319	2.7741	0.3974	1.10E+08	1.38E+07	25799
	极小值	-0.9207	0.1200	-0.3984	4.94E+05	9.90E+03	17
	极大值	0.9664	14.6800	2.4223	5.41E+08	2.01E+08	204836
劳动密集型行业	均值	0.4568	1.5696	-0.1407	4.13E+07	1.66E+06	4475.25
	标准差	0.4128	1.2997	0.2269	5.37E+07	1.68E+06	5431.63
	极小值	-0.6225	0.1200	-0.3985	4.94E+05	9.90E+03	17
	极大值	0.9664	6.6544	0.6976	3.00E+08	8.74E+06	23400
资本密集型行业	均值	0.1221	3.5768	-0.0629	1.13E+08	1.99E+06	10980.58
	标准差	0.4022	2.3399	0.2245	1.18E+08	1.68E+06	18066.95
	极小值	-0.9207	0.4600	-0.3716	4.03E+06	2.43E+05	35
	极大值	0.7042	10.5700	0.4999	5.19E+08	9.88E+06	95039
技术密集型行业	均值	0.0166	5.4126	0.3041	1.33E+08	7.52E+06	32584.59
	标准差	0.3113	3.2724	0.5653	1.41E+08	2.60E+07	39937.34
	极小值	-0.5612	0.4300	-0.3705	1.24E+06	2.56E+05	410
	极大值	0.7895	14.6800	2.4223	5.41E+08	2.01E+08	204836

注：贸易竞争力指数（TC 指数）是比率型数据；产业升级（industry-up）是行业产值比重，是百分数数据；对外贸易动能转换（DEC 指数）是数值型数据；固定资产投资（inv）是固定资产投资额，单位是亿元；就业人数（labor）是行业平均就业人数，单位是万人；发明专利申请数（tech）的单位是项。

（三）实证检验与结果分析

表 5-2 报告了制造业全行业层面产业升级对外贸竞争力提升直接影响效应模型的基准回归的估计结果。从表 5-2 中可以看出，不管是否控制对外贸易动能转换，产业升级均对外贸竞争力的提升产生正向的显著促进作用，并在 10% 水平上显著。具体而言，在不控制对外贸易动能转换的情形

下，产业升级即行业产值比重每增加 1%，会导致相应行业贸易竞争力指数即外贸竞争力提升 0.0126% ［采用固定效应模型 (1a)］；在控制了对外贸易动能转换的情形下，产业升级即行业产值比重每增加 1%，会导致相应行业贸易竞争力指数即外贸竞争力提升 0.0113% ［采用固定效应模型 (2a)］。由此可知，制造业全行业层面产业升级明显正向促进对外贸易竞争力水平提升。以行业产值占制造业行业总产值比重衡量的制造业行业产业升级表现在制造业各行业产值水平及产出附加值水平的提高，制造业产业升级得以实现，并进一步有利于外贸竞争力的提升和改善，这也验证了假设 H1。

表 5-2　　　　制造业全行业层面产业升级对外贸竞争力提升的直接影响

TC	不控制对外贸易动能转换		控制对外贸易动能转换	
	(1a)	(1b)	(2a)	(2b)
industry - up	0.0126 * (0.0078)	0.0156 ** (0.0077)	0.0113 * (0.0087)	0.0148 ** (0.0083)
DEC			0.0169 * (0.0474)	0.0168 ** (0.0465)
lninv	0.0302 ** (0.0125)	0.0333 *** (0.0125)	0.0317 ** (0.0132)	0.0352 *** (0.0132)
lnlabor	0.0186 (0.0133)	0.0159 (0.0135)	0.0188 (0.0133)	0.0158 (0.0136)
lntech	0.0633 *** (0.0102)	0.0635 *** (0.0103)	0.0621 *** (0.0108)	0.0623 *** (0.0109)
cons	0.5587 *** (0.2046)	0.5833 *** (0.2150)	0.5935 *** (0.2270)	0.6214 *** (0.2364)
R^2	0.3685	0.3974	0.4061	0.4091
估计模型	FE	RE	FE	RE
P (Hausman)	0.0002		0.0000	
观测值	494	494	494	494

注：(1) TC 表示贸易竞争力指数，industry - up、DEC 分别表示产业升级和对外贸易动能转换指数。lninv、lnlabor 和 lntech 分别为将固定资产投资额、行业劳动力就业人数和发明专利申请数取自然对数的值，cons 为常数项，FE 和 RE 分别代表固定效应模型和随机效应模型。(2) P (Hausman) 表示 Hausman 检验统计量的 P 值，括号内数值为回归系数标准误。(3) ***、**、* 分别表示在 1%、5%、10% 的水平上显著。

就控制变量而言，制造业全行业的固定资产投资 (lninv) 和技术创新 (lntech) 对外贸竞争力提升在 1% 显著性水平上正向促进外贸竞争力提升。

随着行业固定资产投资额的上升，该行业的相关基础设施也就越完善，更多的投入才可能创造更多的产出，更有利于对外贸易的发展，有助于提高对外贸易的竞争优势，进而实现外贸竞争力提升。技术进步对于行业发展而言至关重要。制造业行业的技术创新水平越高，越有利于实现技术突破，掌握先机，大大提高竞争能力和优势。制造业全行业技术创新每提高1%，就能促使外贸竞争力提升近0.0633%，远大于固定资产投资的0.0302%。因此，中国对外贸易高质量发展应坚持创新驱动，不断促进技术进步，助力外贸竞争力提升。另外，行业劳动力就业人数（lnlabor）对外贸竞争力提升的影响效果不明显，仅为正值，但并不显著。这可能是由于仅以劳动力人数的多寡来看外贸竞争力并不能说明对外贸易竞争优势的强弱。因此，行业的劳动力就业人数（lnlabor）对制造业行业贸易竞争力指数的影响效果不显著。

表5-3报告了三大密集型行业的产业升级对外贸竞争力提升直接影响效应模型的基准回归的估计结果。表5-3中的列（1a）、列（2a）和列（3a）分别为不控制对外贸易动能转换的情况下劳动密集型、资本密集型和技术密集型行业的产业升级对外贸竞争力提升的直接影响。表5-3中的列（1b）、列（2b）和列（3b）分别为控制对外贸易动能转换的情况下劳动密集型、资本密集型和技术密集型行业的产业升级对外贸竞争力提升的直接影响。由表5-3可知，不管是否控制对外贸易动能转换，三大密集型行业的产业升级均能正向促进外贸竞争力提升，只是显著性上存在一定的差异。其中，以技术密集型行业的产业升级所起正向促进作用最大，其显著提升外贸竞争力水平的影响效果均大于劳动密集型行业和资本密集型行业。在不控制对外贸易动能转换的情况下，产业升级每增加1%，便能促进技术密集型行业的外贸竞争力提升0.0820%。在控制对外贸易动能转换的情况下，其正向促进外贸竞争力提升效应也达到了0.0635%。整体而言，制造业三大密集型行业的产业升级均正向促进外贸竞争力的提升，具体表现为技术密集型行业的促进作用排在前列，其产业升级显著正向促进外贸竞争力提升的影响效果最大；资本密集型行业在不控制和控制对外贸易动能转换情形下，产业升级促进外贸竞争力提升的影响系数分别为0.0404和0.0291，相比于技术密集型要小；劳动密集型行业在不控制和控制对外贸易动能转换情形下，产业升级促进外贸竞争力提升的影响系数分

别 0.0208 和 0.0191，影响效果最小。由此可见，技术密集型行业的发展状况，对对外贸易竞争优势至关重要。制造业各行业的产业升级即实现了制造业产业结构的调整优化，一定程度上也是行业资源再配置和效率改善提升的过程，进而促使产出效率的提高和增加值率的提升，有利于提高自身竞争优势，不断提升外贸竞争力水平。

表 5 – 3　　　三大密集型行业产业升级对外贸竞争力提升的直接影响

TC	劳动密集型行业		资本密集型行业		技术密集型行业	
	(1a)	(1b)	(2a)	(2b)	(3a)	(3b)
$industry-up$	0.0208 *	0.0191 *	0.0404 ***	0.0291 **	0.0820 **	0.0635 **
	(0.0200)	(0.0193)	(0.0151)	(0.0163)	(0.0791)	(0.07579)
DEC		0.5238 ***		0.3973 **		0.1325 **
		(0.1260)		(0.2236)		(0.0518)
$lninv$	− 0.0568 ***	− 0.0365 **	0.0671 **	0.1025 **	− 0.0114	0.0075 ***
	(0.2147)	(0.0216)	(0.0361)	(0.0410)	(0.0147)	(0.0196)
$lnlabor$	− 0.0002	− 0.0132 *	− 0.0047 *	0.0117 *	− 0.0190	− 0.0627 **
	(0.0210)	(0.0205)	(0.0458)	(0.0463)	(0.0169)	(0.0246)
$lntech$	0.0386 **	0.0795 ***	0.1174 ***	0.0861 ***	0.0875 ***	0.1261 ***
	(0.0151)	(0.0175)	(0.0227)	(0.0286)	(0.0162)	(0.0226)
$cons$	1.0939 ***	0.5551 **	0.5928	1.2317 **	− 0.3810	0.8581 *
	(0.2749)	(0.2949)	(0.5504)	(0.6535)	(0.3248)	(0.4447)
R^2	0.3106	0.3581	0.3747	0.3923	0.3127	0.3536
估计模型	FE	FE	FE	FE	RE	FE
P（Hausman）	0.0002	0.0001	0.0166	0.0000	0.7015	0.0000
观测值	228	228	133	133	133	133

注：（1）TC 表示贸易竞争力指数，$industry-up$、DEC 分别表示产业升级和对外贸易动能转换指数。$lninv$、$lnlabor$ 和 $lntech$ 分别为将固定资产投资额、行业劳动力就业人数和发明专利申请数取自然对数的值，$cons$ 为常数项，FE 和 RE 分别代表固定效应模型和随机效应模型。（2）P（Hausman）表示 Hausman 检验统计量的 P 值，括号内数值为回归系数标准误。（3）***、**、* 分别表示在 1%、5%、10% 的水平上显著。

二、地区层面

（一）计量模型构建

$$TC_{it} = \alpha_0 + \alpha_1 industry-up + \alpha_j Control + \mu_i + \varepsilon_{it} \qquad (5.2)$$

其中，TC 为各省域对外贸易竞争力水平；$industry-up$ 代表省份产业升级水平；$Control$ 表示控制变量；i 为中国各省域，t 为年份，μ 为固定效应，ε 为随机效应项。

（二）变量选取及数据来源

产业升级作为本小节的核心解释变量。鉴于本书中对产业升级的概念内涵进行界定，地区层面的产业升级使用第二、第三产业增加值之比指标（$industry-up_1$）衡量相应省域的产业高级化，使用泰尔指数衡量相应省域的产业合理化（$industry-up_2$）。

外贸竞争力提升作为本小节的核心被解释变量。为了全面考察地区层面各省域对外贸易的竞争力水平，避免使用侧重反映行业贸易竞争力水平的贸易竞争力指数，以更加精准、有效地反映地区层面各省域的外贸竞争力。因此，对于地区层面的贸易竞争力水平以各省域人均出口总额（$pexport$）测度。

而其他控制变量，在省际层面主要包含市场化程度（mar），一国或地区市场化程度越高，其对外开放水平也就越大，政府较少地使用直接干预，有助于对外贸易的自由竞争和发展，本书使用政府财政支出占 GDP 的倒数表示；人均实际利用外商直接投资额（$pfdi$），外商直接投资可以通过资本积累和技术溢出效应进而对一国或地区的对外贸易发展产生直接或间接的影响，用人均实际利用外商直接投资额表示；基础设施建设（$pinv$），各省市的基础设施建设是其发展对外贸易的重要基础和前提条件，尤其是交通运输方面的基础设施的建设对各省份发展产业经济以及开拓国际市场，向外开放尤为重要，用人均交通运输、仓储和邮政业固定资产投资表示；人均受教育年限（$pedu$），各省份的人力资本积累同样也会对对外贸易的发展产生一定影响，本书用人均受教育年限来表示；万人拥有专利数（$ptech$），各省份的技术创新水平同样会对产业结构和对外贸易发展产生影响，因此采用各省份万人拥有专利数来度量各省市的技术创新程度。

本部分研究数据来源于《中国统计年鉴》、《中国工业统计年鉴》、《中国科技统计年鉴》、《中国教育年鉴》、《中国经济普查年鉴》、《中国城市统计年鉴》及各省市统计年鉴、国家统计局等。本书考虑 2001～2019 年中国 30 个省份（鉴于西藏数据缺失严重，故不考虑，也不含港澳台地区）。为尽量消除各解释变量之间的自相关和异方差问题以及便于考察弹性的变化以增强数据的可比性，对人均出口总额（*pexport*）、人均实际利用外商直接投资额（*pfdi*）、基础设施建设（*pinv*）、人均受教育年限（*pedu*）和万人拥有专利数（*ptech*）等变量取其自然对数进行相关实证检验（见表 5 – 4）。

表 5 – 4　　　　　　地区层面的全国及三大区域的各变量描述性统计

	行业	*pexport*	*industry up₁*	*industry up₂*	*dec*	*pfdi*	*pinv*	*pedu*	*ptech*	*mar*
全国层面	均值	1416.41	1.0923	0.2363	−0.0034	144.6123	0.1994	8.4772	11.8356	5.6785
	标准差	3655.48	0.5814	0.1541	0.4077	186.2072	0.1763	0.9773	22.3885	2.3407
	极小值	11.10	0.5271	0.0099	−0.5746	0.7394	0.0238	5.7381	0.0025	1.3187
	极大值	39446.71	5.1692	0.9575	1.4905	1366.1560	1.2619	12.0284	266.2831	12.9609
东部地区	均值	3261.53	1.2775	0.1139	0.3112	276.4663	0.2136	9.0228	23.9161	7.3149
	标准差	5395.38	0.8706	0.0719	0.4687	238.1063	0.1510	1.0669	32.8850	2.3681
	极小值	59.11	0.5576	0.0158	−0.4501	11.2944	0.0294	6.6547	0.4584	2.8575
	极大值	39446.71	5.1692	0.3187	1.4905	1366.1560	0.7423	12.0284	266.2831	12.9609
中部地区	均值	367.53	0.9088	0.2297	−0.1430	89.8771	0.1390	8.5182	5.0749	5.7885
	标准差	1495.47	0.2883	0.0946	0.2129	72.4128	0.1133	0.5767	5.3832	1.5698
	极小值	17.95	0.5271	0.0099	−0.5003	3.7531	0.0238	6.6987	0.3337	2.7163
	极大值	18505.30	2.3145	0.4080	0.3083	291.0212	0.5208	9.4806	28.6156	10.8789
西部地区	均值	334.10	1.0406	0.3628	−0.2165	52.5657	0.2290	7.9017	4.6721	3.9621
	标准差	647.13	0.2113	0.1486	0.2067	78.6005	0.2217	0.7747	6.0936	1.3896
	极小值	11.10	0.6538	0.1463	−0.5746	0.7394	0.0240	5.7381	0.0025	1.3187
	极大值	5378.70	1.6788	0.9575	0.2726	372.1096	1.2619	9.2830	41.1668	8.4789

（三）实证检验与结果分析

表 5 – 5 报告了全国层面在控制对外贸易动能转换与不控制对外贸易动能转换两种情形下，产业升级对外贸竞争力提升直接影响效应的模型估计结果。从表 5 – 5 中可知，在全国层面而言，无论控制对外贸易动能转换与否，产业合理化（*industry – up₂*）均对外贸出口具有正向促进作用，且在 1% 水平上显著，有效地促进外贸竞争力提升。而产业高级化（*industry – up₁*）

在控制与不控制对外贸易动能转换的情况下，对外贸竞争力提升的效果同样显著，只是显著性水平略有差异，至此验证了假设 H1。在控制了对外贸易动能转换之后，同样在 1% 水平上显著促进外贸出口，对外贸竞争力提升有着积极的正向影响。具体而言，在不控制对外贸易动能转换情况下，产业合理化（industry – up₂）每增加 1%，就能促进外贸出口提高 1.3082%［采用固定效应（1a）］。在控制了对外贸易动能转换情况下，产业高级化（industry – up₁）每增加 1%，就能促进外贸出口提高 0.0961%。产业合理化（industry – up₂）每增加 1%，就能促进外贸出口提高 1.1185%［采用固定效应（1b）］。总体来看，全国各省份的产业升级能有效促进和提高对外贸易出口，进而有利于外贸竞争力的提升。同时，在大力发展第三产业的同时还应更加注重产业均衡发展，能够培育国际竞争更强的竞争优势。

表 5 – 5　　　全国层面产业升级对外贸竞争力提升的直接影响

$\ln pexport$	不控制对外贸易动能转换		控制对外贸易动能转换	
	（1a）	（2a）	（1b）	（2b）
$industry - up_1$	0.1031 * (0.0689)	0.0763 ** (0.0630)	0.0961 *** (0.0625)	0.0473 *** (0.0594)
$industry - up_2$	1.3082 *** (0.2988)	1.2792 *** (0.3074)	1.1185 *** (0.2626)	1.1123 *** (0.2800)
DEC			1.9077 *** (0.1492)	1.6997 *** (0.1564)
$\ln pfdi$	0.2104 *** (0.0371)	0.2381 *** (0.0373)	0.1856 *** (0.0326)	0.2215 *** (0.0339)
$\ln pinv$	0.4792 *** (0.0815)	0.2449 *** (0.0671)	0.4871 *** (0.0715)	0.1641 *** (0.0615)
$\ln pedu$	0.0409 (0.4516)	0.7021 * (0.4193)	0.4743 (0.4021)	0.04119 (0.3874)
$\ln ptech$	0.6271 *** (0.0422)	0.5267 *** (0.0394)	0.3316 *** (0.0436)	0.2389 *** (0.0445)
$\ln mar$	0.2806 ** (0.1317)	0.4485 *** (0.1188)	0.0072 * (0.1175)	0.2403 ** (0.1095)
$cons$	4.1852 *** (0.9365)	2.8129 *** (0.8728)	7.2578 *** (0.8559)	5.2068 *** (0.8238)

lnpexport	不控制对外贸易动能转换		控制对外贸易动能转换	
	（1a）	（2a）	（1b）	（2b）
R²	0.7708	0.7888	0.7956	0.8256
估计模型	FE	RE	FE	RE
P（Hausman）	0.0000		0.0000	
观测值	570	570	570	570

注：（1）*industry-up* 表示产业升级指数；ln*inv*、ln*labor* 和 ln*tech* 分别为将固定资产投资额、行业劳动力就业人数和发明专利申请数取自然对数的值，*cons* 为常数项，FE 和 RE 分别代表固定效应模型和随机效应模型。（2）P（Hausman）表示 Hausman 检验统计量的 P 值，括号内数值为回归系数标准误。（3）***、**、* 分别表示在 1%、5%、10% 的水平上显著。

就控制变量而言，无论哪种情况下的实际利用外商直接投资（ln*pfdi*）均对外贸出口有着显著的正向促进作用。这是因为通过引进大规模的外商直接投资，一方面资金的流入为我国经济发展提供了稳定有效的资金支持；另一方面外商直接投资而引致的先进技术及管理经验的对内输入，使我国对外贸易的国际竞争力水平不断，进而实现外贸竞争力提升。基础设施建设（ln*pinv*）为对外贸易发展和开展经贸交流合作提供了相应配套设施和向外发展的基础环境。同时从实证结果来看，基础设施的投资建设在 1% 显著性水平上显著助力外贸竞争力提升。万人拥有专利数（ln*ptech*）代表各省份的技术创新程度，同样技术进步对外贸竞争水平的提升有着积极的促进作用。人均受教育年限（ln*pedu*）对外贸出口的效果不明显，可能是因为我国整体上受教育年限水平并不突出，人力资本积累的效应并未显现，难以有效提高对外贸易出口，增加对外贸易竞争力水平。市场化程度（ln*mar*）在控制对外贸易动能转换与不控制对外贸易动能转换两种情形下分别在 5% 和 10% 水平上显著促进省域对外贸易出口提高，表明各省域的市场化程度（ln*mar*）与外贸竞争力水平显著正相关，也代表着政府在一定程度上减少财政干预，提高各省域的对外开放水平，市场化程度越高，就越有利于各省域积极参与国际分工，深入全球价值链，不断参与和学习，进而有利于促进外贸竞争力提升。

鉴于我国东西跨度大以及南北区域差异明显，使得我国各省份之间发展并不同步，区域不均衡凸显，因此，产业升级与对外贸易发展存在明显的区域异质性。表5-6报告了我国东部、中部和西部三大地区在控制对外贸易动能转换与不控制对外贸易动能转换两种情形下，产业升级对外贸竞争力提升直接影响效应的模型估计结果。表5-6中的列（1a）、列（2a）和列（3a）分别为不控制对外贸易动能转换情况下的产业升级对外贸竞争力提升直接影响，列（1b）、列（2b）和列（3b）分别为控制对外贸易动能转换情况下的产业升级对外贸竞争力提升直接影响。整体来看，在控制与不控制对外贸易动能转换的两种情形下，东部、中部和西部三大地区的产业高级化（$industry - up_1$）均显著促进对外贸易出口。可见，产业升级有效促进了中国三大地区的对外贸易的出口，有利于促进对外贸易发展，进而提升外贸竞争力。因此，实证检验结果验证了其关系的差异性，符合前述预期。而三大地区的产业合理化（$industry - up_2$）则表现出明显的差异，区域差异显现。具体而言，在控制与不控制对外贸易动能转换的两种情形下，东部地区的产业高级化（$industry - up_1$）能显著提高对外贸易出口，且均在1%水平下显著，产业高级化每增加1%，相应提升外贸竞争力0.1362%和0.1177%；中、西部地区的产业高级化同样显著促进外贸竞争力提升，且每增加1%，相应提升外贸竞争力0.0997%和0.0624%、0.0921%和0.0583%，可见，产业高级化对对外贸易竞争力的正向影响呈现东、中、西部梯度递减。由于东部地区的自身资源禀赋，加之地理位置优越，东部地区第三产业的发展居全国之首，且发展速度和质量远高于中、西部地区，产业升级水平明显高于中、西部地区，为其发展对外贸易提供了良好的发展基础和环境。同时，东部地区的实际利用外商直接投资（lnpfdi）、基础设施建设（lnpinv）、人均受教育年限（lnpedu）、万人拥有专利数（lnptech）和市场化指数（lnmar）均对对外贸易竞争力产生显著的正向促进影响。东部地区的产业合理化（$industry - up_2$）对对外贸易发展有着明显的抑制作用，且在5%水平上显著。而中部地区虽不显著，但其影响表现为正，西部地区在不控制对外贸易动能转换的情况下，在10%显著性水平上对对外贸易产生积极促进作用。可知，我国产业发展失衡状态对对外贸易发展产生一定的消极影响。中部和西部地区产业均衡化发展程度优于东部地区，其对对外贸易竞争力的影响表现出明显的异质性。中部和西部地区的基础设施建设（lnpinv）较东部地区落后，表现在对外贸易竞争力上即无法显著促进提升外贸竞争力。同样，中部和西部地区的人均受教育年限（lnpedu）和市场化程度（lnmar）均有待进一步提高，以便缩小东、中部发展差距，实现三大区域对外贸易竞争力协同提升。

表5-6　　东部、中部和西部三大地区产业升级对外贸竞争力
提升的直接影响

lnpexport	东部地区		中部地区		西部地区	
	(1a)	(1b)	(2a)	(2b)	(3a)	(3b)
industry-up₁	0.1362 ***	0.1177 ***	0.0997 ***	0.0624 ***	0.0921 ***	0.0583 ***
	(0.0652)	(0.0617)	(0.2005)	(0.1957)	(0.3083)	(0.2823)
industry-up₂	-1.4061 **	-1.5743 **	0.6366	0.1069	0.6693 *	0.3461
	(0.7934)	(0.7505)	(0.6620)	(0.6199)	(0.3797)	(0.3505)
DEC		0.9218 ***		6.2840 ***		5.2963 ***
		(0.1817)		(0.7602)		(0.8623)
lnpfdi	0.3228 ***	0.2869 ***	0.3325 ***	0.9131 **	0.1163 ***	0.0461 **
	(0.0768)	(0.0724)	(0.0894)	(0.0744)	(0.0461)	(0.0436)
lnpinv	0.2736 **	0.4728 ***	0.0131	0.0143	0.1679	0.0881
	(0.1130)	(0.1131)	(0.1138)	(0.1152)	(0.1619)	(0.1484)
lnpedu	1.7567 ***	2.3285 ***	-2.1450 *	-4.5975 **	2.7187 ***	0.0991
	(0.6721)	(0.6408)	(1.2640)	(1.2329)	(0.7336)	(0.7938)
lnptech	0.6789 ***	0.4664 ***	0.3578 ***	0.0553	0.1729 ***	0.1489 **
	(0.0667)	(0.0753)	(0.0930)	(0.0892)	(0.0623)	(0.0571)
lnmar	0.1310 **	0.2151 **	-1.3673 ***	-2.0684 ***	0.1286	-0.4633 *
	(0.1208)	(0.1967)	(0.2930)	(0.2561)	(0.2362)	(0.2362)
cons	9.0553 ***	11.2525 ***	11.4305 ***	18.9252 ***	0.3036	7.4419 ***
	(1.6186)	(1.5798)	(2.9937)	(2.8507)	(1.7298)	(1.9603)
R²	0.7771	0.7982	0.7311	0.7397	0.7087	0.7255
估计模型	FE	FE	RE	FE	FE	FE
P（Hausman）	0.0378	0.0000	0.1833	0.0001	0.0506	0.0133
观测值	209	209	152	152	209	209

　　注：（1）industry-up 表示产业升级指数；lninv、lnlabor 和 lntech 分别为将固定资产投资额、行业劳动力就业人数和发明专利申请取自然对数的值，cons 为常数项，FE 和 RE 分别代表固定效应模型和随机效应模型。（2）P（Hausman）表示 Hausman 检验统计量的 P 值，括号内数值为回归系数标准误差。（3）*** 、** 、* 分别表示在 1%、5%、10% 的水平上显著。

第二节 对外贸易动能转换对外贸竞争力 提升的直接影响效应

一、制造业行业层面

（一）计量模型构建

与产业升级对外贸竞争力提升的直接影响效应模型类似，为了能够全面反映制造业行业层面对外贸易动能转换对外贸竞争力提升的影响，本书从行业对外贸易动能转换加以扩展，构建行业层面关于对外贸易动能转换对贸易竞争力直接影响效应的模型如下：

$$TC_{it} = \alpha_0 + \alpha_1 DEC + \alpha j Control + \mu_i + \varepsilon_{it} \tag{5.3}$$

其中，TC 代表制造业行业贸易竞争力指数；DEC（the Dynamic Energy Conversion of China's Foreign Trade）代表制造业行业对外贸易动能转换；$Control$ 表示控制变量；i 为年份，t 为制造业行业，μ 为固定效应，ε 为随机误差项。

（二）变量说明及数据来源

对外贸易动能转换作为本节的核心解释变量，鉴于本书对对外贸易动能转换的概念内涵的界定，通过统计测算对外贸易动能转换指数以衡量制造业各行业的对外贸易动能转换水平。其他变量及数据说明详见本章第一节。

（三）实证检验与结果分析

表 5-7 报告了制造业全行业层面对外贸易动能转换对外贸竞争力提升直接影响效应模型的基准回归的估计结果。从表 5-7 中可以看出，不管是否控制产业升级，对外贸易动能转换均对外贸竞争力的提升产生正向的显著促进作用，分别在 5% 和 1% 水平上显著，这也就验证了假设 H2。具体

而言，在不控制产业升级的情形下，对外贸易动能转换（DEC）每增加1%，会导致相应行业贸易竞争力指数即外贸竞争力提升0.0435%［采用固定效应模型（1a）］；在控制了对外贸易动能转换的情形下，对外贸易动能转换（DEC）每增加1%，会导致相应行业贸易竞争力指数即外贸竞争力提升0.0169%［采用固定效应模型（2a）］。因此，从制造业全行业层面来看，对外贸易动能转换指数均对外贸竞争力的提升存在着直接的促进作用，由于制造业行业新产能的释放，对传统行业的转型升级，加速了对外贸易新旧动能转换，进而有利于外贸竞争力的提升和改善。

表5−7　　　制造业全行业层面对外贸易动能转换对外贸竞争力提升的直接影响

TC	不控制产业升级		控制产业升级	
	（1a）	（1b）	（2a）	（2b）
DEC	0.0435 ** (0.0427)	0.0469 ** (0.0429)	0.0169 *** (0.0473)	0.0168 *** (0.0465)
industry − up			0.0113 ** (0.0087)	0.0148 ** (0.0083)
ln*inv*	0.0368 *** (0.0126)	0.0407 *** (0.0126)	0.0317 ** (0.0132)	0.0352 *** (0.0132)
ln*labor*	0.0225 * (0.0130)	0.0217 * (0.0131)	0.0188 (0.0133)	0.0158 (0.0136)
ln*tech*	0.0632 *** (0.0107)	0.0641 *** (0.0108)	0.0621 *** (0.0108)	0.0623 *** (0.0109)
cons	0.6899 *** (0.2145)	0.7418 *** (0.2245)	0.5935 *** (0.2270)	0.6214 *** (0.2364)
R^2	0.3197	0.3321	0.4006	0.4091
估计模型	FE	RE	FE	RE
P（Hausman）	0.0016		0.0000	
观测值	494	494	494	494

注：（1）*TC* 表示贸易竞争力指数，*industry − up*、*DEC* 分别表示产业升级和对外贸易动能转换指数；ln*inv*、ln*labor* 和 ln*tech* 分别为将固定资产投资额、行业劳动力就业人数和发明专利申请数取自然对数的值，*cons* 为常数项，FE 和 RE 分别代表固定效应模型和随机效应模型。（2）P（Hausman）表示 Hausman 检验统计量的 P 值，括号内数值为回归系数标准误。（3）***、**、* 分别表示在 1%、5%、10% 的水平上显著。

表5−8 报告了劳动密集型行业、资本密集型行业及技术密集型行业在不控制产业升级和控制产业升级两种情形下的对外贸易动能转换对外贸竞

争力提升的直接影响效应的回归估计结果。表 5 – 8 中的列（1a）、列（2a）和列（3a）分别为不控制产业升级的情况下劳动密集型、资本密集型和技术密集型行业的对外贸易动能转换对外贸竞争力提升的直接影响。表中的列（1b）、列（2b）和列（3b）分别为控制产业升级的情况下劳动密集型、资本密集型和技术密集型行业的对外贸易动能转换对外贸竞争力提升的直接影响。由表 5 – 8 可知，不管是否控制产业升级，劳动密集型、资本密集型和技术密集型行业的产业升级均能正向促进外贸竞争力提升，只是在显著性上存在一定差异。其中以劳动密集型行业产业升级对外贸竞争力提升的促进作用最大，在不控制产业升级时，对外贸易动能转换每增加1%，劳动密集型行业的外贸竞争力提升 0.5327%，在控制对外贸易动能转换的情况下，也达到了 0.5238%。整体而言，制造业行业的对外贸易动能转换均正向促进外贸竞争力的提升。其中，劳动密集型行业在控制与不控制产业升级情况下对外贸易动能转换对外贸竞争力的促进作用排在前列，影响系数分别为 0.5238 和 0.5327。而资本密集型行业在控制与不控制产业升级情况下对外贸易动能转换对外贸竞争力的促进效果分别为 0.3973 和 0.5617，以及技术密集型行业的正向影响系数分别为 0.1325 和 0.1362。可见，对外贸易动能转换首先在劳动密集型行业发挥最大效能，有助于改善和提高劳动密集型行业对外贸易竞争优势，进一步实现对外贸易竞争力提升。

表 5 – 8　　三大密集型行业对外贸易动能转换对外贸竞争力提升的直接影响

TC	劳动密集型行业		资本密集型行业		技术密集型行业	
	（1a）	（1b）	（2a）	（2b）	（3a）	（3b）
DEC	0.5327 ***	0.5238 ***	0.5617 ***	0.3973 **	0.1362 **	0.1325 **
	(0.1239)	(0.1260)	(0.2077)	(0.2236)	(0.0373)	(0.0518)
industry – up		0.0191 *		0.0291 *		0.0635 **
		(0.0193)		(0.0163)		(0.0757)
lninv	– 0.0311	– 0.0365 *	0.1290 ***	0.1025 **	– 0.0046	0.0075 ***
	(0.0206)	(0.0212)	(0.0399)	(0.0410)	(0.0148)	(0.0196)
lnlabor	0.0075 **	0.0132 **	0.0045	0.0117	0.0159	– 0.0627 **
	(0.0197)	(0.0205)	(0.0435)	(0.0463)	(0.0167)	(0.0246)
lntech	0.0748 ***	0.0795 ***	0.0849 ***	0.0861 ***	0.0887 ***	0.1261 ***
	(0.0169)	(0.0175)	(0.0280)	(0.0286)	(0.0166)	(0.0226)

TC	劳动密集型行业		资本密集型行业		技术密集型行业	
	(1a)	(1b)	(2a)	(2b)	(3a)	(3b)
$cons$	0.4546 (0.2768)	0.5551 ** (0.2949)	1.7212 *** (0.5888)	1.2317 (0.6535)	− 0.5005 (0.3530)	0.8581 * (0.4447)
R^2	0.3111	0.2158	0.3472	0.3723	0.4124	0.3136
估计模型	FE	FE	RE	FE	RE	FE
P（Hausman）	0.0117	0.0001	0.3732	0.0000	0.8418	0.0000
观测值	228	228	133	133	133	133

注：（1） TC 表示贸易竞争力指数，$industry-up$、DEC 分别表示产业升级和对外贸易动能转换指数；$lninv$、$lnlabor$ 和 $lntech$ 分别为将固定资产投资额、行业劳动力就业人数和发明专利申请数取自然对数的值，$cons$ 为常数项，FE 和 RE 分别代表固定效应模型和随机效应模型。（2）P（Hausman）表示 Hausman 检验统计量的 P 值，括号内数值为回归系数标准误。（3）***、**、* 分别表示在 1%、5%、10% 的水平上显著。

二、地区层面

（一）计量模型构建

$$TC_{it} = \alpha_0 + \alpha_1 DEC + \alpha_j Control + \mu_i + \varepsilon_{it} \tag{5.4}$$

其中，TC 代表各省域贸易竞争力指数；DEC 代表省份对外贸易动能转换；$Control$ 表示控制变量；i 为中国各省份，t 为年份，μ 为固定效应，ε 为随机效应项。

（二）变量说明及数据来源

对外贸易动能转换作为本节的核心解释变量，鉴于本书对对外贸易动能转换的概念内涵进行的界定，通过统计测算对外贸易动能转换指数以衡量制造业各行业的对外贸易动能转换水平。其他变量及数据说明详见本章第一节。

（三）实证检验与结果分析

表 5-9 报告了全国层面控制与不控制产业升级的情形下对外贸易动能转换对外贸竞争力提升直接影响效应的模型估计结果。从表 5-9 中可知，

对全国层面而言，无论控制与不控制产业升级，对外贸易动能转换（*DEC*）均对外贸出口具有正向促进作用，且在 1% 水平上显著，能够有效地促进对外贸竞争力提升，至此验证了假设 H2。具体而言，在不控制产业升级的情况下，对外贸易动能转换（*DEC*）每增加 1%，就能促进外贸出口提高 1.7694%〔采用固定效应（1a）〕。在控制了产业升级的情况下，对外贸易动能转换（*DEC*）每增加 1%，就能促进外贸出口提高 1.9077%〔采用固定效应（1b）〕。总体来看，全国各省份的对外贸易动能转换能够有效促进和提高对外贸易出口，进而有利于外贸竞争力的提升。可见，对外贸易动能转换的顺利实现，不断释放新动能，转变对外贸易发展方式和贸易结构，供给端和需求端双端动能释放，不断驱动对外贸易做大、做强，有利于外贸竞争力的提升，并加快我国实现贸易强国的步伐。

表 5 – 9　　　　全国层面对外贸易动能转换对外贸竞争力提升的直接影响

ln*pexport*	不控制产业升级		控制产业升级	
	(1a)	(2a)	(1b)	(2b)
DEC	1.7694 ***	1.5816 ***	1.9077 ***	1.6997 ***
	(0.1473)	(0.1521)	(0.1492)	(0.1564)
industry – *up*$_1$			0.0961 ***	0.0473 ***
			(0.0625)	(0.0594)
industry – *up*$_2$			1.1185 ***	1.1123 ***
			(0.2626)	(0.2800)
ln*pfdi*	0.2217 ***	0.2642 ***	0.1856 ***	0.2215 ***
	(0.0317)	(0.0328)	(0.0326)	(0.0339)
ln*pinv*	0.5171 ***	0.2030 ***	0.4871 ***	0.1641 ***
	(0.0734)	(0.0624)	(0.0715)	(0.0615)
ln*pedu*	− 0.8538 **	− 0.1908	0.4743	0.04119
	(0.3884)	(0.3848)	(0.4021)	(0.3874)
ln*ptech*	0.3408 ***	0.2617 ***	0.3316 ***	0.2389 ***
	(0.0449)	(0.0449)	(0.0436)	(0.0445)
ln*mar*	0.3460 ***	0.4816 ***	0.0072	0.2403 **
	(0.1053)	(0.1024)	(0.1175)	(0.1095)
cons	6.8006 ***	4.4778 ***	7.2578 ***	5.2068 ***
	(0.8313)	(0.8004)	(0.8559)	(0.8238)

lnpexport	不控制产业升级		控制产业升级	
	(1a)	(2a)	(1b)	(2b)
R²	0.7934	0.8183	0.7956	0.8256
估计模型	FE	RE	FE	RE
P（Hausman）	0.0000		0.0000	
观测值	570	570	570	570

注：（1）*industry – up*、*DEC* 分别表示产业升级和对外贸易动能转换指数；ln*inv*、ln*labor* 和 ln*tech* 分别为将固定资产投资额、行业劳动力就业人数和发明专利申请数取自然对数的值，*cons* 为常数项，FE 和 RE 分别代表固定效应模型和随机效应模型。（2）P（Hausman）表示 Hausman 检验统计量的 P 值，括号内数值为回归系数标准误。（3）*** 、** 、* 分别表示在 1%、5%、10% 的水平上显著。

表 5 – 10 报告了我国东部、中部和西部三大地区在控制产业升级与不控制产业升级两种情形下，对外贸易动能转换对外贸竞争力提升直接影响效应的模型估计结果。表中的列（1a）、列（2a）和列（3a）分别为不控制产业升级情况下的对外贸易动能转换对外贸竞争力提升直接影响，列（1b）、列（2b）和列（3b）分别为控制产业升级情况下的对外贸易动能转换对外贸竞争力提升的直接影响。整体来看，在控制与不控制产业升级的两种情形下，东部、中部和西部三大地区的对外贸易动能转换（*DEC*）均显著促进对外贸易出口，对外贸易动能转换对三大地区的国际贸易发展和对外贸易竞争力提升有着重要的促进作用。具体而言，东部地区的对外贸易动能转换能显著提高对外贸易出口，且均在 1% 水平上显著，对外贸易动能转换指数每增加 1%，相应提升外贸竞争力 0.8896% 和 0.9218%。中部地区对外贸易动能转换同样对对外贸易竞争力提升有着显著的促进作用，且促进作用相比于东部地区更大，每增加 1%，相应提升外贸竞争力 6.9686% 和 6.2841%。西部地区的对外贸易动能转换同样对对外贸易竞争力提升有着显著的促进作用，每增加 1%，相应提升外贸竞争力 5.5123% 和 5.2963%，同样高于东部地区的影响效应。可见，中部地区对外贸易动能转换呈现异军突起势头，同时西部地区的对外贸易动能转换同样显示出对外贸出口的奋起直追之势，这可能是由于近年来一系列惠及中西部发展的政策措施的效果显现，同时"一带一路"倡议实施和"中欧班列"形成内陆开放新通道，为中西部的对外贸易发展提供了新渠道，为其开辟了新

天地。加之新一代科技革命和产业变革人工智能等新技术的应用，"科技红利"效应催生了新型经济，打破了地域和空间限制，为中西部发展对外贸易提供了更加互联、互通的发展环境，促使中西部对外贸易释放更大的发展动能。

表 5 – 10　　东部、中部和西部三大地区对外贸易动能转换对外贸竞争力提升的直接影响

lnpexport	东部地区		中部地区		西部地区	
	(1a)	(1b)	(2a)	(2b)	(3a)	(3b)
DEC	0.8896 *** (0.1823)	0.9218 *** (0.1817)	6.9686 *** (0.7661)	6.2841 *** (0.7602)	5.5123 *** (0.8648)	5.2963 *** (0.8623)
industry – up$_1$		0.1777 *** (0.0617)		0.6247 *** (0.1957)		0.7783 (0.2823)
industry – up$_2$		1.5743 (0.7505)		0.1069 (0.6199)		0.3461 ** (0.3505)
lnpfdi	0.3377 *** (0.0723)	0.2869 *** (0.0724)	0.2276 *** (0.0766)	0.1931 ** (0.0744)	0.0347 (0.0440)	0.0461 (0.0436)
lnpinv	0.5309 *** (0.1089)	0.4728 *** (0.1131)	– 0.1121 (0.1181)	– 0.1143 (0.1152)	0.0468 (0.1431)	0.0882 (1.4841)
lnpedu	– 3.1824 *** (0.5819)	– 2.3284 *** (0.6409)	– 4.5811 *** (0.9052)	– 4.5975 *** (1.2329)	0.5977 (0.7772)	0.0991 (0.7938)
lnptech	0.5133 *** (0.0756)	0.4663 *** (0.0753)	0.0561 (0.0865)	0.0553 (0.0892)	0.1808 *** (0.0565)	0.1489 ** (0.0571)
lnmar	0.1073 (0.1941)	0.2151 (0.1967)	– 1.8728 *** (0.2440)	– 2.0684 *** (0.2561)	– 0.3502 (0.2361)	– 0.4633 * (0.2362)
cons	12.2422 *** (1.5682)	11.2525 *** (1.5798)	18.0425 *** (2.3448)	18.9252 *** (2.8508)	5.3064 *** (1.8150)	7.4419 *** (1.9604)
R^2	0.7831	0.7982	0.7041	0.7397	0.7348	0.7552
估计模型	FE	FE	FE	FE	FE	FE
P（Hausman）	0.0002	0.0042	0.0000	0.0001	0.0022	0.0133
观测值	209	209	152	152	209	209

注：（1）industry – up、DEC 分别表示产业升级和对外贸易动能转换指数；lninv、lnlabor 和 lntech 分别为将固定资产投资额、行业劳动力就业人数和发明专利申请数取自然对数的值，cons 为常数项，FE 和 RE 分别代表固定效应模型和随机效应模型。（2）P（Hausman）表示 Hausman 检验统计量的 P 值，括号内数值为回归系数标准误。（3）*** 、** 、* 分别表示在 1%、5%、10% 的水平上显著。

三、稳健性检验

通过上述基准回归的结果可以证实产业升级和对外贸易动能转换均有助于外贸竞争力的提升。但为进一步验证论证结果的可信度，进一步对其进行稳健性检验，以增强实证结果的说服力。考虑到本章的核心解释变量产业升级与对外贸易动能转换存在内生性问题的可能性，究其原因在于产业升级、外对外贸易动能转换与外贸竞争力之间可能存在双向因果的内生性问题，主要表现在产业升级实现了向高附加值产业的转移，有利于提高参与国际分工的地位，一定程度上促进了外贸竞争力的提升，而外贸竞争力提升则进一步倒逼产业升级以适应新的国际市场需求，进而反向促进本国产业转型升级。同样，对外贸易动能转换从需求侧、供给侧和结构转换三维度动能的改进与提高对外贸竞争力提升具有积极的促进，在新旧动能转换的过程中逐渐促进外贸竞争力提升，同时外贸竞争力提升则会对对外贸易动能转换提出更高的要求，进而加快对外贸易动能转换的效率和质量。鉴于此，为了提高实证结果的准确性和可靠性，进行稳健性检验，主要通过以下方法：替换关键解释变量或被解释变量和系统 GMM 估计方法进一步验证产业升级与对外贸易动能转换对外贸竞争力提升的影响作用。因此，在进行稳健性检验时采用系统 GMM 估计方法来验证产业升级与对外贸易动能转换对外贸竞争力提升的影响作用。

一是制造业行业层面的产业升级用各行业出口交货值占制造业行业出口总额的比重来衡量，记作 $industry - up_e$。制造业各行业的出口交货值衡量的是各行业满足国际市场需求而提供了相应份额，表明这部门产品适应了国际需求，有着一定的竞争优势，代表着该行业的产业优势。因而以显示性比较优势指数（index of revealed comparative advantage，RCA）并结合出口数据测定贸易竞争力。目前，RCA 指数逐渐成为学者衡量产业贸易竞争力使用的主要方法之一（袁晓莉和王威，2013；张禹和严兵，2016；李晓丹和吴杨伟，2021）。RCA 指数将其视域扩展至全球范围。RCA 指数计算公式：

$$RCA_{ijt} = \frac{X_{ijt} \Big/ \sum_{i}^{n} X_{ijt}}{\sum_{j}^{G} X_{ijt} \Big/ \sum_{j}^{G} \sum_{i}^{n} (X_{ijt})} \qquad (5.5)$$

其中，RCA_{ijt} 表示 j 国 i 行业在 t 时间的显示性比较优势指数，X_{ijt} 表示 j 国 i 行业在 t 时间上对国际市场的出口额，$\sum_{i}^{n} X_{ijt}$ 表示 j 国所有行业在时间 t 向国际市场的出口额，$\sum_{j}^{G} X_{ijt}$ 表示世界市场上所有国家的 i 行业在时间 t 向国际市场的出口额，$\sum_{j}^{G} \sum_{i}^{n} (X_{ijt})$ 表示世界市场所有国家的所有行业在时间 t 向国际市场的出口额。

二是地区层面，产业升级的替代指标借鉴李晓钟和叶昕（2021）、李治国等（2021）、吴慧和上官绪明（2021）、王玉（2021）等研究，以产业结构层级系数（$industry-up_{IAS}$）衡量各省份的产业升级。产业结构层次系数（$industry-up_{IAS}$）通过三次产业按层次由高到低进行排序，构建产业结构层次系数。产业结构层次系数以三次产业份额比例变化演进为基础，能够一定程度表征产业结构变化和产业转型速度。产业结构层次系数（$industry-up_{IAS}$）计算公式如下。

$$industry-up_{IAS} = \sum_{i=1}^{n} \omega_i q(i) \qquad (5.6)$$

其中，ω_i 为对应产业的权重，q_i 为各产业增加值占 GDP 的比重。根据三次产业发展演变动态过程，参考李爱和盖骁敏（2019）赋予第三、第二、第一产业以 $3:2:1$ 的权重，得出各省份的产业转型的速度以衡量各省份的产业升级。而各省份的外贸竞争力提升借鉴豪斯曼（2007）、程锐等（2020）等的研究，采用出口技术复杂度来表示：

$$Product_i = \sum_{j} \frac{\left(\frac{x_{ji}}{X_j}\right)}{\sum_{j} \left(\frac{x_{ji}}{X_j}\right)} Y_j \qquad (5.7)$$

其中，$Product_i$ 为产品层面出口技术复杂度，Y_j 表示 j 省份的人均 GDP 水平，$\dfrac{x_{ji}}{X_j}$ 代表 j 省份 i 产品出口占 j 省份总出口的比重，$\sum_{j}\left(\dfrac{x_{ji}}{X_j}\right)$ 为各省份 i 产品出口

占总出口的比重之和。根据式（5.7）进一步计算各省份对外贸易中的出口技术复杂度（$EXPORT\_q$），计算公式如下：

$$EXPORT - q_j = \sum_i \left(\frac{x_{ji}}{X_j} \right) Productg_i \qquad (5.8)$$

式（5.8）的 $EXPORT\_q_j$ 代表 j 省份所有的 $Product_i$ 的加权平均，以此衡量各个省级层面的对外贸易竞争力提升。

表 5 - 11 报告了行业层面产业升级与对外贸易动能转换对外贸竞争力提升的影响效应的稳健性检验结果。列（1a）、列（2a）和列（3a）分别为不控制对外贸易动能转换情况下的通过替换解释变量、被解释变量和采用系统 GMM 估计方法下的回归结果，列（1b）列（2b）和列（3b）分别为控制对外贸易动能转换情况通过替换解释变量、被解释变量和采用系统 GMM 估计方法下的回归结果。从列（1a）、列（2a）、列（1b）和列（2b）的回归结果来看，根据豪斯曼检验的 P 值分别为 0.0015、0.0184、0.0047 和 0.0277，据此采用固定效应模型进行检验。从固定效应检验结果可知产业升级与对外贸易动能转换均能显著促进外贸竞争力提升，仅表现为显著性水平略有差异。另外，由列（3a）和列（3b）的结果显示可知，利用 Arellano - Bond 检验结果的 AR（2）的 P 值分别为 0.410 和 0.469，表明估计不存在二阶及更高阶自相关，同时也通过 Hansen 检验。结果表明并不存在过度识别问题，回归结果基本与前示保持一致，说明该结果是稳健可靠的，至此行业层面的稳健性检验得以验证。

表 5 - 11 　　　　　　　　　制造业行业层面稳健性检验回归结果

变量	替换解释变量	替换被解释变量	系统 GMM	替换解释变量	替换被解释变量	系统 GMM
	(1a)	(2a)	(3a)	(1b)	(2b)	(3b)
L. TC			1.0136 ***			0.9379 ***
			(0.0897)			(0.1103)
industry - up	0.0193 **	0.0135 **	0.0677 **	0.0194 **	0.0129 **	0.0620 **
	(0.0093)	(0.0054)	(0.1854)	(0.0093)	(0.0059)	(0.1741)
DEC				0.0447 *	0.0706 **	0.1492 **
				(0.0426)	(0.0323)	(0.1465)

变量	替换解释变量	替换被解释变量	系统GMM	替换解释变量	替换被解释变量	系统GMM
	(1a)	(2a)	(3a)	(1b)	(2b)	(3b)
ln*inv*	0.0353 *** (0.0122)	0.0009 (0.0085)	0.0199 ** (0.0101)	0.0382 *** (0.0125)	0.0015 (0.0089)	0.0094 ** (0.0219)
ln*labor*	0.0227 * (0.0129)	0.0195 ** (0.0091)	0.0026 (0.0189)	0.0220 * (0.0129)	0.0913 ** (0.0091)	0.0025 (0.0117)
ln*tech*	0.0683 *** (0.0098)	0.0169 ** (0.0069)	0.0104 ** (0.0188)	0.0638 *** (0.0107)	0.0173 ** (0.0074)	0.0109 ** (0.0198)
cons	0.6190 *** (0.2012)	0.2664 ** (0.1395)	0.2087 * (0.1215)	0.6951 *** (0.2138)	0.2809 ** (0.1548)	0.2151 (0.3295)
R – squared	0.2182	0.2393		0.2353	0.3194	
估计模型	FE	FE		FE	FE	
豪斯曼检验	19.61 [0.0015]	13.60 [0.0184]		18.71 [0.0047]	14.70 [0.0227]	
AR (1)			-2.37 [0.018]			-2.26 [0.024]
AR (2)			0.82 [0.410]			0.72 [0.469]
Hansen 检验			22.29 [0.876]			19.18 [0.803]
观测值	494	494	468	494	494	468

注：小括号内数值为回归系数标准误，中括号内数值为相应检验统计量的伴随概率值；AR（1）是 Arellano – Bond AR（1）检验，AR（2）是 Arellano – Bond AR（2）检验，Hansen 为 Hansen 检验统计量。

表 5 – 12 报告了中国地区层面产业升级与对外贸易动能转换对外贸竞争力提升的影响效应的稳健性检验结果。列（1a）、列（2a）和列（3a）分别为不控制对外贸易动能转换情况下的通过替换解释变量、被解释变量和采用系统 GMM 估计方法下的回归结果，列（1b）、列（2b）和列（3b）分别为控制对外贸易动能转换情况通过替换解释变量、被解释变量和采用系统 GMM 估计方法下的回归结果。从列（1a）、列（2a）、列（1b）和（2b）的回归结果来看，根据豪斯曼检验的 P 值分别为 0.0000、0.0000、

0.0002 和 0.0000，据此采用固定效应模型进行检验，结果可知以产业高级化、产业层级系数衡量的产业升级与对外贸易动能转换均能显著促进外贸竞争力提升，只是在显著性水平上略有差异。而产业合理化对外贸竞争力提升的影响不显著。值得注意的是，产业合理化对外贸竞争力提升的影响系数为负，且不显著。这可能是由于出口技术复杂度衡量的外贸竞争力更注重出口产品质量层面，而产业合理化侧重于第一、第二和第三产之间的比重的均衡发展，难以对出口技术复杂度衡量下的外贸竞争力提升产生实质性的影响效应。另外，由列（3a）和列（3b）的结果显示可知，利用 Arellano – Bond 检验结果的 AR（2）的 P 值分别为 0.341 和 0.344，表明估计不存在二阶及更高阶自相关，同时通过 Hansen 检验，并不存在过度识别问题，回归结果基本与前示保持一致，只是系数和显著性略有差异，说明该结果是稳健可靠的，至此中国地区层面的稳健性检验得以验证。

表 5 – 12　　　　　　　　　中国地区层面稳健性检验回归结果

变量	替换解释变量	替换被解释变量	系统 GMM	替换解释变量	替换被解释变量	系统 GMM
	(1a)	(2a)	(3a)	(1b)	(2b)	(3b)
$L. \text{ln}export$			0.7768 *** (0.0914)			0.7554 *** (0.1043)
$industry - up_1$		0.1734 *** (0.0282)	0.0892 *** (0.2114)		0.0883 *** (0.0298)	0.2107 ** (0.2780)
$industry - up_2$		− 0.0271 (0.1185)	0.01638 (0.0838)		− 0.1715 (0.1155)	0.1393 (0.9758)
$industry - up_{IAS}$	0.0237 *** (0.0069)	0.0034 ** (0.0020)	0.0115 ** (0.0225)	0.0146 ** (0.0065)	0.0026 ** (0.0021)	0.0033 ** (0.0196)
DEC				0.5279 *** (0.1691)	0.3994 *** (0.0578)	0.3844 *** (0.4327)
$\text{ln}pfdi$	0.2549 *** (0.0351)	0.0409 *** (0.0113)	0.0960 ** (0.1142)	0.3298 *** (0.0348)	0.0428 *** (0.0108)	0.0563 * (0.1429)
$\text{ln}pinv$	0.5582 *** (0.0829)	0.3108 *** (0.0179)	0.1143 (0.0978)	0.1809 *** (0.0547)	0.2851 *** (0.0175)	0.1176 ** (0.1241)
$\text{ln}pedu$	0.9348 ** (0.4277)	1.8006 *** (0.1689)	0.4812 (0.8292)	1.3392 ** (0.5171)	1.4520 *** (0.1696)	0.2899 (0.7917)

变量	替换解释变量	替换被解释变量	系统GMM	替换解释变量	替换被解释变量	系统GMM
	(1a)	(2a)	(3a)	(1b)	(2b)	(3b)
lnptech	0.6114 *** (0.0425)	0.9276 *** (0.1285)	0.2713 *** (0.0715)	0.1698 *** (0.0417)	0.6493 *** (0.1297)	0.2305 *** (0.0771)
lnmar	0.3659 *** (0.1199)	− 0.6358 *** (0.0572)	0.3982 * (0.2267)	0.2026 (0.1777)	− 0.5854 *** (0.0554)	0.3877 * (0.2441)
cons	2.4014 *** (0.8740)	3.1068 *** (0.4048)	− 0.4389 *** (1.8070)	2.1026 ** (1.1824)	3.8110 *** (0.4049)	0.4856 *** (1.8649)
R − squared	0.7075	0.7134		0.7579	0.8532	
估计模型	FE	FE		FE	FE	
豪斯曼检验	55.32 [0.0000]	347.84 [0.0000]		30.67 [0.0002]	361.84 [0.0000]	
AR (1)			− 1.41 [0.157]			− 1.42 [0.156]
AR (2)			0.95 [0.341]			0.95 [0.344]
Hansen 检验			28.80 [0.917]			24.92 [0.955]
观测值	570	570	540	570	570	540

注：小括号内数值为回归系数标准误，中括号内数值为相应检验统计量的伴随概率值；AR（1）是 Arellano - Bond AR（1）检验，AR（2）是 Arellano - Bond AR（2）检验，Hansen 为 Hansen 检验统计量。

第三节　本章小结

本章基于制造业行业面板数据和地区层面省际面板数据，基于经济增长动能理论构建对外贸易动能转换指数，以产业高级化指数和产业合理化指数衡量产业升级，以贸易竞争力指数（TC）和人均出口量（lnpexport）等指标衡量外贸竞争力提升，验证产业升级、对外贸易动能转换对我国外贸竞争力提升的直接影响效应。得出如下几个主要结论。

第一，从制造业行业层面来看，不管是否控制对外贸易动能转换，产业升级均对外贸竞争力的提升产生正向的显著促进作用。同时，无论控制与否产业升级，对外贸易动能转换均对外贸竞争力的提升产生正向的显著促进作用，分别在5%和1%水平上显著。因此，全行业层面来看，产业升级和对外贸易动能转换均会对外贸竞争力的提升存在着显著的促进作用。这是由于制造业各行业产业升级和对外贸易动能转换一定程度上带动了技术进步并释放了制造业行业的新动能，提高了制造业行业产值和增加了产出附加值，有利于制造业行业在参与国际贸易中表现出一定的竞争优势，从而促进外贸竞争力的提升。

第二，从制造业行业内部来看，产业升级和对外贸易动能转换对三大密集型行业的影响效果具有差异。由产业升级对外贸竞争力提升的影响效应结果可知，产业升级均正向显著促进三大行业的外贸竞争力提升。其中技术密集型行业的影响效果最为明显。可见技术密集型行业的发展状况，对对外贸易竞争优势起着重要的影响作用。制造业行业的对外贸易动能转换均正向促进外贸竞争力的提升，表现为劳动密集型行业的促进作用排在前列，其后为资本密集型行业和技术密集型行业。对外贸易动能转换首先是在新动能释放较为容易的劳动密集型行业发挥最大效能，有助于改善和提高对外贸易竞争优势，进一步实现对外贸易竞争力提升。

第三，从全国层面来看，无论控制对外贸易动能转换与否，产业合理化均对外贸出口具有正向促进作用，且在1%水平上显著，有效地促进对外贸竞争力提升。而产业高级化在控制了对外贸易动能转换之后，对外贸竞争力提升有着显著的正向影响。同时无论控制与不控制产业升级，对外贸易动能转换均对外贸出口具有正向促进作用，能够有效促进对外贸竞争力提升。而产业升级与对外贸易动能转换对外贸竞争力提升的影响存在区域异质性。具体而言，东部地区的产业高级化显著提高对外贸易出口，中西部地区的正向影响次之，产业高级化对对外贸易竞争力的正向影响呈现东、中、西部梯度递减。产业合理化同样表现出明显的区域差异。中部地区和西部地区的对外贸易动能转换同样对对外贸易竞争力提升有着显著的促进作用，且促进作用相比于东部地区更大，中部地区的对外贸易动能转换呈现异军突起态势，对外贸竞争力提升的影响最为明显。

第六章 产业升级、对外贸易动能转换对外贸竞争力提升的中介效应分析

通过第三章对产业升级、对外贸易动能转换对外贸竞争力提升的影响机理的梳理和探讨，发现产业升级通过技术革新、资源配置效率提高、激发新需求和优化贸易结构等几个方面诱导对外贸易动能转换。同时，对外贸易动能转换通过需求侧的需求释能、供给侧的"提质增效"和结构转换的"弯道超车"等驱动产业升级，进而对外贸竞争力提升产生影响。本章将在上一章节对产业升级与对外贸易动能转换对外贸竞争力提升的直接影响效应研究基础上，进一步以 2001～2019 年中国制造业行业层面和中国地区层面的视角，通过中介效应模型，检验产业升级通过诱导对外贸易动能转换进而对外贸竞争力提升的诱导效应和间接影响效应，以及对外贸易动能转换通过驱动产业升级对外贸竞争力提升的驱动效应和间接影响效应。

第一节 产业升级诱导对外贸易动能转换进而对外贸竞争力提升的中介效应：行业层面

一、研究方法

本节利用温忠麟和叶宝娟（2014）、闫文娟和郭树龙（2016）、

洪俊杰和詹迁羽（2021）以及陈晓蓉等（2022）等提出和使用的中介效应检验方法，该方法融合了贾德和肯尼（Judd & Kenny，1981）、巴伦和肯尼（Baron & Kenny，1986）等检验方法。借鉴莫（Mo，2001）、伍华佳和张莹颖（2009）、刘辉煌和任会利（2010）、毛海欧和刘海云（2019）等关于中介效应研究的做法以检验分析各变量之间的相互关系。中介效应模型能够分析其影响过程和作用机制，方法有所进步且统计功效较高，分析结果更透彻。因此，中介效应检验方法受到重视。中介效应模型具体的检验过程如下图 6 - 1 所示。

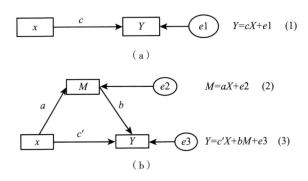

图 6 - 1　中介效应检验示意

其中，X、Y 和 M 分别为解释变量、被解释变量和中介变量。e_1、e_2、e_3 表示为回归残差，则有 X 对于 Y 的影响通过 M 产生影响作用。方程（1）、方程（2）和方程（3）的系数 c、a、c' 和 b 分别为 X 对 Y 的总效应、X 对 M 的影响效应、控制了 M 的影响后 X 对 Y 的直接效应以及控制了 X 的影响后 M 对 Y 的效应。在简单的中介效应模型中，中介效应等于间接效应，即等于 a、b 的乘积，且满足 $c = c' + ab$。参考赵景峰和杨承佳（2019）、范斐等（2021）关于中介效应检验的做法，同时纳入 Sobel 检验，具体如图 6 - 2 所示。首先检验方程（1），若 c 显著，进行第二步；若 c 不显著，则停止中介效应检验；检验方程（2）和方程（3），若系数 a、b 都显著，则存在中介效应，进行第三步。若至少有一个不显著，则进行第四步；若 c 显著则表明中介效应存在，若不显著，则存在完全中介效应；进行 Sobel 检验，其检验统计量为 $z = \hat{a}\hat{b} \big/ Sab$，其中 $\hat{a}$ 和 $\hat{b}$ 表示其估计。$Sab = \sqrt{\hat{a}^2 Sb^2 + \hat{b}^2 Sa^2}$ 为 $\hat{a}\hat{b}$ 的标准误，Sa 和 Sb 为 $\hat{a}$ 和 $\hat{b}$ 的标准误。若 z 通过检验，即 Sobel 检验结果显著，存在中介效应；反之，则不存在。

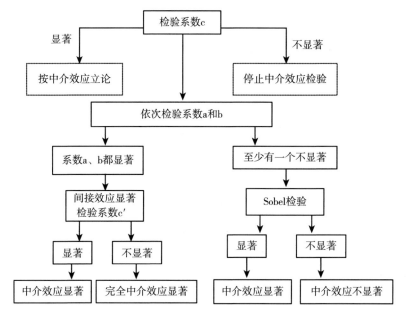

图 6-2 中介效应检验流程

二、计量模型构建

基于前述影响机理的分析，产业升级通过技术革新、资源配置效率提高、激发新需求和优化贸易结构等途径诱导对外贸易动能转换进而影响外贸竞争力提升，参照前述中介效应检验法，构建以下检验模型，逐一检验其效应是否成立。关于制造业行业层面的产业升级诱导对外贸易动能转换的影响效应的中介效应模型设定如下。

$$TC_{it} = \beta_0 + \beta_1 industry - up_{it} + \beta_j Control + \mu_i + \varepsilon_{it} \qquad (6.1)$$

$$M_{it} = \kappa_0 + \kappa_1 industry - up_{it} + \kappa_j Control + \phi_i + \varepsilon_{it} \qquad (6.2)$$

$$TC_{it} = \lambda_0 + \lambda_1 industry - up_{it} + \rho M_{it} + \lambda_j Control + \theta_i + \varepsilon_{it} \qquad (6.3)$$

其中，TC 为制造业行业外贸竞争力提升，M 为中介变量，以行业层面的对外贸易动能转换（DEC）表示。产业升级（$industry - up$）用制造业行业产值比重表示。$Control$ 表示控制变量，包括制造业行业技术创新水平（$tech$）、制造业行业的资本投入水平（inv）、制造业行业的劳动力投入

（*labor*）；*i* 代表制造业行业，*t* 代表年份，μ、φ 和 θ 表示固定效应，ε 为随机误差项。

三、实证检验与结果分析

表 6－1 报告了制造业行业层面的产业升级诱导对外贸易动能转换进而对外贸竞争力提升的中介效应检验，为稳健起见，还进行了相应的 Sobel 检验，以检验产业升级对对外贸易动能转换的诱导效应，进而验证对外贸易动能转换对外贸竞争力提升所起到的中介变量的作用效应。列（1a）和列（2a）为制造业全行业层面产业升级诱导对外贸易动能转换进而对外贸竞争力提升的中介效应检验的结果。可见，制造业全行业的 Sobel 检验的 P 值为 0.0070。同时，产业升级在 1% 显著性水平上正向促进对外贸易动能转换，可知制造业行业层面产业升级诱导对外贸易动能转换进而促进外贸竞争力提升的中介效应显著，且中介效应占比达 10.31%。产业升级过程中带来新技术的正向溢出可以有效实现资源的高效配置，产业结构得以优化进而决定对外贸易结构向优转变，改善供给端质量，并伴随着新需求的激发效应，对对外贸易动能转换起着正向的激励作用，使得对外贸易动能转换得以进一步加快，进而促进对外贸竞争力提升，这也就验证了假设 H3。列（1b）~列（2d）分别报告了劳动密集型行业、资本密集型行业和技术密集型行业的产业升级诱导对外贸易动能转换进而对外贸竞争力提升的中介效应检验。从列（2b）来看，Sobel 检验的 P 值为 0.5028，未通过检验，且劳动密集型行业产业升级与对外贸易动能转换之间的关系并不显著，表明劳动密集型行业的产业升级对对外贸易动能转换的诱导效应不显著，即产业升级通过对外贸易动能转换对外贸竞争力提升的中介效应不显著，并不能通过对外贸易动能转换有效地促进外贸竞争力提升。但由前述检验结果可知劳动密集型行业的产业升级与对外贸易动能转换均能有效正向促进外贸竞争力提升，产业升级与对外贸易动能转换分别可以有效促进外贸竞争力提升。从列（2c）和列（2d）来看，资本和技术密集型行业的 Sobel 检验的 P 值分别为 0.0021 和 0.0046，且产业升级均在 1% 显著水平上正向促进对外贸易动能转换，因此验证了产业升级诱导对外贸易动能转

换进而促进外贸竞争力提升的中介效应显著。同时，由制造业行业层面检验结果可知，资本密集型行业和技术密集型行业的产业升级可以有效通过对外贸易动能转换进而促进对外贸竞争力提升的中介效应显著。另外，产业升级通过对对外贸易动能转换促进外贸竞争力提升的回归系数明显小于产业升级本身对外贸竞争力提升的回归系数，可知产业升级通过对外贸动能转换进而促进外贸竞争力是其可能的渠道。产业升级可以通过对外贸易动能转换强化正向的激励作用，加快对外贸易动能转换的同时，进一步促进对外贸竞争力提升。

表 6 – 1　　　　产业升级诱导对外贸易动能转换进而对外贸竞争力
提升的中介效应检验 I

变量	全行业		劳动密集型行业		资本密集型行业		技术密集型行业	
	DEC	TC	DEC	TC	DEC	TC	DEC	TC
	(1a)	(2a)	(1b)	(2b)	(1c)	(2c)	(1d)	(2d)
industry – up	0.0769 ***	0.0113 *	0.0006	0.0191 *	0.0284 ***	0.0291 **	0.1396 ***	0.0635 **
	(0.0077)	(0.0087)	(0.0103)	(0.0193)	(0.0061)	(0.0163)	(0.0161)	(0.0758)
DEC		0.0169 *		0.5238 ***		0.3973 **		0.1325 **
		(0.0474)		(0.1260)		(0.2236)		(0.0518)
lninv	0.0888 ***	0.0317 **	0.0385 ***	– 0.0365 **	0.0892 ***	0.1025 **	0.1364 ***	0.0075 ***
	(0.0122)	(0.0132)	(0.0112)	(0.0216)	(0.0145)	(0.0410)	(0.0295)	(0.0196)
lnlabor	0.0132	0.0188	0.0225 **	0.0132 *	– 0.0413 **	0.0117 *	0.0529	– 0.0627 **
	(0.0130)	(0.0133)	(0.0109)	(0.0205)	(0.0184)	(0.0463)	(0.0339)	(0.0246)
lntech	0.0721 ***	0.0621 ***	0.0773 ***	0.0795 ***	0.0789 ***	0.0861 ***	0.0983 ***	0.1261 ***
	(0.0100)	(0.0108)	(0.0078)	(0.0175)	(0.0091)	(0.0286)	(0.0324)	(0.0226)
cons	– 2.0656 ***	0.5935 ***	– 1.0487 ***	0.5551 **	– 1.6083 ***	1.2317 **	– 3.2131 ***	0.8581 *
	(0.2006)	(0.2270)	(0.1519)	(0.2949)	(0.2208)	(0.6535)	(0.6173)	(0.4447)
R²	0.4008	0.4061	0.2101	0.2158	0.3103	0.3723	0.3104	0.3136
Sobel (P – value)		0.0070		0.5028		0.0021		0.0046
估计模型	FE	FE	RE	FE	FE	FE	FE	FE
观测值	494	494	228	228	133	133	133	133

注：（1） TC 表示贸易竞争力指数，industry – up、DEC 分别表示产业升级和对外贸易动能转换指数；lninv、lnlabor 和 lntech 分别为将固定资产投资额、行业劳动力就业人数和发明专利申请数取自然对数的值，cons 为常数项，FE 和 RE 分别代表固定效应模型和随机效应模型。（2） P（Hausman）表示 Hausman 检验统计量的 P 值，括号内数值为回归系数标准误。（3） *** 、** 、* 分别表示在 1% 、5% 、10% 的水平上显著。

表 6-2 报告了制造业行业层面的产业升级对外贸竞争力提升的间接影响效应。从制造业全行业层面来看,产业升级每增加 1%,则会诱导相关的对外贸易动能转换加快 0.0769%,进而促进外贸竞争力提升 0.0013%;对于资本密集型行业而言,产业升级每增加 1%,则会诱导相关的对外贸易动能转换加快 0.0284%,就会促使外贸竞争力提升 0.0113%;对于技术密集型行业而言,产业升级每增加 1%,则会诱导相关的对外贸易动能转换加快 0.1396%,就会促使外贸竞争力提升 0.0185%。

表 6-2　　　　　制造业行业产业升级对外贸竞争力提升的间接影响效应

行业	M	X	诱导效应 (产业对动能转换)	直接效应 (动能转换对外贸竞争力)	间接效应 (产业对外贸竞争力)
全行业	DEC	industry－up	0.0769	0.0169	0.0013
资本密集型行业	DEC	industry－up	0.0284	0.3973	0.0113
技术密集型行业	DEC	industry－up	0.1396	0.1325	0.0185

第二节　产业升级诱导对外贸易动能转换进而对外贸竞争力提升的中介效应:地区层面

一、计量模型构建

与前面模型思路一致,构建以下递归检验模型,逐一检验其效应是否成立。关于地区层面的产业升级诱导对外贸易动能转换的诱导效应的中介效应模型设定如下。

$$TC_{it} = \alpha_0 + \alpha_1 industry - up_{it} + \alpha_j Control + \mu_i + \varepsilon_{it} \qquad (6.4)$$

$$M_{it} = \phi_0 + \phi_1 industry - up_{it} + \phi j Control + \nu_i + \varepsilon_{it} \qquad (6.5)$$

$$TC_{it} = \psi_0 + \psi_1 industry - up_{it} + \varphi M_{it} + \psi_j Control + \zeta_i + \varepsilon_{it} \qquad (6.6)$$

其中,TC 为地区层面各省份的外贸竞争力提升,M 为中介变量,以地区层面的对外贸易动能转换(DEC)表示,产业升级($industry - up$)用各省份产业高级化和产业合理化表示，Control 表示一系列控制变量，包括市场化程度（*mar*）、人均实际利用外商直接投资额（*pfdi*）、基础设施建设（*pinv*）、人均受教育年限（*pedu*）和万人拥有专利数（*ptech*）；*i* 和 *t* 分别代表省份和年份；μ、v 和 ζ 为固定效应，ε 为随机误差项。

二、实证检验与结果分析

表 6-3、表 6-4 报告了全国层面及三大地区产业升级诱导对外贸易动能转换进而对外贸竞争力提升的中介效应检验，为稳健起见，还进行了相应的 Sobel 检验，以检验产业升级对对外贸易动能转换的诱导效应，进而验证对外贸易动能转换对外贸竞争力提升所起到的中介变量作用。表 6-3 中的检验结果表明对于全国层面而言，产业高级化与产业合理化均正向加快促进对外贸易动能转换，且 Sobel 检验的 P 值分别通过 Sobel 检验，表明产业升级对于对外贸易动能转换的诱导效应明显对外贸竞争力提升产生正向影响的中介效应显著。产业升级通过诱导对外贸易动能转换，培育国际合作和竞争新优势，进而促进外贸竞争力的提升，至此就验证了假设 H3。表 6-3 中的列（1b）～列（4b）来看，东部地区的产业高级化能够显著正向影响对外贸易动能转换，但是在加入对外贸易动能转换的中介变量之后，产业高级化对外贸竞争力提升的影响并不显著，同时对外贸易动能转换能够在 1% 显著性水平上正向促进外贸竞争力提升，且通过 Sobel 检验，这表明东部地区产业高级化对对外贸易动能转换的诱导效应存在完全中介效应，说明对外贸易动能转换不是产业高级化影响外贸竞争力提升的可能渠道。东部地区的以服务业为主的第三产业的发展，对外贸竞争力提升有着积极促进作用，同时由于东部地区的自身经济、地理等先天条件等因素，可能对外贸易动能转换更加注重技术革新及结构转换等路径提升外贸竞争力。另外，东部地区产业合理化对对外贸易动能转换的影响并不显著，且 Sobel 检验的 P 值为 0.3541，未通过检验，表明对外贸易动能转换的产业升级诱导效应对外贸竞争力提升的中介效应不显著，即东部地区产业合理化无法通过对外贸易动能转换的渠道促进外贸竞争力提升。

表6–3　　　　产业升级诱导对外贸易动能转换进而对外贸竞争力提升的中介效应检验 II

变量	全国层面				东部地区			
	DEC	TC	DEC	TC	DEC	TC	DEC	TC
	(1a)	(2a)	(3a)	(4a)	(1b)	(2b)	(3b)	(4b)
$industry-up_1$	0.1081 *** (0.0150)	0.1963 *** (0.0586)			0.0609 ** (0.0238)	0.0922 (0.0598)		
$industry-up_2$			0.2178 *** (0.0763)	0.8619 *** (0.2772)			0.2932 (0.3059)	0.2664 *** (0.7358)
DEC		1.7349 *** (0.1576)		1.5251 *** (0.1521)		0.6939 *** (0.1741)		0.6114 *** (0.1688)
lnpfdi	0.0142 (0.0087)	0.2656 *** (0.0325)	0.0073 (0.0095)	0.2299 *** (0.0344)	−0.0193 (0.0277)	0.5000 *** (0.0685)	−0.0359 (0.0293)	0.4438 *** (0.0705)
lnpinv	0.0495 *** (0.0165)	0.1863 *** (0.0620)	0.0399 ** (0.0171)	0.1891 *** (0.0621)	0.0478 *** (0.0354)	0.2452 *** (0.0881)	0.0562 (0.0364)	0.2022 ** (0.0878)
lnpedu	0.4501 *** (0.1028)	0.0921 (0.3907)	0.6118 *** (0.1037)	−0.3512 (0.3854)	0.0069 ** (0.2291)	0.2901 ** (0.5669)	0.2237 ** (0.2108)	0.1837 *** (0.5072)
lnptech	0.1701 *** (0.0096)	0.2399 *** (0.0450)	0.1710 *** (0.0101)	0.2652 *** (0.0446)	0.3109 *** (0.0213)	0.3624 *** (0.0755)	0.3062 *** (0.0218)	0.3682 *** (0.0735)
lnmar	0.1291 *** (0.0276)	0.3874 *** (0.1053)	0.0611 ** (0.0291)	0.3941 *** (0.1054)	0.1222 ** (0.0735)	0.3837 *** (0.1831)	0.1796 ** (0.0712)	0.4403 *** (0.1735)
cons	− 1.5023 *** (0.2034)	4.2386 *** (0.7964)	1.5574 *** (0.2219)	5.2770 ***	− 0.2530 (0.4995)	6.3076 *** (1.2370)	− 0.4526 (0.5076)	7.7564 *** (1.2205)
R^2	0.8000	0.8196	0.7846	0.8214	0.7917	0.8158	0.7859	0.8221
Sobel (P – value)		0.0000		0.0060		0.0312		0.3541
估计模型	FE	FE	FE	FE	FE	FE	FE	FE
观测值	570	570	570	570	209	209	209	209

注：（1）TC 表示贸易竞争力指数，$industry-up$、DEC 分别表示产业升级和对外贸易动能转换指数；lninv、lnlabor 和 lntech 分别为将固定资产投资额、行业劳动力就业人数和发明专利申请数取自然对数的值，cons 为常数项，FE 和 RE 分别代表固定效应模型和随机效应模型。（2）P（Hausman）表示 Hausman 检验统计量的 P 值，括号内数值为回归系数标准误。（3）*** 、** 、* 分别表示在1%、5%、10%的水平上显著。

　　表6–4 显示了中部地区和西部地区产业升级诱导对外贸易动能转换进而对外贸竞争力提升的中介效应检验结果。从列（1c）~列（4c）中可以看出，中部地区的产业高级化诱导对外贸易动能转换进而促进外贸竞争力提升的中介效应显著，而产业合理化并未通过中介效应检验，中介效应并

不显著。同时列（1d）~列（4d）结果表明西部地区产业高级化以对外贸易动能转换为中介变量进而促进外贸竞争力提升的中介效应显著，而产业合理化明显不存在通过对外贸易动能转换的诱导效应并促进外贸竞争力提升的中介效应。

表6-4　　　产业升级诱导对外贸易动能转换进而对外贸竞争力
提升的中介效应检验Ⅲ

变量	中部地区				西部地区			
	DEC	TC	DEC	TC	DEC	TC	DEC	TC
	(1c)	(2c)	(3c)	(4c)	(1d)	(2d)	(3d)	(4d)
$industry-up_1$	0.0141** (0.0232)	0.8918*** (0.1631)			0.0097*** (0.0275)	0.8199*** (0.2360)		
$industry-up_2$			0.0965 (0.0803)	0.4897 (0.6247)			0.0894 (0.0803)	0.6897 (0.6247)
DEC		3.6850*** (0.5839)		3.5738*** (0.6427)		3.5616*** (0.6029)		3.6718*** (0.6427)
$\ln pfdi$	0.0335*** (0.0118)	0.2833*** (0.0850)	0.0295** (0.0113)	0.4286*** (0.0896)	0.0025*** (0.0042)	0.0924** (0.0363)	0.0213** (0.0236)	0.1217*** (0.0896)
$\ln pinv$	0.1022*** (0.0146)	0.3837*** (0.1188)	0.1055*** (0.0146)	0.4544*** (0.1314)	0.1246*** (0.0111)	0.0107 (0.1213)	0.1149 (0.0155)	0.5112 (1.1605)
$\ln pedu$	0.0609 (0.1262)	0.4439*** (0.8881)	0.1447 (0.1494)	-1.3696 (1.1601)	0.6113*** (0.0658)	1.0581 (0.6731)	0.1494 (0.1442)	1.1173 (0.1094)
$\ln ptech$	0.0882*** (0.0126)	0.0115 (0.1023)	0.0881*** (0.0121)	0.0112 (0.1094)	0.0396*** (0.0054)	0.0893** (0.0522)	0.0981*** (0.0432)	0.0117 (0.2933)
$\ln mar$	0.0382 (0.0354)	-1.4555*** (0.2501)	0.0536 (0.0383)	-1.1802*** (0.2983)	0.0947*** (0.0182)	-0.1188 (0.1657)	0.1906 (0.0112)	-1.1089*** (0.2741)
$cons$	-0.3483 (0.3269)	12.1445*** (2.3072)	-0.4950 (0.3517)	7.8282*** (2.7400)	-1.3874*** (0.1556)	4.3108*** (1.5743)	-1.1901 (0.0200)	5.7821*** (2.7603)
R^2	0.8970	0.778	0.7697	0.7331	0.8996	0.7696	0.8561	0.7963
Sobel (P-value)		0.0012		0.2401		0.0000		0.3846
估计模型	FE	FE	RE	FE	FE	FE	FE	FE
观测值	152	152	152	152	209	209	209	209

注：（1）TC表示贸易竞争力指数，industry-up、DEC分别表示产业升级和对外贸易动能转换指数；lninv、lnlabor和lntech分别为将固定资产投资额、行业劳动力就业人数和发明专利申请数取自然对数的值，cons为常数项，FE和RE分别代表固定效应模型和随机效应模型。（2）P（Hausman）表示Hausman检验统计量的P值，括号内数值为回归系数标准误。（3）***、**、*分别表示在1%、5%、10%的水平上显著。

表 6-5 报告了全国层面、中部地区和西部地区产业升级对外贸竞争力提升的间接效应。从全国层面来看，产业高级化每增加 1%，则会诱导相关的对外贸易动能转换加快 0.1081%，进而促进外贸竞争力提升 0.1875%；产业合理化每增加 1%，则会诱导对外贸易动能转换加快 0.2178%，进而促进外贸竞争力提升 0.3322%。对于中部地区而言，产业高级化每增加 1%，则会诱导相关的对外贸易动能转换加快 0.0141%，就会促使外贸竞争力提升 0.0520%；对于西部地区而言，产业高级化每增加 1%，则会诱导相关的对外贸易动能转换加快 0.0097%，就会促使外贸竞争力提升 0.0345%。

表 6-5　　　　　地区层面产业升级对外贸竞争力提升的间接影响效应

区域	M	X	诱导效应 （产业对动能 转换）	直接效应 （动能转换对 外贸竞争力）	间接效应 （产业对外贸 竞争力）
全国层面	DEC	$industry-up_1$	0.1081	1.7349	0.1875
		$industry-up_2$	0.2178	1.5251	0.3322
中部地区	DEC	$industry-up_1$	0.0141	3.6850	0.0520
西部地区	DEC	$industry-up_1$	0.0097	3.5616	0.0345

第三节　对外贸易动能转换驱动产业升级进而对外贸竞争力提升的中介效应：行业层面

一、计量模型构建

基于前述影响机理分析，对外贸易动能转换通过需求侧的需求释能、供给侧的"提质增效"和结构转换的"弯道超车"等驱动产业升级，进而对外贸竞争力提升产生影响。与前面模型思路一致，构建以下递归检验模型，逐一检验其驱动效应是否成立。关于制造业行业层面的对外贸易动能转换驱动产业升级的驱动效应的中介效应模型设定如下。

$$TC_{it} = \beta_0 + \beta_1 DEC_{it} + \beta_j Control + \mu_i + \varepsilon_{it} \qquad (6.7)$$

$$M_{it} = \kappa_0 + \kappa_1 DEC_{it} + \kappa_j Control + \phi_i + \varepsilon_{it} \qquad (6.8)$$

$$TC_{it} = \lambda_0 + \lambda_1 DEC_{it} + \rho M_{it} + \lambda_j Control + \theta_i + \varepsilon_{it} \qquad (6.9)$$

其中，*TC* 为制造业行业外贸竞争力提升，*M* 为中介变量，以行业层面的产业升级（*industry – up*）表示；产业升级（*industry – up*）为制造业行业产值比重，对外贸易动能转换（*DEC*）以行业层面测算的对外贸易动能转换指数表示；*Control* 为控制变量，包括行业技术创新（*tech*）；行业的资本投入（*inv*）；行业劳动力投入（*labor*）；*i* 代表省份，*t* 代表年份，*μ*、*φ* 和 *θ* 为固定效应，*ε* 为随机误差项。

二、实证检验与结果分析

表 6 – 6 报告了制造业行业层面对外贸易动能转换驱动产业升级进而对外贸竞争力提升的中介效应检验，为稳健起见，还进行了相应的 Sobel 检验，以检验对外贸易动能转换对产业升级的驱动效应，以验证对外贸易动能转换对外贸竞争力提升所起到的中介变量作用效应。列（1a）、列（2a）为制造业全行业层面对外贸易动能转换驱动产业升级进而对外贸竞争力提升的中介效应检验的结果。可以看出，制造业全行业的 Sobel 检验的 P 值为 0.0007，且对外贸易动能转换在 1% 显著性水平上正向促进产业升级，可知制造业全行业层面对外贸易动能转换驱动产业升级进而促进外贸竞争力提升的中介效应显著。对外贸易动能转换通过需求侧的需求释能、供给侧的"提质增效"和结构转换的"弯道超车"，不断释放新动能，加快全方位的改造升级，有效促进产业升级、优化，进一步提高了在国际贸易中的竞争优势，进而促进对外贸竞争力提升，这也就验证了假设 H4。列（1b）~列（2d）分别报告了三大密集型行业的对外贸易动能转换驱动产业升级进而对外贸竞争力提升的中介效应检验。从列（2c）结果可知，Sobel检验的 P 值为 0.8093，未通过检验，且资本密集型行业的对外贸易动能转换与产业升级之间的关系并不显著，表明资本密集型行业的对外贸易动能转换对产业升级的驱动效应不显著，即对外贸易动能转换通过驱动产业升级进而对外贸竞争力提升的中介效应不显著，并不能通过产业升级有效地促进外贸竞争力提升。从列（2b）和列（2d）来看，劳动密集型行业和技术密集型行业的 Sobel 检验的 P 值分别为 0.0001 和 0.0083，且对外贸易动能转换均在 1% 显著水平上正向促进产业升级，因此验证了对外贸易动

转换驱动产业升级进而促进外贸竞争力提升的中介效应显著。劳动密集型行业和技术密集型行业对外贸易动能转换均通过以产业升级为中介渠道进而对外贸竞争力提升产生积极影响。另外，对外贸易动能转换在通过产业升级促进外贸竞争力提升的回归系数明显小于产业升级本身对外贸竞争力提升的回归系数，其中劳动密集型行业的对外贸易动能转换驱动产业升级的中介效应占比为 1.67%，技术密集型行业的对外贸易动能转换驱动产业升级的中介效应占比为 2.72%，因此对外贸易动能转换通过驱动产业升级进而促进外贸竞争力只是其可能的渠道。

表 6 - 6　　对外贸易动能转换驱动产业升级进而对外贸竞争力
提升的中介效应检验 I

变量	全行业		劳动密集型行业		资本密集型行业		技术密集型行业	
	industry-up	TC	industry-up	TC	industry-up	TC	industry-up	TC
	(1a)	(2a)	(1b)	(2b)	(1c)	(2c)	(1d)	(2d)
DEC	2.3540 *** (0.3377)	0.0169 *** (0.0473)	0.4659 *** (0.3382)	0.5238 *** (0.1260)	0.3857 (1.5678)	0.3973 ** (0.2236)	0.0583 *** (0.6321)	0.1325 ** (0.0518)
industry-up		0.0113 ** (0.0087)		0.0191 * (0.0193)		0.0291 * (0.0163)		0.0635 ** (0.0758)
lninv	0.6487 *** (0.0928)	0.0317 ** (0.0132)	0.4867 *** (0.0708)	-0.0365 * (0.0212)	1.2312 *** (0.2508)	0.1025 ** (0.0410)	0.9097 *** (0.2144)	0.0075 *** (0.0196)
lnlabor	1.1212 *** (0.1152)	0.0188 (0.0133)	0.6129 *** (0.0714)	0.0132 ** (0.0205)	1.0874 *** (0.2393)	0.0117 (0.0463)	1.4098 *** (0.2509)	-0.0627 ** (0.0246)
lntech	0.5352 *** (0.0849)	0.0621 *** (0.0108)	0.2166 *** (0.0589)	0.0795 *** (0.0175)	0.9681 *** (0.1498)	0.0861 *** (0.0286)	1.5776 *** (0.2815)	0.1261 *** (0.0226)
cons	-19.6581 *** (1.7461)	0.5935 *** (0.2270)	-13.5950 *** (1.0696)	0.5551 ** (0.2949)	-31.7657 *** (4.1100)	1.2317 (0.6535)	-21.4635 *** (4.9908)	0.8581 * (0.4447)
R²	0.7078	0.4006	0.7986	0.2158	0.6414	0.3723	0.3979	0.3136
Sobel (P-value)		0.0007		0.0001		0.8093		0.0083
估计模型	FE	FE	FE	FE	RE	FE	FE	FE
观测值	494	494	228	228	133	133	133	133

注：（1）TC 表示贸易竞争力指数，industry-up、DEC 分别表示产业升级和对外贸易动能转换指数；lninv、lnlabor 和 lntech 分别为将固定资产投资额、行业劳动力就业人数和发明专利申请数取自然对数的值，cons 为常数项，FE 和 RE 分别代表固定效应模型和随机效应模型。（2）P（Hausman）表示 Hausman 检验统计量的 P 值，括号内数值为回归系数标准误。（3）***、**、* 分别表示在 1%、5%、10% 的水平上显著。

表6-7报告了制造业行业对外贸易动能转换对外贸竞争力提升的间接影响效应。从制造业全行业层面来看，对外贸易动能转换每增加1%，则会驱动相关的产业升级2.3540%，进而促进外贸竞争力提升0.0266%；对于劳动密集型行业而言，对外贸易动能转换每增加1%，则会驱动相关的对外贸易动能转换加快0.4659%，促使外贸竞争力提升0.0089%；对于技术密集型行业而言，对外贸易动能转换每增加1%，则会驱动相关的产业升级0.0583%，促使外贸竞争力提升0.0037%。

表6-7　　制造业行业对外贸易动能转换对外贸竞争力提升的间接影响效应

行业范围	M	X	驱动效应 （动能转换对 产业）	直接效应 （产业对外贸 竞争力）	间接效应 （动能转换对 外贸竞争力）
全行业	industry – up	DEC	2.3540	0.0113	0.0266
劳动密集型行业	industry – up	DEC	0.4659	0.0191	0.0089
技术密集型行业	industry – up	DEC	0.0583	0.0635	0.0037

第四节　对外贸易动能转换驱动产业升级进而对外贸竞争力提升的中介效应：地区层面

一、计量模型构建

与前面模型思路一致，构建以下递归检验模型，逐一检验其效应是否成立。关于地区层面的对外贸易动能转换驱动产业升级的驱动效应的中介效应模型设定如下。

$$TC_{it} = \alpha_0 + \alpha_1 DEC_{it} + \alpha_j Control + \mu_i + \varepsilon_{it} \quad (6.10)$$

$$M_{it} = \phi_0 + \phi_1 DEC_{it} + \phi_j Control + \nu_i + \varepsilon_{it} \quad (6.11)$$

$$TC_{it} = \psi_0 + \psi_1 DEC_{it} + \varphi M_{it} + \psi_j Control + \zeta_i + \varepsilon_{it} \quad (6.12)$$

其中，TC 为地区层面各省域的外贸竞争力提升，M 为中介变量，以地区层面的产业升级（*industry* – *up*）为各省域产业高级化和产业合理化指数，对外贸易动能转换（*DEC*）为各省域的对外贸易动能转换指数，*Control* 表示一系列控制变量，包括市场化程度（*mar*）、人均实际利用外商直接投资额（*pfdi*）、基础设施建设（*pinv*）、人均受教育年限（*pedu*）和万人拥有专利数（*ptech*）。i 和 t 分别代表省份和年份，μ、υ 和 ζ 表示固定效应，ε 为随机误差项。

二、实证检验与结果分析

表 6 – 8、表 6 – 9 报告了全国层面及三大地区对外贸易动能转换驱动产业升级进而对外贸竞争力提升的中介效应检验。为稳健起见，还进行了相应的 Sobel 检验，以检验对外贸易动能转换对产业升级的驱动效应，以验证产业升级对外贸竞争力提升所起到的中介变量作用效应。表 6 – 8 中的检验结果表明全国层面的对外贸易动能转换对产业升级起着显著的正向影响，且 Sobel 检验的 P 值分别为 0.0024 和 0.0350，均通过 Sobel 检验，表明对外贸易动能转换对于产业升级的驱动效应明显进而对外贸竞争力提升产生正向影响的中介效应显著。同时，应注意的是对外贸易动能转换对于产业合理化存在的负向中介效应。对外贸易动能转换通过驱动产业升级，实现产业结构优化调整，愈发注重第三产业的发展，进而在一定程度上形成产业失衡，但却有助于我国对外贸易迈向全球价值链高端，进而促进外贸竞争力的提升，至此就验证了假设 H4。从表中的列（1b）~列（4b）来看，东部地区的对外贸易动能转换能够在 5% 显著性水平促进产业高级化，但在加入产业高级化中介变量之后，对外贸易动能转换对外贸竞争力提升变得不再显著，且未通过 Sobel 检验，这表明东部地区对外贸易动能转换对产业高级化的驱动效应不存在中介效应。同时，东部地区的对外贸易动能转换对产业合理化没有实质性的影响，且 Sobel 检验的 P 值为 0.3601，说明东部地区对外贸易动能转换对产业合理化的驱动效应同样不存在中介效应。因此，东部地区对外贸易动能转换驱动产业升级并非外贸竞争力提升的可能性渠道。

表 6 - 8　　　　对外贸易动能转换驱动产业升级进而对外贸竞争力
提升的中介效应检验 Ⅱ

变量	全国层面				东部地区			
	industry - up_1	TC	industry - up_2	TC	industry - up_1	TC	industry - up_2	TC
	(1a)	(2a)	(3a)	(4a)	(1b)	(2b)	(3b)	(4b)
DEC	0.7810 ***	1.7349 ***	- 0.0655 ***	1.5251 ***	0.5157 **	0.6939	- 0.0154	0.6114 ***
	(0.1084)	(0.1576)	(0.0230)	(0.1521)	(0.2014)	(0.1741)	(0.0161)	(0.1688)
industry - up_1		0.1963 ***				0.0922 **		
		(0.0586)				(0.0599)		
industry - up_2				- 0.8619 ***				- 2.2664 ***
				(0.2772)				(0.7358)
lnpfdi	0.0066	0.2656 ***	- 0.0399 ***	0.2299 ***	- 0.1181	0.5000 ***	- 0.0296 ***	0.4438 ***
	(0.0234)	(0.0325)	(0.0049)	(0.0344)	(0.0801)	(0.0685)	(0.0064)	(0.0705)
lnpinv	0.0852 **	0.1863 ***	- 0.0162 **	0.1891 ***	- 0.0219	0.2452 ***	- 0.0199 **	0.2022 **
	(0.0444)	(0.0620)	(0.0094)	(0.0621)	(0.1036)	(0.0881)	(0.0083)	(0.0878)
lnpedu	1.4413 ***	0.0921	0.1861 ***	- 0.3512	4.0344 ***	- 1.2901 **	- 0.0748	- 1.8317 ***
	(0.2742)	(0.3907)	(0.0581)	(0.3854)	(0.6028)	(0.5699)	(0.0482)	(0.5072)
lnptech	0.1113 ***	0.2399 ***	0.0039	0.2651 ***	- 0.1890 **	0.3624 ***	- 0.0051	0.3682 ***
	(0.0320)	(0.0450)	(0.0068)	(0.0446)	(0.0878)	(0.0755)	(0.0070)	(0.0735)
lnmar	- 0.4801 ***	0.3874 ***	- 0.1015 ***	0.3941 ***	- 0.8221 ***	0.3838 ***	- 0.0085	0.4403 **
	(0.0729)	(0.1053)	(0.0154)	(0.1054)	(0.2073)	(0.1831)	(0.0166)	(0.1735)
cons	- 1.2186	4.2386 ***	0.9273 ***	5.2770 ***	- 5.0964 ***	6.3076 ***	0.4318 ***	7.7564 ***
	(0.5702)	(0.7964)	(0.1208)	(0.8349)	(1.4090)	(1.2370)	(0.1127)	(1.2205)
R²	0.2895	0.8196	0.5471	0.8191	0.4891	0.8158	0.5223	0.8221
Sobel (P - value)		0.0024		0.0350		0.1867		0.3601
估计模型	FE	FE	FE	FE	FE	FE	FE	FE
观测值	570	570	570	570	209	209	209	209

注：（1） TC 表示贸易竞争力指数，industry - up、DEC 分别表示产业升级和对外贸易动能转换指数；lninv、lnlabor 和 lntech 分别为将固定资产投资额、行业劳动力就业人数和发明专利申请取取自然对数的值，cons 为常数项，FE 和 RE 分别代表固定效应模型和随机效应模型。（2） P（Hausman）表示 Hausman 检验统计量的 P 值，括号内数值为回归系数标准误。（3）*** 、** 、* 分别表示在 1% 、5% 、10% 的水平上显著。

表 6 - 9 显示了中部地区和西部地区对外贸易动能转换驱动产业升级进而对外贸竞争力提升的中介效应检验结果。从列（1c）~列（4c）中可以看出，其驱动效应的 Sobel 检验的 P 值分别为 0.545 和 0.5115，中部地区的对外贸易动能转换驱动产业高级化和产业合理化进而促进外贸竞争力提

升的中介效应不显著。同时，列（1d）~列（4d）结果表明西部地区其驱动效应的 Sobel 检验的 P 值分别为 0.7272 和 0.5286，西部地区的对外贸易动能转换驱动产业高级化和产业合理化进而促进外贸竞争力提升的中介效应同样并不显著。

表 6 – 9　　　　对外贸易动能转换驱动产业升级进而对外贸竞争力
提升的中介效应检验Ⅲ

变量	中部地区				西部地区			
	$industry-up_1$	TC	$industry-up_2$	TC	$industry-up_1$	TC	$industry-up_2$	TC
	（1c）	（2c）	（3c）	（4c）	（1d）	（2d）	（3d）	（4d）
DEC	0.1808 (0.2969)	3.6850 *** (0.5839)	– 0.1022 (0.0850)	3.5738 *** (0.6427)	0.0630 (0.1797)	3.5616 *** (0.6029)	0.2041 (0.1336)	3.6594 *** (0.6234)
$industry-up_1$		0.8918 *** (0.1631)				0.8199 *** (0.2360)		
$industry-up_2$				0.4897 (0.6247)				0.2258 (0.3264)
lnpfdi	– 0.1542 *** (0.0413)	0.2833 *** (0.0850)	– 0.0160 (0.0118)	0.4287 *** (0.0896)	– 0.0173 (0.0108)	0.0924 ** (0.0363)	– 0.0151 * (0.0080)	0.1032 *** (0.0374)
lnpinv	0.0611 (0.0603)	– 0.3837 *** (0.1188)	0.0331 ** (0.0173)	– 0.4544 *** (0.1314)	0.2123 *** (0.0329)	0.0107 * (0.1213)	0.0944 *** (0.0245)	0.1847 (0.1177)
lnpedu	1.8168 *** (0.4262)	– 2.4340 *** (0.8881)	1.1351 *** (0.1220)	– 1.3695 (1.1601)	0.9500 *** (0.1892)	1.0581 (0.6731)	– 0.4369 *** (0.1407)	1.7384 ** (0.6680)
lnptech	0.1467 *** (0.0506)	0.0116 ** (0.1023)	– 0.0153 (0.0145)	0.1117 *** (0.1094)	0.0510 *** (0.0151)	0.0893 * (0.0522)	0.0041 (0.0113)	0.1320 ** (0.0523)
lnmar	– 0.4324 *** (0.1221)	– 1.4555 *** (0.2501)	0.2252 *** (0.0350)	1.1802 *** (0.2983)	0.0762 (0.0491)	– 0.1188 (0.1657)	– 0.1321 *** (0.0365)	– 0.2112 (0.1748)
$cons$	6.1812 *** (1.0564)	12.1445 *** (2.3072)	– 2.4431 *** (0.3025)	7.8282 *** (2.7400)	3.3878 *** (0.4043)	4.3108 *** (1.5743)	1.3421 *** (0.3006)	1.8362 (1.4618)
R^2	0.2802	0.778	0.4515	0.7331	0.3735	0.7696	0.2997	0.7563
Sobel （P – value）		0.545		0.5115		0.7272		0.5286
估计模型	RE	FE	RE	FE	RE	FE	RE	FE
观测值	152	152	152	152	209	209	209	209

注：（1）TC 表示贸易竞争力指数，$industry-up$、DEC 分别表示产业升级和对外贸易动能转换指数；lninv、lnlabor 和 lntech 分别为将固定资产投资额、行业劳动力就业人数和发明专利申请数取自然对数的值，$cons$ 为常数项，FE 和 RE 分别代表固定效应模型和随机效应模型。（2）P（Hausman）表示 Hausman 检验统计量的 P 值，括号内数值为回归系数标准误。（3）***、**、* 分别表示在 1%、5%、10% 的水平上显著。

表6-10报告了全国层面对外贸易动能转换对外贸竞争力提升的间接效应。从全国层面来看，对外贸易动能转换每增加1%，则会诱导相关的产业高级化优化0.7810%，进而促进外贸竞争力提升0.1533%；对外贸易动能转换每增加1%，则会负向调整产业合理化0.0655%，进而促进外贸竞争力提升0.0565%。

表6-10　　　　全国层面对外贸易动能转换对外贸竞争力提升的间接效应

范围	M	X	驱动效应（动能转换对产业）	直接效应（产业对外贸竞争力）	间接效应（动能转换对外贸竞争力）
全国层面	$industry-up_1$	DEC	0.7810	0.1963	0.1533
	$industry-up_2$		-0.0655	-0.8619	0.0565

第五节　本章小结

通过第三章对产业升级、对外贸易动能转换对外贸竞争力提升的影响机理的梳理和探讨，发现产业升级通过技术革新、资源配置效率提高、激发新需求和优化贸易结构等途径有助于加快对外贸易动能转换，存在诱导效应。同时，对外贸易动能转换可以通过需求侧的需求释能、供给侧的"提质增效"和结构转换的"弯道超车"等方面驱动产业升级，进而对外贸竞争力提升产生影响。本章以2001~2019年中国制造业行业层面和中国地区层面的视角，通过中介效应模型实证检验产业升级对对外贸易动能转换的诱导效应进而促进对外贸竞争力提升的间接影响效应，以及对外贸易动能转换对产业升级的驱动效应进而促进对外贸竞争力提升的间接影响效应，得出以下主要结论。

第一，产业升级通过对对外贸易动能转换诱导效应，进而促进外贸竞争的中介效应显著。从制造业行业层面来看，制造业全行业层面产业升级诱导对外贸易动能转换进而促进外贸竞争力提升的中介效应显著。产业升级在一定程度上提高资源再配置效率，同时产业升级带来的技术正向溢出

141

第六章　产业升级、对外贸易动能转换对外贸竞争力提升的中介效应分析

效应以及带动对外贸易结构优化，进一步改善供给端质量，并伴随着新需求的激发效应，对对外贸易动能转换起着正向的激励作用，使得对外贸易动能转换得以进一步加快和进步，进而促进对外贸竞争力提升。但三大行业之间存在明显的差异。劳动密集型行业的产业升级通过对外贸易动能转换对外贸竞争力提升的中介效应不显著，资本密集型行业和技术密集型行业的产业升级可以有效通过对外贸易动能转换对外贸竞争力提升产生积极影响，其中介效应显著。从地区层面来看，全国层面产业升级通过诱导对外贸易动能转换的中介效应显著，即产业升级对对外贸易动能转换的诱导效应，进一步加快对外贸易动能转换以实现国际竞争新优势，进而促进外贸竞争力的提升。但三大地区产业升级通过诱导对外贸易动能转换的中介效应存在差异。东部地区产业高级化对对外贸易动能转换的诱导效应存在完全中介效应。中部和西部地区的产业高级化诱导对外贸易动能转换进而促进外贸竞争力提升的中介效应显著，而产业合理化并未通过中介效应检验，中介效应并不显著。

第二，对外贸易动能转换驱动产业升级进而对外贸竞争力提升的中介效应同样显著。具体而言，从制造业行业层面来看，制造业全行业层面对外贸易动能转换驱动产业升级进而促进外贸竞争力提升的中介效应显著。对外贸易动能转换通过需求侧的需求释能、供给侧的"提质增效"和结构转换的"弯道超车"，不断释放新动能，加快全方位改造升级，有效促进产业升级、优化，进一步提高了在国际贸易中的竞争优势，进而促进对外贸竞争力提升。但三大行业之间的驱动效应存在一定的差异，具体表现为劳动和技术密集型行业驱动效应显著，即这两个行业的对外贸易动能转换驱动产业升级进而促进外贸竞争力提升的中介效应，而资本密集型行业的对外贸易动能转换驱动产业升级进而促进外贸竞争力提升的中介效应不显著。从地区层面来看，对外贸易动能转换对于产业升级的驱动效应明显进而对外贸竞争力提升产生正向影响的中介效应显著，同时应注意的是对外贸易动能转换对于产业合理化存在的负向中介效应。另外，三大地区的对外贸易动能转换对于产业升级的驱动效应明显但对外贸竞争力提升产生正向影响的中介效应并不显著。

第七章 产业升级、对外贸易动能转换对外贸竞争力提升的门槛效应分析

依据前述经验证据论证了产业升级与对外贸易动能转换对外贸竞争力提升的直接影响效应可以发现，产业升级与对外贸易动能转换确实可以有效激励外贸竞争力提升，但这种提升效应具有明显的行业异质性和区域非均衡性；由产业升级、对外贸易动能转换对外贸竞争力提升的间接影响效应和中介效应的检验结果可知，产业升级与对外贸易动能转换对外贸竞争力提升的作用同样存在显著的异质性表现。整体来看，产业升级、对外贸易动能转换对外贸竞争力提升存在正向促进影响，但显著存在异质性和非均衡性，这种影响是否存在别的影响形式的可能性，为了更加细化、全面、系统考察产业升级、对外贸易动能转换对外贸竞争力提升的影响效应，本章尝试考察产业升级与对外贸易动能转换对外贸竞争力提升的影响效应可能存在的非线性关系，并分别以产业升级与对外贸易动能转换作为门槛变量，意在揭示产业升级与对外贸易动能转换对外贸竞争力提升的影响存在何种规律及门槛特征。

第 一 节　研 究 方 法

汉森（Hansen，2000）通过"门限（门槛）回归"以严格的统计推断对门槛值进行参数估计与假设检验。在此方法基础上，为了考察产业升级与对外贸易动能转换影响外贸竞争力提升是否存在非线性影响规律，借鉴汉森所构建的门槛回归模型，考察产业升级与对外贸易动能转换对外贸竞争力提升影响效应存在的非线性影响规律以及其门槛特征。以下简要介绍门槛回归模型的基本形式。

$$y_i = \beta'_1 x_i + \varepsilon_i \quad q_i \leqslant \gamma \tag{7.1}$$

$$y_i = \beta'_2 x_i + \varepsilon_i \quad q_i > \gamma \tag{7.2}$$

其中，γ 为待估计的门槛值，q_i 代表门槛回归模型中的门槛变量，y_i 表示因变量，x_i 表示自变量，ε_i 为随机扰动项。

通过定义一个哑变量 $d_i(\gamma) = (q_i \leqslant \gamma)$，其中 $d_i(\cdot)$ 为示性函数。当 $q_i \leqslant \gamma$ 时，$d_i = 1$；当 $q_i > \gamma$ 时，$d_i = 0$。另外，令集合 $x_i(\gamma) = x_i d_i(\gamma)$，此时，进一步得到以下具体形式：

$$y_i = \beta' x_i + \xi' x_i(\gamma) + \varepsilon_i \tag{7.3}$$

其中，$\beta' = \beta_2$，$\xi = \beta_2 - \beta_1$。将上述门槛回归模型改为矩阵形式：

$$Y = X\beta + X_\gamma \xi_n + \varepsilon \tag{7.4}$$

其中，对参数（β，ξ_n，γ），给定门槛值 γ 情况下，β 和 ξ_n 之间存在线性关系。在此基础上，按照 OLS，采用 $\bar{X}'_\gamma = [XX_\gamma]$ 对 Y 进行估计，得到如下形式：

$$S_n(\gamma) = S_n[\hat{\beta}(\gamma), \xi(\gamma), \gamma] = Y'Y - Y'\bar{X}_\gamma'(\bar{X}_\gamma'\bar{X}_\gamma)^{-1}\bar{X}_\gamma'Y \tag{7.5}$$

据此，得出门槛回归模型中的门槛值和其他参数。

$$\begin{aligned} \hat{\gamma} &= \text{argmin} Sn(q_i) \\ q_i &\in \Gamma \end{aligned} \tag{7.6}$$

参照马巍等（2016）、邱兆林和王业辉（2018）、梁睿等（2020）的研究，检验门槛效应是否存在设定 $H_0 : \beta_1 = \beta_2$，$H_1 : \beta_1 \neq \beta_2$，构造 F 统计量检验：

$$\hat{\sigma}^2 = \frac{1}{n(T-1)}\widehat{e}^*, \ \widehat{e}^* = \frac{1}{n(T-1)}S_1(\hat{\gamma}), F_1 = \frac{S_0 - S_1(\hat{\gamma})}{\hat{\sigma}^2} \quad (7.7)$$

式（7.7）中，n 为解释变量个数，T 为时间长度，S_0 为残差平方和。$S_1(\hat{\gamma})$ 为存在门槛值时回归得到的残差平方和。依据汉森（1999）采用 bootstrap 法，在原假设下对模型进行估计并计算似然比统计 F_1 的自举值，即重复多次抽样并计算。即在原假设下 F_1 的渐进 P 值的自举估计，得到基于 LR 检验的 P 值和近似统计检验的临界值，若所得 P 值小于期望的临界值，就可以拒绝 H_0，即可认为估计的门槛值即真实值。若拒绝 H_0，则存在门槛值，然后看置信区间。

$$LR_n(\gamma) = n[S_n(\gamma) - S_n(\hat{\gamma})]/S_n(\hat{\gamma}) \quad (7.8)$$

当参数估计置信区间的范围越小，门槛的估计值与真实值越接近。根据汉森（2000）构建的门槛值非拒绝域检验，认为 $LR_n(\gamma) \leqslant c(\alpha) = -2\ln(1 - \sqrt{\alpha})$，说明不能拒绝原假设，其中 α 表示 95% 置信区间下的显著性水平。

第二节　产业升级诱导对外贸易动能转换进而对外贸竞争力提升的门槛效应分析

一、模型设定

正如前面所分析的结果表明，产业升级诱导对外贸易动能转换进而对外贸竞争力提升的影响效应的行业异质性显著，而且区域分质性表现突出。因此，本书进一步尝试探究产业升级与对外贸易动能转换对外贸竞争力提升的非线性影响关系。这里以对外贸易动能转换为门槛变量，揭示产业升级诱导对外贸易动能转换进而对外贸竞争力的影响规律和门槛特征，具体设定如下面板门槛回归模型进行检验：

$$TC_{it} = \alpha_0 + \alpha_1 industry_{it} \times d(DEC \leqslant \gamma) + \alpha_2 industry_{it} \times d(DEC > \gamma)$$
$$+ \alpha_j Control + \mu_i + \varepsilon_{it} \quad (7.9)$$

式（7.9）为被解释变量为外贸竞争力提升的面板门槛回归模型，$d_i(\cdot)$ 为示性函数，γ 为对外贸易动能转换对应的门槛值的估计值，$Control$ 为一系列控制变量。以上为单一门槛模型，若存在多重门槛，则模型设定同理，设定双重门槛模型为：

$$TC_{it} = \alpha_0 + \alpha_1 industry_{it} \times d(DEC \leq \gamma_1) + \alpha_2 industry_{it} \times d(\gamma_1 \leq DEC \leq \gamma_2)$$
$$+ \alpha_3 industry_{it} \times d(DEC > \gamma_2) + \alpha_j Control + \mu_i + \varepsilon_{it} \qquad (7.10)$$

式（7.10）为被解释变量为外贸竞争力提升的面板门槛回归模型，$d_i(\cdot)$ 为示性函数，γ_1 和 γ_2 为对外贸易动能转换对应的门槛值，α_1、α_2 和 α_3 分别为对应门槛值下核心变量对被解释变量的影响系数。

二、门槛检验与结果分析

根据式（7.9）和式（7.10）分别估计制造业行业层面与地区层面视角下的以对外贸易动能转换为门槛变量的产业升级影响外贸竞争力提升的门槛效应。假定待估方程存在门槛，通过 Stata 统计软件设定 Bootstrap500 次，得到门槛效应检验结果。同时，由于 2013 年开始中国经济发展的阶段特征转变，发展和增长的压力阻力骤增，持续高速增长发展难以为继，表明中国经济已步入经济新常态发展阶段。同时，随着供给侧结构性改革的持续推进，可能存在导致产业升级通过诱导对外贸易动能转换影响外贸竞争力提升存在时间段异质性，因此将考察期内划分为 2001～2012 年和 2013～2019 年两个时间段进行分析。并且由之前分析可知，我国产业合理化指数显示三大区域的三次产业之间存在一定的失衡，以及现阶段大力发展以现代服务业为主的第三产业以实现产业升级仍是构建现代产业体系的重要一环。这里仅考察产业高级化通过诱导对外贸易动能转换影响外贸竞争力提升的非线性关系。首先以制造业行业层面进行考察，假定设定的门槛模型存在门槛值，制造业行业的门槛效应检验结果如表 7-1 所示。从检验结果来看，制造业层面产业升级影响外贸竞争力仅有资本密集型行业通过单一门槛效应检验，其余行业均未通过。从表 7-1 的结果来看，以对外贸易动能转换为门槛变量下的产业升级对外贸竞争力提升影响的最优门槛个数为 1，表明资本密集型行业下的以对外贸易动能转换为门槛变量下的产业升级对外贸竞争力提升之间存在着非线性关系，门槛估计值为 -0.3584，95% 的置信区间为 $[-0.3615, -0.3567]$。

表 7-1 制造业行业层面对外贸易动能转换的门槛效应检验

行业	外贸竞争力提升	模型	F 统计量	P 值	Bootstrap 次数	临界值		
						1%	5%	10%
全行业	TC	单一门槛检验	8.20	0.5340	500	26.0800	20.5709	16.8322
		双重门槛检验	3.88	0.6900	500	37.6608	31.2469	27.8699
		三重门槛检验	3.38	0.4920	500	39.6247	21.6215	6.8679
劳动密集型	TC	单一门槛检验	14.42	0.2680	500	25.7076	20.7963	18.5921
		双重门槛检验	4.57	0.8140	500	16.0182	13.1778	11.5099
		三重门槛检验	4.36	0.8160	500	18.9870	14.5121	12.9040
资本密集型	TC	单一门槛检验	12.2*	0.0500	500	10.9765	12.1897	15.5384
		双重门槛检验	12.18	0.1760	500	14.4804	17.8783	22.2600
		三重门槛检验	8.34	0.4020	500	18.0549	23.2247	34.6305
技术密集型	TC	单一门槛检验	45.51	0.1100	500	71.2148	54.5220	46.5633
		双重门槛检验	17.52	0.4280	500	99.5158	67.7352	49.9783
		三重门槛检验	12.48	0.6440	500	133.7692	66.0037	52.1570

注：* 表示在 10% 水平上显著。

进一步地，可借助似然函数图更好地认识和理解以对外贸易动能转换为门槛变量下的产业升级影响外贸竞争力提升的门槛回归模型估计。从资本密集型行业的以对外贸易动能转换为门槛变量下的产业升级影响外贸竞争力提升的门槛估计可以看出，图 7-1 中虚线为 $LR(\gamma) = 7.35$，表示在 95% 置信水平上的拒绝线，可以发现，当 $LR(\gamma) = 0$ 时，估计的门槛值 γ 为 -0.3584，模型存在单一门槛值且此时的估计量位于拒绝线的下方。门槛效应估计结果不能拒绝存在真实门槛值的原假设，这意味着以对外贸易动能转换为门槛变量下的产业升级影响外贸竞争力提升门槛值是真实存在的。

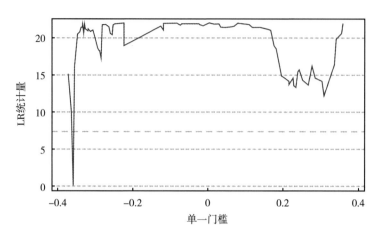

图 7 - 1　资本密集型行业的单一门槛区间

　　表 7 - 2 报告了制造业行业层面以对外贸易动能转换为门槛变量下的产业升级影响外贸竞争力的时间段异质性的门槛效应检验结果。其中，制造业全行业在 2001 ~ 2012 年时间段内，并不存在单一门槛、双重门槛和三重门槛，但在 2013 ~ 2019 年时间段内，从 F 统计量和 P 值可以看出，明显存在单一门槛，其门槛估计值为 - 0.2105，即在 2013 ~ 2019 年时间段内，跨越对外贸易动能转换指数的最小值，产业升级对外贸竞争力提升产生异质性的影响。另外，从三大行业以对外贸易动能转换为门槛变量下的产业升级影响外贸竞争力的分时间段的门槛效应检验结果来看，无论在哪一个时间段内劳动密集型行业和资本密集型行业均未通过任一门槛效应检验，据此可以认为劳动密集型行业和资本密集型行业并不存在单一门槛、双重门槛和三重门槛。而对技术密集型行业而言，从 2001 ~ 2012 年时间段的 F 统计量和 P 值结果可以看出，以对外贸易动能转换为门槛变量的产业升级影响外贸竞争力提升存在单一门槛效应，对应的门槛值分别为 - 0.2796，95% 的置信区间为 [- 0.3386，- 0.2677]。从 2013 ~ 2019 年时间段的 F 统计量和 P 值结果可以看出技术密集型行业统一通过单一门槛效应和双重门槛效应检验，存在 2 个最优门槛，对应的门槛值分别为 0.1706 和 0.7119，95% 的置信区间分别为 [0.0886，0.1952] 和 [0.6810，0.7193]。

表 7-2　　　　制造业行业层面对外贸易动能转换的门槛效应检验（分时间段）

行业		2001~2012 年			2013~2019 年		
		单一门槛检验	双重门槛检验	三重门槛检验	单一门槛检验	双重门槛检验	三重门槛检验
全部行业	F 统计量	18.27	13.25	9.45	89.90***	5.04	4.63
	P 值	0.4040	0.4060	0.5020	0.0000	0.9140	0.8400
	临界值	39.4939	27.0905	20.4644	21.6246	24.5733	19.6566
		48.0909	31.7529	24.1911	25.7127	30.2118	25.2140
		78.1813	47.9297	35.6221	38.8034	43.0409	36.9489
劳动密集型	F 统计量	23.50	7.76	3.11	16.05	1.66	2.50
	P 值	0.1320	0.4840	0.7740	0.2633	0.9667	0.8867
	临界值	25.3143	17.0471	16.4228	25.5423	18.1296	15.3396
		33.3066	20.7964	21.9348	34.8240	24.9362	21.4590
		53.2030	42.8624	38.7317	47.5253	37.3291	53.4926
资本密集型	F 统计量	18.17	4.90	5.25	10.93	9.24	3.40
	P 值	0.2300	0.6967	0.6933	0.2067	0.2767	0.7600
	临界值	23.3233	18.2375	15.9450	15.1991	15.7981	19.7103
		27.2278	20.6155	18.2577	18.8901	20.0593	22.8688
		34.7977	28.3563	24.6961	25.5696	27.9737	44.3940
技术密集型	F 统计量	46.67**	68.17***	10.58	15.10*	11.57**	3.76
	P 值	0.0100	0.0000	0.4700	0.0533	0.0400	0.8667
	临界值	30.6008	14.5382	30.2433	13.7120	9.7132	17.0318
		39.7572	17.3372	39.8399	15.2137	11.3060	19.3515
		45.4593	25.0282	64.2668	21.6951	14.7988	25.1210

注：***、**和*分别表示在 1%、5% 和 10% 的水平上显著。

表 7-3 显示了制造业行业异质性和时间段异质性下对外贸易动能转换为门槛变量的产业升级影响外贸竞争力提升的非线性检验结果。对于行业层面而言，从列（1a）来看，仅有资本密集型行业存在单一门槛效应，表明对外贸易动能转换的不同水平下产业升级影响外贸竞争力提升的作用存在一定的差异，当对外贸易动能转换指数小于 -0.3584 时，产业升级在 5% 显著性水平上对外贸竞争力提升有正向促进作用，影响系数为 0.0027；当对外贸易动能转换指数超过 -0.3584 时，产业升级在 1% 显著性水平上显著正向促进外贸竞争力提升，且正向影响系数为 0.0494，影响力度随之

提高。列（1b）、列（1c）和列（2c）分别为时间段异质性检验结果。分时间段来看，制造业全行业层面在 2013～2019 年存在单一门槛效应，表明不同水平的对外贸易动能转换指数下的产业升级影响外贸竞争力提升的作用存在差异，当对外贸易动能转换指数低于 −0.2105 时，产业升级对外贸竞争力提升具有不显著的抑制作用，影响系数为 −0.0113；当对外贸易动能转换指数高于 −0.2105 时，产业升级对外贸竞争力提升具有显著的正向促进作用，且影响系数为 0.0562，这意味着存在一个以 −0.2105 的拐点，使得产业升级影响外贸竞争力提升之间呈现"U"型的非线性关系。同时，从列（1c）和列（2c）结果来看，技术密集型行业在 2001～2012 年和 2013～2019 年两个时间段均存在显著的门槛效应，在 2001～2012 年，当对外贸易动能转换指数低于 −0.2796 时，产业升级对外贸竞争力提升仅显示为正向，但并不显著，影响系数为 0.0758；当对外贸易动能转换指数高于 −0.2796，产业升级对外贸竞争力提升的正向影响显著，影响系数为 0.0844，且影响效果有所增强。在 2013～2019 年，当对外贸易动能转换指数低于 0.1706 时，产业升级对外贸竞争力提升的影响效果并不显著，仅表现为正向，影响系数为 0.0238；当对外贸易动能转换指数高于 0.1707 但低于 0.7179 时，产业升级对外贸竞争力提升的正向影响效果在 5% 水平上显著，影响系数为 0.0574；当对外贸易动能转换指数高于 0.7179 时，产业升级对外贸竞争力提升的正向影响效果在 1% 显著性水平上显著，影响系数为 0.1723，影响强度明显增加。对于不同时间段的技术密集型行业来说，随着对外贸易动能转换指数的增加，产业升级对外贸竞争力提升的影响效果随之增强，呈现梯度上升态势。从以上的分析结果可以看出，对外贸易动能转换的不同水平对产业升级影响外贸竞争力提升有着明显的行业异质性和时间段异质性。对资本密集型行业而言，对外贸易动能转换指数低于某一水平时，产业升级影响外贸竞争力提升的正向效应有限，但一旦对外贸易动能转换指数跨越这一水平以后，产业升级对外贸竞争力提升的正向影响效应变得十分显著，并且影响强度增加，这可能是由于对外贸易动能转换指数的增强，带来的驱动效应增强，促进产业结构进一步优化，使得产业升级更加有利于外贸竞争力提升。另外，分阶段来看，2013 年以来我国经济发展阶段性特征发生转变，为应对经济发展新常态，持续破旧立新和深化供给侧结构性改革以应对经济转型，并加大新动能的释放力度，实现产业升级，但前期由于对外贸易动能转换的力度较小且在前期容易暴露出问题，使得对外贸易动能转换表现在全制造业行业层面随着对外贸易动能转换指数的增加却在一定程度上抑制了产业升级对外贸竞争力提升的促进作用。但技术密集型行业无论哪个时间段，随着对外贸易动能转换指数的提高，产业升级对外贸竞争力提升的正向影响作用和强度均同步增加，可见对外贸易动能转换指数的增加对技术密集型行业影响较为突出，随着对外贸易动能转换指数提高，越过单一门槛和双重门槛，产业升级对外贸竞争力提升的影响效果随之增加，且影响显著。

表 7 – 3　　　　　　制造业行业层面门槛回归与门槛估计结果

变量	行业层面	分时间段		
	资本密集型	全行业 （2013～2019 年）	技术密集型 （2001～2012 年）	技术密集型 （2013～2019 年）
	(1a)	(1b)	(1c)	(2c)
industry – up_1	0.0027 ** （0.0152）	– 0.0113 （0.0060）	0.0758 （0.0471）	0.0238 （0.0098）
industry – up_2	0.0494 *** （0.0236）	0.0562 *** （0.0645）	0.0844 ** （0.0413）	0.0574 ** （0.0516）
industry – up_3	0.0501 （0.0343）	0.0118 （0.0072）	0.1089 *** （0.0170）	0.1723 *** （0.0564）
ln*inv*	0.0948 *** （0.0322）	0.0379 ** （0.0156）	0.0138 （0.0165）	0.0801 *** （0.0224）
ln*labor*	0.0068 （0.0387）	0.0015 （0.0087）	0.0417 ** （0.0221）	– 0.0327 （0.0235）
ln*tech*	0.0749 *** （0.0204）	0.0130 *** （0.02514）	0.1233 *** （0.0265）	0.1351 *** （0.0420）
cons	1.1892 ** （0.4793）	0.4848 *** （0.3833）	0.3097 *** （0.0097）	2.3808 *** （0.6458）
N	133	182	84	49
门槛估计值	– 0.3584	– 0.2105	– 0.2796	0.1706
95% 的置信区间	[– 0.3615， – 0.3567]	[– 0.2105， – 0.2105]	[– 0.3386， – 0.2677]	[0.0886， 0.1952]

注：***、** 分别表示在 1%、5% 的水平上显著。

以上考察了制造业行业层面以对外贸易动能转换为门槛变量下的产业升级对外贸竞争力提升的门槛效应。接下来进一步考察地区层面以对外贸易动能转换为门槛变量下的产业升级对外贸竞争力提升的门槛效应。表7-4报告了地区层面对外贸易动能转换的门槛效应检验结果。对于全国层面而言，从 F 统计量和 P 值来看，以对外贸易动能转换为门槛变量下的产业升级对外贸竞争力的影响在 1% 显著性水平上通过单一门槛和双重门槛效应检验，但并未通过三重门槛效应检验。通过验证结果可知，全国层面以对外贸易动能转换为门槛变量下的产业升级对外贸竞争力的影响存在 2 个最优门槛，对应的门槛值分别为 -0.2114 和 0.2268，95% 的置信区间分别为 [-0.2528， -0.2381] 和 [0.2125，0.2359]。东部地区的 F 统计量和 P 值的门槛效应检验结果显示，产业升级对外贸竞争力提升的影响均未通过任一门槛效应检验，据此可以认为东部地区以对外贸易动能转换为门槛变量下的产业升级对外贸竞争力提升的影响并不存在门槛效应。

表7-4　　　　　　地区层面对外贸易动能转换的门槛效应检验

行业	外贸竞争力提升	模型	F 统计量	P 值	Bootstrap 次数	临界值		
						1%	5%	10%
全国层面	TC	单一门槛检验	32.63 ***	0.0000	500	25.0663	20.2904	17.8768
		双重门槛检验	33.09 ***	0.0040	500	30.9189	25.1765	22.7756
		三重门槛检验	14.03	0.7720	500	32.4731	29.2805	25.4503
东部地区	TC	单一门槛检验	27.79	0.1660	500	50.8558	40.8910	34.0904
		双重门槛检验	11.08	0.6100	500	50.7182	32.9548	27.4051
		三重门槛检验	10.97	0.4940	500	36.0489	27.3950	22.4126
中部地区	TC	单一门槛检验	27.95 *	0.0867	500	86.7910	39.3078	21.0467
		双重门槛检验	12.68	0.2833	500	36.7595	29.1276	22.3622
		三重门槛检验	12.06	0.5600	500	55.2019	35.1662	28.6398
西部地区	TC	单一门槛检验	27.95 *	0.0867	500	86.7910	39.3078	21.0467
		双重门槛检验	12.68	0.2833	500	36.7595	29.1276	22.3622
		三重门槛检验	12.06	0.5600	500	55.2019	35.1662	28.6398

注：*** 、* 分别表示在 1% 、10% 的水平上显著。

另外，从中部地区的 F 统计量和 P 值结果可知，中部地区存在单一门槛效应，但同时由双重门槛和三重门槛检验结果可知其未通过双重门槛和三重门槛效应。因此，通过验证结果可知，中部地区以对外贸易动能转换为门槛变量下的产业升级对外贸竞争力提升的影响存在 1 个最优门槛，对应的门槛值为 - 0.1487，95% 的置信区间为 [- 0.1764， - 0.1465]。对西部地区而言，从 F 统计量和 P 值结果来看，西部地区存在单一门槛效应，但同时由双重门槛和三重门槛检验结果可知其未通过双重门槛和三重门槛效应。因此，通过验证结果来看，西部地区以对外贸易动能转换为门槛变量下的产业升级对外贸竞争力提升的影响存在 1 个最优门槛，对应的门槛为 0.1253，95% 的置信区间为 [0.0952，0.1360]。

同样，进一步借助似然函数图更好地认识和理解地区层面以对外贸易动能转换为门槛变量下的产业升级影响外贸竞争力提升的门槛回归模型估计。从全国层面的以对外贸易动能转换为门槛变量下的产业升级影响外贸竞争力提升的门槛估计可以看出，图 7 - 2 中黑色虚线为 $LR(\gamma) = 7.35$，表示在 95% 置信水平上的拒绝线，当 $LR(\gamma) = 0$ 时，估计的门槛值 γ_1 为 - 0.2114，且此时的门槛值的估计量低于拒绝线。因而门槛效应估计结果无法拒绝存在真实门槛值的原假设，这意味着以对外贸易动能转换为门槛变量下的产业升级影响外贸竞争力提升门槛值是真实存在的；全国层面的门槛估计结果可知，图 7 - 3 中黑色虚线为 $LR(\gamma) = 7.35$，表示在 95% 置信水平上的拒绝线，当 $LR(\gamma) = 0$ 时，估计的门槛值 γ_2 为 0.2268，且此时的门槛值的估计量位于拒绝线的下方，门槛效应估计结果无法拒绝存在真实门槛值的原假设。这意味着以对外贸易动能转换为门槛变量下的产业升级影响外贸竞争力提升门槛值是真实存在的。

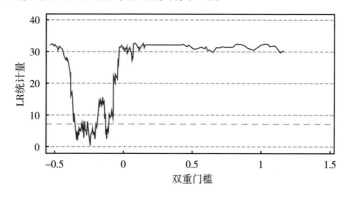

图 7 - 2　全国层面的双重门槛区间

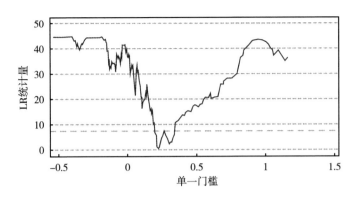

图 7 - 3　全国层面的单一门槛区间

　　以中部地区的对外贸易动能转换为门槛变量下的产业升级影响外贸竞争力提升的门槛估计可以看出，图 7 - 4 中黑色虚线为 $LR(\gamma) = 7.35$，表示在 95% 置信水平上的拒绝线，当 $LR(\gamma) = 0$ 时，估计的门槛值 γ 为 -0.1487，且此时的门槛值的估计量位于拒绝线的下方，门槛效应检验结果无法拒绝门槛值显著存在的原假设。这意味着以对外贸易动能转换为门槛变量下的产业升级影响外贸竞争力提升门槛值是真实存在的（见图 7 - 4）。

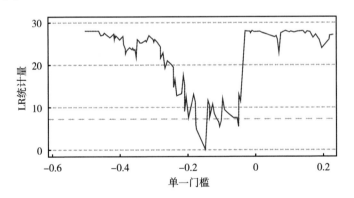

图 7 - 4　中部地区的单一门槛区间

　　以西部地区的对外贸易动能转换为门槛变量下的产业升级影响外贸竞争力提升的门槛估计可以看出，图 7 - 5 中黑色虚线为 $LR(\gamma) = 7.35$，表示在 95% 置信水平上的拒绝线，当 $LR(\gamma) = 0$ 时，估计的门槛值 γ 为 0.1253，且此时的门槛值的估计量位于拒绝线的下方。门槛效应估计结果无法拒绝门槛值存在的原假设。这意味着以对外贸易动能转换为门槛变量下的产业升级影响外贸竞争力提升门槛值是真实存在的（见图7-5）。

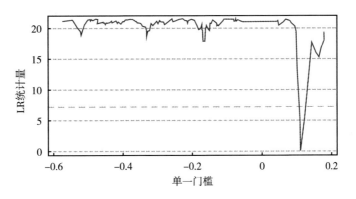

图7-5　西部地区的单一门槛区间

　　表7-5报告了地区层面对外贸易动能转换的时间段异质性门槛效应检验结果。对于全国层面的2001～2012年时间段，从F统计量和P值来看，以对外贸易动能转换为门槛变量下的产业升级对外贸竞争力的影响在1%显著性水平上显著通过单一门槛和双重门槛效应检验，并未通过三重门槛效应检验。由此可见，通过验证结果来看存在2个最优门槛，对应的门槛值分别为-0.0300和-0.0305，95%的置信区间分别为［-0.0305，-0.0299］和［-0.0564，-0.0143］。对全国层面的2013～2019年时间段，从F统计量和P值来看，以对外贸易动能转换为门槛变量下的产业升级对外贸竞争力的影响通过单一门槛，并未通过双重和三重门槛检验，据此可知只存在1个最优门槛，对应的门槛值为0.2268，95%的置信区间为［0.2147，0.2359］。东部地区的2001～2012年时间段，从F统计量和P值来看，以对外贸易动能转换为门槛变量下的产业升级对外贸竞争力的影响未通过任一门槛检验，据此可认为并不存在门槛效应；而2013～2019年时间段，从F统计量和P值来看，以对外贸易动能转换为门槛变量下的产业升级对外贸竞争力的影响通过单一门槛，但由双重门槛检验和三重门槛检验结果中F统计量和P值可知其并未通过双重门槛和三重门槛检验，据此可认为存在1个最优门槛，对应的门槛值为0.6468，95%的置信区间为［0.5870，0.8676］。中部地区的2001～2012年时间段，从F统计量和P值来看，以对外贸易动能转换为门槛变量下的产业升级对外贸竞争力的影

响通过单一门槛、双重门槛，但三重门槛效应检验结果并未通过检验，可以得知存在 2 个最优门槛，对应的门槛值分别为 −0.1008 和 −0.1487，95% 的置信区间分别为 [−0.1081，−0.0981] 和 [−0.1764，−0.1465]；而 2013～2019 年时间段，从 F 统计量和 P 值来看，以对外贸易动能转换为门槛变量下的产业升级对外贸竞争力的影响均未通过任一门槛效应检验，因此可认为并不存在门槛效应。西部地区的 2001～2012 年时间段，从 F 统计量和 P 值来看，以对外贸易动能转换为门槛变量下的产业升级对外贸竞争力的影响通过单一门槛，但并未通过双重和三重门槛效应检验，因此可知只存在 1 个最优门槛，对应的门槛值为 −0.2118，95% 的置信区间为 [−0.2564，−0.2111]；同时在 2013～2019 年时间段，从 F 统计量和 P 值来看，以对外贸易动能转换为门槛变量下的产业升级对外贸竞争力的影响通过单一门槛和双重门槛，但并未通过三重门槛效应检验。因此可认为存在 2 个最优门槛，对应的门槛值分别为 0.0740 和 0.1113，95% 的置信区间分别为 [0.0702，0.0832] 和 [0.1112，0.1253]。

表 7−5　　　　地区层面的对外贸易动能转换门槛效应检验（分时间段）

区域	指标	2001～2012 年			2013～2019 年		
		单一门槛检验	双重门槛检验	三重门槛检验	单一门槛检验	双重门槛检验	三重门槛检验
全国层面	F 统计量	37.33 ***	35.99 ***	4.53	24.41 ***	6.50	3.30
	P 值	0.0000	0.0000	0.8600	0.0000	0.9200	0.9620
	临界值	16.7248	16.0333	8.0566	17.7277	15.6985	18.7586
		18.6938	17.3900	9.2754	18.9257	17.4552	22.0852
		23.4997	19.4953	11.8722	20.6764	21.0188	29.4555
东部地区	F 统计量	14.28	13.26	5.96	18.53 ***	0.31	3.69
	P 值	0.1533	0.0167	0.7567	0.0000	8.3800	0.2893
	临界值	15.6647	9.9019	20.2994	7.0241	0.1520	3.8100
		18.1338	11.2724	23.5347	8.1296	9.2908	0.8640
		24.1824	14.5559	30.7863	10.1917	10.9904	11.9106

区域	指标	2001~2012年			2013~2019年		
		单一门槛检验	双重门槛检验	三重门槛检验	单一门槛检验	双重门槛检验	三重门槛检验
中部地区	F统计量	64.12***	21.75**	7.44	9.69	15.4073	13.6105
	P值	0.0000	0.0433	0.3433	0.2167	0.8267	16.7
	临界值	15.4038	11.6671	14.7924	12.9381	8.2772	9.6127
		18.4073	17.6150	20.0534	15.7756	10.2202	12.5278
		24.4048	78.5419	36.8001	19.7301	14.5439	16.2065
西部地区	F统计量	6.51*	8.12	4.17	19.63***	11.28**	12.09
	P值	0.0700	0.1020	0.8600	0.0060	0.0960	0.2600
	临界值	6.0387	8.1640	12.6451	11.7603	10.9755	25.4726
		6.9216	9.3678	15.2133	13.4095	13.9524	36.1712
		8.8654	13.3977	23.1672	16.9941	17.8270	47.1704

注：***、**和*分别表示在1%、5%和10%的水平上显著。

表7-6和表7-7显示了地区层面区域异质性和时间段异质性下对外贸易动能转换为门槛变量的产业升级影响外贸竞争力提升的非线性检验结果。在区域异质性方面，从列（1a）来看，全国层面存在双重门槛，表明对外贸易动能转换的不同水平上产业升级影响外贸竞争力提升的作用存在一定的差异，当对外贸易动能转换指数低于-0.2114时，产业升级对外贸竞争力提升有着1%显著性水平上正向的促进作用，影响系数为0.2619；当对外贸易动能转换指数高于-0.2114低于0.2268时，产业升级在1%显著性水平上显著正向促进外贸竞争力提升，且影响作用为0.5897。当对外贸易动能转换指数高于0.2268时，产业升级对外贸竞争力提升有着1%显著性水平正向促进作用，影响系数为0.9692，正向促进强度持续增加。中部地区存在单一门槛，同样表明对外贸易动能转换的不同水平下产业升级影响外贸竞争力提升的作用存在差异，当对外贸易动能转换指数低于-0.1487时，产业升级对外贸竞争力提升的影响作用并不显著，仅仅表现在正向作用，但当对外贸易动能转换指数高于-0.1487时，产业升级对外贸竞争力提升有着显著的正向促进作用，且影响系数为0.8198，正向激励强度也随之增加。西部地区存在单一门槛，对外贸易动能转换的不同水平

上产业升级影响外贸竞争力提升的作用存在差异，当对外贸易动能转换指数低于 0.1253 时，产业升级对外贸竞争力提升的影响作用并不显著，且影响系数为 0.0443；当对外贸易动能转换指数高于 0.1253 时，产业升级对外贸竞争力提升的影响作用在 5% 显著性水平上明显正向促进，影响系数为 0.8454，正向促进强度明显增加。

表 7 - 6　　　　　　　　　地区层面门槛回归与门槛估计结果

变量	地区层面		
	全国层面	中部地区	西部地区
	（1a）	（1b）	（1c）
industry – up_1	0.2619 ***	0.1934	0.0443
	（0.1147）	（0.1526）	（0.2066）
industry – up_2	0.5897 ***	0.8198 ***	0.8454 **
	（0.0993）	（0.1332）	（0.5684）
industry – up_3	0.9692 ***	1.0855 ***	1.0991
	（0.1186）	（0.2061）	（0.6469）
lnpfdi	0.2940 ***	0.2993 ***	0.0502
	（0.0335）	（0.0770）	（0.0450）
lnpinv	0.4656 ***	0.2852 ***	0.3079 **
	（0.0781）	（0.0898）	（0.1427）
lnpedu	0.7124	2.7601 ***	3.2767 ***
	（0.4996）	（0.9927）	（0.6388）
lnptech	0.4628 ***	0.1005 ***	0.1510 ***
	（0.0444）	（0.0946）	（0.0567）
lnmar	0.3549 **	- 1.8409 ***	- 0.0715
	（0.1739）	（0.3344）	（0.2144）
cons	7.5959 ***	1.1681	- 0.4616
	（0.9964）	（2.3316）	（1.4579）
N	570	152	209
门槛估计值	- 0.2414	- 0.1487	0.1253
95% 的置信区间	[- 0.2528，- 0.2381]	[- 0.1764，- 0.1465]	[0.0952，0.1360]

注：*** 、** 分别表示在 1% 、5% 的水平上显著。

从表 7 - 7 结果来看，全国层面 2001~2012 年时间段和 2013~2019 年时间段均存在显著的门槛效应。在 2001~2012 年，当对外贸易动能转换指数低于 - 0.0305 时，产业升级对外贸竞争力提升有显著正向促进作用，影响系数为 0.1378；当对外贸易动能转换指数高于 - 0.0305 且低于 - 0.0300 时，产业升级在 5% 显著性水平上正向影响外贸竞争力提升，且正向影响系数为 0.3713；当外贸易动能转换指数高于 - 0.0300 时，产业升级在 1% 显著性水平对对外贸竞争力提升有着积极促进作用，且正向影响系数为 0.8256，随着对外贸易动能转换指数的增加，产业升级对外贸竞争力提升的影响强度明显增强。在 2013 ~ 2019 年时间段，当对外贸易动能转换指数低于 0.2268 时，产业升级对外贸竞争力提升的影响作用并不显著，仅表现为正向作用，影响系数为 0.0325；当对外贸易动能转换指数高于 0.2268 时，产业升级对外贸竞争力提升的正向影响作用显著，影响系数为 0.1468。对于东部地区而言，仅在 2013 ~ 2019 年时间段存在显著的门槛效应，当对外贸易动能转换指数低于 0.6468 时，产业升级对外贸竞争力提升的影响作用并不显著，仅为正向作用，系数为 0.2319；当对外贸易动能转换指数高于 0.6468 时，产业升级对外贸竞争力提升的正向促进影响十分显著，且影响系数为 0.2993，促进强度增加。对中部地区而言，列（2b）结果显示，在 2001 ~ 2012 年时间段，当对外贸易动能转换指数低于 - 0.1480 时，产业升级对外贸竞争力提升影响不显著；当对外贸易动能转换指数高于 - 0.1480 低于 - 0.1008 时，产业升级在 10% 显著性水平上对外贸竞争力提升产生正向影响，且影响系数为 0.9064；当对外贸易动能转换指数高于 - 0.1008 时，产业升级在 1% 显著性水平上正向影响对外贸竞争力提升，且影响系数为 1.2625。综上可知，产业升级对外贸竞争力提升的正向影响无论是显著性水平还是影响系数，其强度均随之增加。对于西部地区而言，2001 ~ 2012 年时间段和 2013 ~ 2019 年时间段均存在显著的门槛效应，在 2001 ~ 2012 年时间段，当对外贸易动能转换指数低于 - 0.2118 时，产业升级对外贸竞争力提升存在不显著的抑制作用，影响系数为 - 0.0846；当对外贸易动能转换指数高于 - 0.2118 时，产业升级对外贸竞争力提升的影响转为显著的正向促进作用，影响系数为 0.4830，影响关系表现为"V"型的非线性关系。在 2013 ~ 2019 年时间段，当对外贸易动能转换指数低于 0.0740 时，产业升级对外贸竞争力提升存在不显著的抑制作用，影响系数为 - 0.8326，同时当对外贸易动能转换指数高于 0.0740 但低于 0.1113 时，产业升级对外贸竞争力提升存在不显著的抑制作用，影响系数

为 -0.6712；当对外贸易动能转换指数高于 0.1113 时，产业升级对外贸竞争力提升的影响转为正向促进作用，且在 1% 显著性水平上显著，影响系数为 0.2303，正向影响强度随着对外贸易动能转换指数增加而增加。从以上分析来看，地区层面产业升级诱导对外贸易动能转换不仅存在区域异质性的非线性关系而且存在时间段异质性的非线性关系。整体来看，随着对外贸易动能转换指数的增加，产业升级对外贸竞争力提升的影响作用也会随着增强。这是因为对外贸易动能转换有助于通过需求侧的需求释能、供给侧的"提质增效"和结构转换的"弯道超车"等驱动产业升级，进而实现外贸竞争力提升。但也存在当对外贸易动能转换不足时，无法产生足够的驱动产业升级的力量，进而促进外贸竞争力提升。同时，东部地区具备一定的发展基础，因而对于对外贸易动能转换的要求和程度随之提高，其相应的门槛值也就越高。相对而言，中西部地区与东部地区存在非均衡性区域差异，其相应的门槛值与东部相比也存在差距。总之，应不断推动对外贸易动能转换，从需求侧动能、供给侧动能和结构动能下手，全方位、全区域实施改革优化并举，进而驱动产业升级以提升外贸竞争力。

表 7-7　　　　　地区层面门槛回归与门槛估计结果（分时间段）

变量	时间段					
	全国层面 (2001~ 2012 年)	全国层面 (2013~ 2019 年)	东部地区 (2013~ 2019 年)	中部地区 (2001~ 2012 年)	西部地区 (2001~ 2012 年)	西部地区 (2013~ 2019 年)
	(1a)	(1b)	(2a)	(2b)	(3a)	(3c)
$industry-up\_1$	0.1378 ** (0.0776)	0.0325 (0.1547)	0.2319 (0.2379)	0.0803 (0.4384)	−0.0846 (0.3697)	−0.8326 (0.4963)
$industry-up\_2$	0.3713 ** (0.1879)	0.1468 ** (0.1309)	0.2993 *** (0.2592)	0.9064 * (0.4432)	0.4830 * (0.3336)	−0.6712 (0.4582)
$industry-up\_3$	0.8256 *** (0.1262)	0.4349 ** (0.1689)	0.7035 *** (0.6397)	1.2625 *** (0.4571)	0.7746 (0.4560)	0.2303 *** (0.5114)
$\ln pfdi$	0.1254 *** (0.0413)	0.1629 ** (0.0653)	0.1907 (0.1969)	0.0795 * (0.0837)	0.0045 (0.0578)	0.0822 (0.0800)
$\ln pinv$	0.6471 *** (0.1010)	0.4607 *** (0.1449)	0.3834 * (0.2337)	0.2778 * (0.1490)	0.3701 * (0.1762)	0.2737 * (0.2838)

变量	时间段					
	全国层面（2001～2012 年）	全国层面（2013～2019 年）	东部地区（2013～2019 年）	中部地区（2001～2012 年）	西部地区（2001～2012 年）	西部地区（2013～2019 年）
	（1a）	（1b）	（2a）	（2b）	（3a）	（3c）
lnpedu	− 0. 2261（0. 4438）	0. 4658（1. 0532）	0. 8502 **（0. 7926）	− 1. 3975（1. 0301）	2. 5468 ***（0. 6909）	4. 2267 ***（1. 3200）
lnptech	0. 7008 ***（0. 0495）	0. 3974 ***（0. 0732）	0. 8391 ***（0. 1438）	0. 1295 ***（0. 2796）	0. 2898 ***（0. 1040）	0. 1419 **（0. 0747）
lnmar	0. 0612（0. 1368）	0. 3512（0. 2584）	0. 5424 ***（0. 4902）	− 2. 0774 ***（0. 2796）	− 0. 3339（0. 2528）	− 0. 2636（0. 4582）
cons	6. 8958 ***（0. 9836）	4. 8374 ***（0. 2218）	16. 4252 ***（3. 5752）	10. 5835 ***（2. 7316）	0. 9624（1. 6166）	− 1. 8145（3. 0342）
N	360	210	77	96	132	77
门槛估计值	− 0. 0305	0. 2268	0. 6468	− 0. 1487	− 0. 2118	0. 0740
95% 的置信区间	[− 0. 0564，− 0. 0143]	[0. 2147，0. 2359]	[0. 5870，0. 8676]	[− 0. 1764，− 0. 1465]	[− 0. 2564，− 0. 2111]	[0. 0702，0. 0832]

注：***、** 和 * 分别表示在 1%、5% 和 10% 的水平上显著。

第三节 对外贸易动能转换驱动产业升级对外贸竞争力提升的门槛效应分析

一、模型设定

正如前面章节所分析的结果表明，对外贸易动能转换通过驱动产业升级的作用渠道显著促进对外贸竞争力提升，同时其影响效应表现出显著的行业异质性，而且区域分质性的非均衡差异明显。因此，有必要进一步探究对外贸易动能转换与产业升级对外贸竞争力提升的非线性影响关系。进一步地以产业升级为门槛变量，揭示对外贸易动能转换驱动产业升级进而对外贸竞争力的影响规律和门槛特征，具体设定如下面板门槛回归模型进行检验。

$$TC_{it} = \alpha_0 + \alpha_1 DEC_{it} \times d(industry \leqslant \gamma) + \alpha_2 DEC_{it} \times d(industry > \gamma)$$
$$+ \alpha_j Control + \mu_i + \varepsilon_{it} \tag{7.11}$$

式（7.11）为被解释变量为外贸竞争力提升的面板门槛回归模型，$d_i(\cdot)$ 为示性函数，γ 为产业升级对应的门槛值的估计值，$Control$ 为控制变量。以上为单一门槛模型，若存在多重门槛，则模型设定同上。

二、门槛检验与结果分析

根据以上设计的计量模型见式（7.11）分别估计制造业行业层面与地区层面下的以产业升级为门槛变量的对外贸易动能转换影响外贸竞争力提升的门槛效应。针对制造业行业层面与地区层面下的以产业升级为门槛变量的对外贸易动能转换影响外贸竞争力提升的门槛效应而言，由于分时间考察结果显著，并无时间段异质性表现，可能是因为产业升级的时间段内并没有较大差异无法形成通过有效的门槛效应，在此就不再报告时间段的检验结果。首先，从制造业行业层面考察，假定模型存在 1 个、2 个和 3 个门槛值，充分进行门槛效应检验并说明其存在门槛效应的检验结果（具体结果详见表 7-8）。从检验结果来看，制造业层面产业升级影响外贸竞争力除全行业之外，三大行业均通过不同程度的门槛检验，存在较为显著的门槛效应。从表 7-8 结果来看，对于劳动密集型行业而言，从 F 统计量和 P 值来看，以产业升级为门槛变量下的对外贸易动能转换对外贸竞争力提升影响的最优门槛个数为 2 个，表明劳动密集型行业下的以产业升级为门槛变量下的对外贸易动能转换对外贸竞争力提升之间存在着非线性关系，相应的门槛估计值分别为 0.600 和 2.0200，95% 的置信区间分别为 [0.5050, 0.6200] 和 [1.8000, 2.1400]。对于资本密集型行业而言，从 F 统计量和 P 值来看，以产业升级为门槛变量下的对外贸易动能转换对外贸竞争力提升影响存在单一门槛效应，但未通过双重门槛和三重门槛检验，据此可以认为资本密集型行业的产业升级为门槛变量下的对外贸易动能转换对外贸竞争力提升影响存在 1 个最优门槛，对应的门槛值为 1.3900，95% 的置信区间为 [1.3400, 1.4100]。对于技术密集型行业而言，从 F 统计量和 P 值来看，同样以产业升级为门槛变量下的对外贸易动能转换对外贸竞争力提升影响存在单一门槛效应，但未通过双重门槛和三重门槛检验，据此可以认为技术密集型行业的产业升级为门槛变量下的对外贸易动能转换对外贸竞争力提升影响存在 1 个最优门槛，对应的门槛值为 6.1800，95% 的置信区间为 ［6.0050，6.4600］。

表 7 - 8　　　　　　　　制造业行业层面产业升级的门槛效应检验

行业	外贸竞争力提升	模型	F 统计量	P 值	Bootstrap 次数	临界值		
						1%	5%	10%
全行业	TC	单一门槛检验	11.44	0.7540	500	25.2244	20.7622	18.6924
		双重门槛检验	9.27	0.2100	500	17.1628	12.678	11.0722
		三重门槛检验	13.81	0.9740	500	44.1641	39.5162	36.8221
劳动密集型	TC	单一门槛检验	21.26**	0.0140	500	22.1282	18.1133	16.5314
		双重门槛检验	10.76*	0.0600	500	15.2733	11.02	9.5506
		三重门槛检验	3.67	1.0000	500	29.9701	25.4341	22.5569
资本密集型	TC	单一门槛检验	29.76***	0.0040	500	25.2869	18.4594	15.6091
		双重门槛检验	9.8	0.4740	500	27.559	20.8654	17.4003
		三重门槛检验	6.17	0.8980	500	23.7703	19.7658	17.2186
技术密集型	TC	单一门槛检验	25.96***	0.0080	500	34.1023	28.4746	25.4621
		双重门槛检验	18.98	0.4200	500	25.5431	18.5612	15.9763
		三重门槛检验	19.84	0.9760	500	85.5974	67.9363	61.434

注：*** 、** 和 * 分别表示在 1% 、5% 和 10% 的水平上显著。

接下来，可以借助似然函数图更加清晰地了解以产业升级为门槛变量下的对外贸易动能转换影响外贸竞争力提升的门槛回归模型估计。从劳动密集型行业的以产业升级为门槛变量下的对外贸易动能转换影响外贸竞争力提升的门槛估计可以看出，图 7 - 6 中黑色虚线为 $LR(\gamma) = 7.35$，表示在 95% 置信水平上的拒绝线；当 $LR(\gamma) = 0$ 时，估计的门槛值 γ_1 为 0.600，且此时的门槛值的估计量位于拒绝线的下方。可知门槛效应估计结果无法拒绝门槛值显著存在原假设。这意味着以产业升级为门槛变量下的对外贸易动能转换影响外贸竞争力提升门槛值是真实存在的。就劳动密集型行业而言，$LR(\gamma) = 0$ 时，估计的门槛值 γ_2 为 2.0200，且此时的门槛值的估计量位于拒绝线的下方。可知门槛效应估计结果无法拒绝门槛值显著存在原假设，这意味着以产业升级为门槛变量下的对外贸易动能转换影响外贸竞争力提升门槛值是真实存在的（见图7-7）。

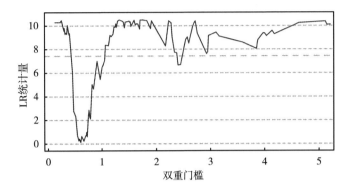

图7-6　劳动密集型行业的双重门槛区间

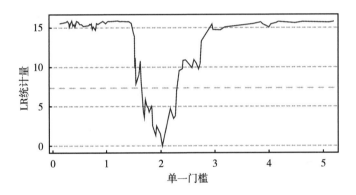

图7-7　劳动密集型行业的单一门槛区间

从资本密集型行业的以产业升级为门槛变量下的对外贸易动能转换影响外贸竞争力提升的门槛估计可以看出，图7-8中黑色虚线为 $LR(\gamma) = 7.35$，表示在95%置信水平上的拒绝线；当 $LR(\gamma) = 0$ 时，估计的门槛值 γ 为1.3900，且此时的门槛值的估计量位于拒绝线的下方。可知门槛检验估计结果无法拒绝门槛值存在的原假设，这意味着以产业升级为门槛变量下的对外贸易动能转换影响外贸竞争力提升门槛值是真实存在的。

从技术密集型行业的以产业升级为门槛变量下的产业升级影响外贸竞争力提升的门槛估计可以看出，图7-9中黑色虚线为 $LR(\gamma) = 7.35$，表示在95%置信水平上的拒绝线；当 $LR(\gamma) = 0$ 时，估计的门槛值 γ 为

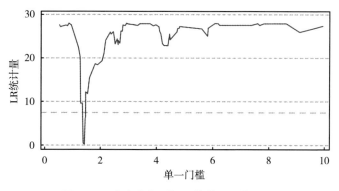

图 7 - 8　资本密集型行业的单一门槛区间

6.1800，且此时的门槛值的估计量位于拒绝线的下方。可知门槛效应估计结果无法拒绝门槛值存在的原假设，这意味着以产业升级为门槛变量下的对外贸易动能转换影响外贸竞争力提升门槛值是真实存在的。

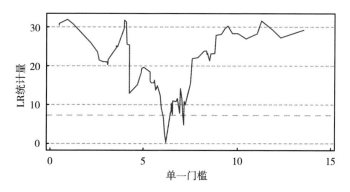

图 7 - 9　技术密集型行业的单一门槛区间

　　表 7 - 9 显示了制造业行业异质性下产业升级为门槛变量的对外贸易动能转换影响外贸竞争力提升的非线性检验结果。对于行业层面而言，从列（1a）来看，劳动密集型行业存在单一和双重门槛效应，表明产业升级的不同程度下对外贸易动能转换影响外贸竞争力提升的作用存在差异，当产业升级指数低于 0.6000 时，对外贸易动能转换对外贸竞争力提升有着 5% 显著性水平上的正向促进作用，影响系数为 0.5815；当产业升级指数高于 0.6000 低于 2.0200 时，对外贸易动能转换对外贸竞争力提升的影响作用并不明显，且影响系数为 - 0.2431；但当产业升级指数高于 2.0200 时，对外贸易动能转换对外贸竞争力提升表现出显著的促进影响，且在 1% 显著

性水平上显著，影响系数为 0.6430，正向促进强度明显增加。这表明劳动密集型行业以产业升级为门槛变量的对外贸易动能转换影响外贸竞争力提升存在"破浪式"上升非线性关系。对于资本密集型行业而言，从列 (2a) 来看，不同水平下的产业升级使得对外贸易动能转换对外贸竞争力提升存在差异，当产业升级指数低于 1.3900 时，对外贸易动能转换能够在 5% 显著性水平上正向促进外贸竞争力提升，影响系数为 1.5905；当产业升级指数高于 1.3900 时，对外贸易动能转换在 1% 显著性水平上促进外贸竞争力提升，影响系数为 2.9483，正向促进强度明显增加。对于技术密集型行业而言，从列 (3a) 来看，产业升级的不同程度下对外贸易动能转换影响外贸竞争力提升的作用有一定差异，当产业升级指数低于 6.1800 时，对外贸易动能转换对外贸竞争力提升有着 5% 显著性水平上的促进作用，影响系数为 0.4988；当产业升级指数高于 6.1800 时，对外贸易动能转换对外贸竞争力提升具有 1% 显著向水平上的促进影响，影响系数为 1.2329，正向影响强度增加。上述分析可以看出，三大行业均在超越一定的产业升级指数之后，对外贸易动能转换对外贸竞争力提升的正向影响作用随之加强，这可能是由于各行业产值比重增大，表明该行业具备了向上发展的潜力，随着技术、资本和人力资本质量等各方面的投入和提升，促使对外贸易动能转换持续发力，驱动制造业行业产业升级明显，有利于优化贸易结构，提升产品附加值，供求端质量得到明显提高，以实现不断改善和提高国际贸易竞争优势，进而促进外贸竞争力提升。

表 7 - 9　　　　　制造业行业层面门槛回归与门槛估计结果

变量	行业层面		
	劳动密集型	资本密集型	技术密集型
	(1a)	(2a)	(3a)
DEC_1	0.5815 ** (0.2282)	1.5905 ** (0.7065)	0.4988 ** (0.2845)
DEC_2	− 0.2431 (0.1481)	2.9483 *** (0.5824)	1.2329 *** (0.3822)
DEC_3	0.6430 *** (0.1873)	3.1023 * (0.4245)	2.0929 ** (0.7350)

变量	行业层面		
	劳动密集型	资本密集型	技术密集型
	(1a)	(2a)	(3a)
ln*inv*	0.0485 ***	0.4042 ***	0.0062 *
	(0.0333)	(0.0599)	(0.0285)
ln*labor*	0.1604 ***	0.3603 **	0.0172
	(0.0284)	(0.0629)	(0.0392)
ln*tech*	0.0515 **	0.0230 **	0.3152 ***
	(0.0268)	(0.0377)	(0.0400)
cons	5.9965 ***	2.5457 **	– 3.1472 ***
	(1.1134)	(1.1080)	(0.9191)
N	228	133	133
门槛估计值	0.6000	1.3900	6.1800
95% 的置信区间	[0.5050, 0.6200]	[1.3400, 1.4100]	[6.0050, 6.4600]

注：*** 、** 和 * 分别表示在 1% 、5% 和 10% 的水平上显著。

以上考察了制造业行业层面以产业升级为门槛变量下的对外贸易动能转换对外贸竞争力提升的门槛效应。接下来进一步考察地区层面以产业升级为门槛变量下的对外贸易动能转换对外贸竞争力提升的门槛效应。表 7-10 报告了地区层面门槛效应检验结果。对于全国层面而言，从 F 统计量和 P 值来看，以产业升级为门槛变量下的对外贸易动能转换对外贸竞争力的影响仅在 1% 显著性水平上通过单一门槛检验。由此可见，通过以产业升级为门槛变量的门槛效应验证结果可知，其存在 1 个最优门槛，对应的门槛值为 0.6492，95% 的置信区间 [0.6349，0.6499]。东部地区的门槛效应检验结果显示，以 F 统计量和 P 值来看，对外贸易动能转换对外贸竞争力提升的影响通过单一门槛和双重门槛检验，并未通过三重门槛效应检验，据此可以认为东部地区以产业升级为门槛变量下的对外贸易动能转换对外贸竞争力提升的影响存在 2 个最优门槛，对应的门槛值分别为 0.8520 和 2.7029，95% 的置信区间分别为 [0.8317，0.8521] 和 [2.4739，2.8476]。从中部地区以产业升级为门槛变量的门槛效应验证结果即 F 统计量和 P 值来看，对外贸易动能转换对外贸竞争力提升的影响在 1% 显著性水平上仅通过单一门槛效应检验。因此，可以认为中部地区以产业升级为门槛变量下的对外贸易动能转换对外贸竞争力提升的影响存在 1 个最优门槛，对应的门槛值为 1.5248，95% 的置信区间 [1.4650，1.5871]。最后，从西部地区以产业升级为门槛变量的门槛效应检验结果即 F 统计量和 P 值来看，以产业升级为门槛变量下的对外贸易动能转换对外贸竞争力提升的影响均未通过任一门槛效应检验，据此可以认为西部地区产业升级为门槛变量下的对外贸易动能转换对外贸竞争力提升的影响并不存在单一门槛、双重门槛和三重门槛效应。

表 7 - 10　　　　　　　　　地区层面产业升级的门槛效应检验

行业	外贸竞争力提升	模型	F 统计量	P 值	Bootstrap 次数	临界值		
						1%	5%	10%
全国层面	TC	单一门槛检验	27.37 ***	0.0080	500	24.3032	16.9575	14.299
		双重门槛检验	23.36	0.1020	500	22.8978	8.2172	7.0078
		三重门槛检验	7.76	0.6220	500	37.4631	31.1334	27.6921
东部地区	TC	单一门槛检验	35.51 ***	0.0000	500	17.4745	13.96	12.1016
		双重门槛检验	28.35 ***	0.0000	500	12.6976	9.5312	8.2098
		三重门槛检验	9.52	0.4720	500	24.5521	18.6121	15.7563
中部地区	TC	单一门槛检验	28.05 ***	0.0000	500	15.2785	12.0149	10.9624
		双重门槛检验	4.19	0.5840	500	43.1056	26.7565	19.8104
		三重门槛检验	3.16	0.7940	500	47.0811	33.8555	26.7531
西部地区	TC	单一门槛检验	11.50	0.4300	500	46.7068	39.6259	28.2963
		双重门槛检验	6.63	0.6060	500	31.7945	21.4694	17.3342
		三重门槛检验	7.09	0.5120	500	39.5565	25.9437	18.925

注：*** 表示在 1% 的水平上显著。

同样地，进一步借助似然函数图更好地认识和理解地区层面以产业升级为门槛变量下的对外贸易动能转换影响外贸竞争力提升的门槛回归模型估计。从全国层面的以产业升级为门槛变量下的对外贸易动能转换影响外贸竞争力提升的门槛估计可以看出，图 7 - 10 中黑色虚线为 $LR(\gamma) = 7.35$，表示在 95% 置信水平上的拒绝线；当 $LR(\gamma) = 0$ 时，估计的门槛值 γ 为 0.6492，且此时的门槛值的估计量位于拒绝线的下方。可知门槛效应估计结果无法拒绝门槛值存在的原假设，这意味着以产业升级为门槛变量下的对外贸易动能转换影响外贸竞争力提升门槛值是真实存在的。

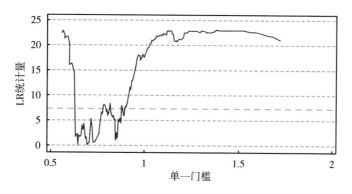

图 7 – 10 全国层面的单一门槛区间

对于东部地区而言，以产业升级为门槛变量下的对外贸易动能转换影响外贸竞争力提升的门槛估计可以看出，图 7 – 11 中黑色虚线为 $LR(\gamma) =$ 7.35，表示在 95% 置信水平上的拒绝线；当 $LR(\gamma) = 0$ 时，估计的门槛值 γ_1 为 0.8520，且此时的门槛值的估计量位于拒绝线的下方。可知门槛效应估计结果无法拒绝门槛值存在的原假设，这意味着以产业升级为门槛变量下的对外贸易动能转换影响外贸竞争力提升门槛值是真实存在的。就产业升级为门槛变量下的对外贸易动能转换影响外贸竞争力提升的门槛估计可以看出，图 7 – 12 中黑色虚线为 $LR(\gamma) = 7.35$，表示在 95% 置信水平上的拒绝线；当 $LR(\gamma) = 0$ 时，估计的门槛值 γ_2 为 2.7029，且此时的门槛值的估计量位于拒绝线的下方。可知门槛效应估计结果无法拒绝门槛值存在的原假设，这意味着以产业升级为门槛变量下的对外贸易动能转换影响外贸竞争力提升门槛值是真实存在的。

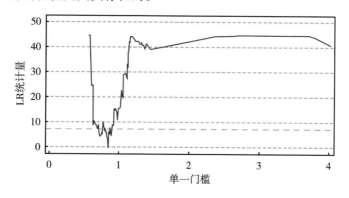

图 7 – 11 东部地区的单一门槛区间

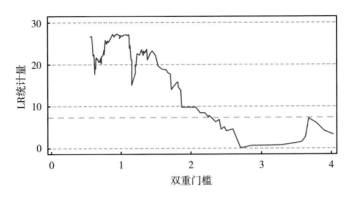

图 7 – 12　东部地区的双重门槛区间

　　对于中部地区而言，以产业升级为门槛变量下的对外贸易动能转换影响外贸竞争力提升的门槛估计可以看出，图 7 – 13 中黑色虚线为 $LR(\gamma) = 7.35$，表示在 95% 置信水平上的拒绝线；当 $LR(\gamma) = 0$ 时，估计的门槛值 γ 为 1.5248，且此时的门槛值的估计量位于拒绝线的下方。可知门槛效应检验估计结果无法拒绝门槛值存在的原假设，这意味着以产业升级为门槛变量下的对外贸易动能转换影响外贸竞争力提升门槛值是真实存在的。

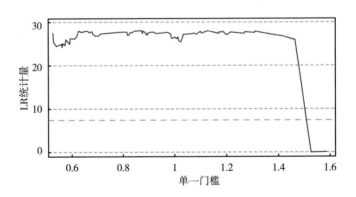

图 7 – 13　中部地区的单一门槛区间

　　表 7 – 11 显示了地区层面区域异质性下以产业升级为门槛变量的对外贸易动能转换影响外贸竞争力提升的非线性检验结果。从区域异质性门槛估计结果，全国层面存在单一门槛，表明在产业升级的不同程度下对外贸易动能转换影响外贸竞争力提升的作用存在差异，当产业高级化指数低于 0.6492 时，对外贸易动能转换在 1% 显著性水平上正向促进对外竞争力提

升，影响系数为 2.3305，当产业高级化指数高于 0.6492 时，对外贸易动能转换同样在 1% 显著性水平对外贸竞争力产生正向影响，影响系数为 1.8732，但影响作用有所减弱。对于东部地区而言，存在双重门槛效应，表明产业升级的不同程度下对外贸易动能转换影响外贸竞争力提升的作用存在差异，当产业高级化指数低于 0.8520 时，对外贸易动能转换对外贸竞争力提升的影响作用并不显著，仅表现为正向；当产业高级化指数高于 0.8520 但低于 2.7029 时，对外贸易动能转换在 5% 显著性水平上正向促进外贸竞争力提升，影响系数为 0.7324，正向影响效果转为显著；当产业高级化指数高于 2.7029 时，对外贸易动能转换在 1% 显著性水平上正向影响外贸竞争力提升，影响系数为 1.0713，强度明显增加。由中部地区的检验结果列（1c）来看，其存在单一门槛，表明产业升级的不同程度下对外贸易动能转换影响外贸竞争力提升的作用存在差异，当产业高级化指数低于 1.5248 时，对外贸易动能转换对外贸竞争力提升的影响并不显著，且系数为 5.8252；当产业高级化指数高于 1.5248 时，对外贸易动能转换对外贸竞争力提升表现为在 1% 显著性水平上正向影响，且影响系数为 6.4295，影响效果和强度均显著增加。根据以上分析结果可知，以产业高级化表征产业升级，对于不同程度的产业高级化水平，对外贸易动能转换对外贸竞争力提升的影响效果存在明显的区域异质性。对于全国层面而言，并不是一味地提高产业高级化水平就能实现对外贸易动能转换对外贸竞争力提升的持续促进影响，在注重发展以服务业为主的第三产业的同时，也更应该注意三次产业之间的比例均衡问题，以实现健康可持续的产业升级，进而实现对外贸易动能转换更大程度促进外贸竞争力提升。对于东部地区和中部地区的区域内部而言，以产业高级化表征的产业升级指数低于某一水平时，对外贸易动能转换对外贸竞争力提升的影响作用不明显，其原因可能在于第三产业发展存在一定"瓶颈"，以服务业、新兴产业为主的第三产业还未充分发展，其发展处于初级水平时难以打破供给端固有的束缚，产业升级程度不足，无法形成良好的产业基础，对外贸易动能转换的供给端动能不足，进而影响对外贸易动能转换驱动产业升级力度不够，难以达到影响外贸竞争力提升的水平。随着产业升级高于某一水平之后，产业高级化水平的优势显现，为对外贸易动能转换提供良好坚实的产业基础，对外贸易动能转换提升了转换动力，驱动产业升级优化，进一步助力对外贸竞争力提升。

表 7 - 11　　　　　　　　　地区层面门槛回归与门槛估计结果

变量	地区层面		
	全国层面	东部地区	中部地区
	(1a)	(1b)	(1c)
DEC_1	2. 3305 ***	0. 4327	5. 8253
	(0. 1716)	(0. 2497)	(0. 7542)
DEC_2	1. 8732 ***	0. 7324 **	6. 4295 ***
	(0. 1652)	(0. 5699)	(0. 7008)
DEC_3	0. 7676 ***	1. 0713 ***	7. 4492 ***
	(0. 24445)	(0. 1572)	(1. 1531)
lnpfdi	0. 1958 ***	0. 2985 ***	0. 0923 ***
	(0. 0304)	(0. 0624)	(0. 0735)
lnpinv	0. 4352 ***	0. 4316 ***	0. 1172 ***
	(0. 0719)	(0. 0932)	(0. 1078)
lnpedu	- 0. 3219	0. 1940	- 5. 0433
	(0. 4022)	(0. 0483)	(0. 8549)
lnptech	0. 3658 ***	0. 6611 ***	0. 0541 **
	(0. 0431)	(0. 0676)	(0. 0817)
lnmar	0. 1213 *	0. 3549 **	- 2. 1989 **
	(0. 1045)	(0. 7093)	(0. 2391)
cons	5. 9862 ***	12. 4455 ***	19. 9360 ***
	(0. 8498)	(1. 4941)	(2. 2282)
N	570	209	152
门槛估计值	0. 6492	0. 8520	1. 5248
95% 的置信区间	[0. 6349, 0. 6499]	[0. 8317, 0. 8521]	[1. 4650, 1. 5871]

注：***、** 和 * 分别表示在 1%、5% 和 10% 的水平上显著。

第四节　本　章　小　结

本章基于产业升级与对外贸易动能转换有效促进外贸竞争力提升的影

响效应存在行业异质性和区域异质性的事实，利用2001～2019年制造业行业面板数据和地区层面的省域面板数据，分别验证了产业升级诱导对外贸易动能转换进而对外贸竞争力提升的门槛效应和对外贸易动能转换驱动产业升级进而对外贸竞争力提升的门槛效应，得出如下主要结论。

第一，以对外贸易动能转换为门槛变量，揭示产业升级诱导对外贸易动能转换进而对外贸竞争力提升的影响规律和门槛特征，对于制造业行业层面而言，制造业层面产业升级影响外贸竞争力仅有资本密集型行业通过单一门槛效应检验，其余行业均未通过。当对外贸易动能转换指数小于－0.3584时，资本密集型行业的产业升级对外贸竞争力提升有着在5%显著性水平上正向促进的作用，影响系数为0.0027；当对外贸易动能转换指数超过－0.3584时，产业升级在1%显著性水平上对外贸竞争力提升的正向影响作用为0.0494，且正向促进强度明显增加。同时制造业行业存在明显的时间段异质性，制造业全行业在2001～2012年时间段内，并不存在门槛效应；在2013～2019年时间段内，明显存在单一门槛，其门槛估计值为－0.2105，即在2013～2019年时间段内，跨越对外贸易动能转换指数的最小值，产业升级对外贸竞争力提升产生异质性的影响。无论在哪一个时间段内劳动密集型行业和资本密集型行业并不存在单一门槛、双重门槛和三重门槛。而对技术密集型行业而言，2001～2012年时间段，以对外贸易动能转换为门槛变量的产业升级影响外贸竞争力提升存在单一门槛效应，对应的门槛值为－0.2796；2013～2019年时间段技术密集型行业存在2个最优门槛，对应的门槛值分别为0.1706和0.7119。

第二，以对外贸易动能转换为门槛变量，揭示产业升级诱导对外贸易动能转换进而对外贸竞争力提升的影响规律和门槛特征，对于地区层面而言，全国层面存在2个最优门槛，对应的门槛值分别为－0.2114和0.2268，当对外贸易动能转换指数小于－0.2114时，产业升级对外贸竞争力提升具有正向促进作用，影响系数为0.2619；当对外贸易动能转换指数高于－0.2114低于0.2268时，产业升级对外贸竞争力提升的正向影响作用为0.5897；当对外贸易动能转换指数高于0.2268时，产业升级对外贸竞争力提升有正向促进作用，影响系数为0.9692，正向促进强度持续增加。东部地区并未通过门槛效应检验，因此并不存在门槛效应，随着对外贸易动能转换越过门槛值，产业升级对外贸竞争力提升的促进作用随之增加。中部地区仅存在单一门槛效应，门槛值为 -0.1487。西部地区同样存在单一门槛效应，对应的门槛值为 0.1253。同样，地区层面以对外贸易动能转换为门槛变量下产业升级对外贸竞争力提升的影响具有时间段异质性。全国层面 2001～2012 年时间段和 2013～2019 年时间段均存在显著的门槛效应，随着对外贸易动能转换指数的增加，产业升级对外贸竞争力提升的影响强度和影响效果愈来愈增强。对东部地区而言，仅在 2013～2019 年时间段存在显著的门槛效应；对中部地区而言，在 2001～2012 年时间段内存在门槛效应，随着对外贸易动能转换指数增加，正向影响强度亦增加；对于西部地区而言，2001～2012 年时间段和 2013～2019 年时间段均存在显著的门槛效应，正向影响强度随着对外贸易动能转换指数的增加而增加。

第三，以产业升级为门槛变量，揭示对外贸易动能转换驱动产业升级进而对外贸竞争力提升的影响规律和门槛特征，从制造业行业来看，三大行业均通过不同程度的门槛检验，存在较为显著的门槛效应。劳动密集型行业的最优门槛个数为 2，门槛估计值分别为 0.600 和 2.0200，劳动密集型行业以产业升级为门槛变量的对外贸易动能转换影响外贸竞争力提升存在"破浪式"上升非线性关系；资本密集型行业存在单一门槛效应，对应的门槛值为 1.3900；技术密集型行业存在单一门槛效应，门槛值为 6.1800，均随着产业升级的提高而实现对外贸易动能转换促进外贸竞争力提升的影响强度增加。从地区层面来看，各地区内部对于产业升级门槛变量下的对外贸易动能转换影响外贸竞争力提升的作用存在差异。全国层面通过单一门槛检验，对应的门槛值为 0.6492；东部地区的门槛效应检验结果显示存在 2 个最优门槛，对应的门槛值分别为 0.8520 和 2.7029；中部地区存在 1 个最优门槛，对应的门槛值为 1.5248；西部地区均未通过任何一门槛效应检验，因此可知西部地区以产业升级为门槛变量下对外贸易动能转换对外贸竞争力提升的影响并不存在门槛效应。

第八章 产业升级、对外贸易动能转换对外贸竞争力提升的动态影响效应分析

双循环新发展格局是我国加快实施供给侧结构性改革、推进产业结构优化升级、转变经济发展方式的必然之举，更是推动中国经济朝向高质量发展的应然之策。当前，中国经济发展的"外循环"动力趋于弱化，加之世界主要发达国家及经济体倡导高端制造业回流、低端制造业分化，致使全球产业链、创新链、价值链发生深刻变革。另外，自金融危机以来西方主要发达国家经济增长乏力，突如其来的新冠疫情更是雪上加霜，外循环经济发展亟待新动能，加快实现产业升级和对外贸易动能转换，提高国内循环与国际循环效率，实现国内、国际循环双轮驱动，加快中国对外贸易高质量发展的建设步伐。与已有产业升级、对外贸易动能转换与外贸竞争力的相关研究相比，本书将三者囿于统一的框架之下，运用系统的、全面的逻辑思维考察和分析产业升级、对外贸易动能转换与外贸竞争力提升三者之间的内在影响机理和内在联系，以便进一步验证和分析产业升级、对外贸易动能转换对外贸竞争力提升的动态影响效应。因此，本章分别以2001～2019年全国时间序列数据、2001～2019年全国30个省份面板数据为研究对象，以传统VAR模型、面板协整和面板VAR模型等方法

进一步探究产业升级与对外贸易动能转换对外贸竞争力的动态影响效应，考察三者之间的动态关系，检验三者之间可能存在的影响机制，以寻求对三者关系有更为切实深入的认识，以期为我国对外贸易高质量和高水平发展提供有益的借鉴。

第一节　传统 VAR 模型检验

一、VAR 模型设定

以下设定产业升级、对外贸易动能转换与外贸竞争力提升的 VAR 模型，其表达式如下。

$$y_t = C_0 + A_1 y_{t-1} + A_2 y_{t-2} + \cdots + A_p y_{t-p} + \varepsilon_t \tag{8.1}$$

其中，y_t 为三维内生变量向量，即有 $y_t = (IU_t, DEC_t, TC_t)'$，$IU_t$ 为产业升级，DEC_t 为对外贸易动能转换，TC_t 为外贸竞争力提升，p 为滞后阶数，A_1，$A_2 \cdots A_p$ 是一个 3×3 维系数矩阵；ε_t 为三维随机扰动项向量，可同期相关，但与各自的滞后项和等式右边的其他向量均不相关。

进一步，得到产业升级（IU_t）、对外贸易动能转换（DEC_t）与外贸竞争力提升（TC_t）的 Johansen 协整检验模型，具体模型如下。

$$\Delta y_t = \prod y_{t-1} + \sum_{i=1}^{p} \Gamma \Delta y_{t-1+} B x_t + \varepsilon_t \tag{8.2}$$

其中，$\prod = \sum_{i=1}^{p} A_i - I, \Gamma i = - \sum_{j=i+1}^{p} A_j$，如果产业升级（$IU_t$）、对外贸易动能转换（$DEC_t$）与外贸竞争力提升（$TC_t$）均遵循 $I(d)$ 过程，则 ΔIU_t、ΔDEC_t 和 ΔTC_t 之间具有协整关系，就能保证 Δyt 是平稳向量。通过特征根判断 ΔIU_t、ΔDEC_t 和 ΔTC_t 之间是否存在协整关系。

若存在协整关系，进一步利用向量误差修正模型（VECM）分析产业升级（IU_t）、对外贸易动能转换（DEC_t）与外贸竞争力提升（TC_t）之间的相互关系，具体的 VECM 模型设定如下。

$$\Delta y_t = \alpha ecm_{t-1} + \sum_{i=1}^{p-1} \Gamma_i \Delta y_{t-1} + \varepsilon_t \tag{8.3}$$

其中，ecm_{t-1} 为误差修正项，表明内生变量间的长期协整关系；系数 α 表示偏离长期均衡状态时，其自发恢复至均衡时的调整速度；解释变量差分项系数则表示各内生变量相对于被解释变量的瞬息变化状况。滞后项的选择通过 AIC 准则判断，并使用脉冲响应函数描述一个内生变量对随机误差冲击的响应，以考察其之间的动态影响效应。

二、指标选取与数据说明

产业升级（IU）：国内学者在实证研究中提出了较为丰富的针对产业升级的衡量方法。徐德云（2008）以综合指数测度产业结构升级，以第二、第三产业增加值占 GDP 比值衡量（黄茂兴等，2009）。产业升级意味着"经济服务化"（吴敬琏，2008），以第三产业与第二产业产值之比衡量（干春晖等，2011；魏文江和钟春平，2021；贾洪文等，2021）。部分学者以产业结构层次系数衡量产业升级（汪伟等，2015；沈琼和王少朋，2019；李治国等，2021）。干春晖等（2020）以第三产业增加值占 GDP 的比重衡量。因此，本节同样参考其做法衡量产业高级化。本章数据时间长度均为 2001~2019 年，时间序列数据来源于国家统计局；面板数据为前述章节各省份的产业高级化指数数据。

对外贸易动能转换（DEC）：根据以上章节测度的对外贸易动能转换指数，以全国层面的对外贸易动能转换的平均值情况表征。时间序列数据使用全国层面的对外贸易动能转换的平均值；面板数据为前述章节各省份的对外贸易动能转换指数数据。

外贸竞争力提升（TC）：以贸易竞争力指数衡量。时间序列来源于国家统计局；面板数据同样为前述章节各省份的外贸竞争力指数（以人均出口规模衡量）。

三、VAR 模型估计结果

（一）变量的平稳性检验

以下采用 ADF 检验方法对产业升级（IU）、对外贸易动能转换（DEC）

和外贸竞争力提升（*TC*）等变量进行平稳性检验，具体结果见表 8 - 1。ADF 检验结果表明 *IU*、*DEC* 和 *TC* 这三个内生变量表现为非平稳的，但一阶差分序列却是平稳的，则产业升级、对外贸易动能转换与外贸竞争力提升是一阶平稳的，均遵循 AR（1）的过程。

表 8 - 1　　　　　　各变量平稳性 ADF 单位根检验结果

变量	ADF 检验	1% 临界值	5% 临界值	10% 临界值	P 值	是否平稳（5%）
IU	- 1. 344	- 4. 380	- 3. 600	- 3. 240	0. 8767	否
DEC	- 1. 86	- 4. 380	- 3. 600	- 3. 240	0. 6752	否
TC	- 1. 811	- 4. 380	- 3. 600	- 3. 240	0. 6993	否
D. IU	- 3. 530	- 4. 380	- 3. 600	- 3. 240	0. 0363	是
D. DEC	- 4. 109	- 4. 380	- 3. 600	- 3. 240	0. 0061	是
D. TC	- 3. 763	- 4. 380	- 3. 600	- 3. 240	0. 0465	是

注：*D* 表示一阶差分。

（二）VAR 模型与协整检验

在综合考量似然比统计量（LR）、最终预测误差（Final Prediction Error, FPE）、AIC、HQIC、SBIC 等信息准则之后得出估计结果，如表 8 - 2 所示。根据表 8 - 2 结果显示可知，选取一阶滞后。

表 8 - 2　　　　　　　　　　VAR 模型滞后阶数选取

Lag	LogL	LR	FPE	AIC	HQIC	SBIC
0	77. 8212	NA	3. 00E - 08	- 8. 8025	- 8. 7879	- 8. 6555
1	136. 2060	16. 77 *	9. 3e - 11 *	- 14. 6125 *	- 14. 5540 *	- 14. 0243 *
2	145. 3160	18. 221	1. 00E - 10	- 14. 6254	- 14. 5231	- 13. 5962

注：* 表示该准则选取的最优滞后阶数，SBIC 也就是 BIC。

进一步，对产业升级（*IU*）、对外贸易动能转换（*DEC*）与外贸竞争力提升（*TC*）进行协整性检验。本质上，协整检验模型的滞后期即为无约束的 VAR 模型一阶差分变量的滞后一期。在此前提之下，将滞后阶数选取为一阶，进行协整检验，结果如表 8 - 3 所示。

表 8 - 3　　　　　　　　IU、DEC 与 TC 的 Johansen 协整检验

零假设	迹检验	5% 临界值	最大特征值检验	5% 临界值
0 个	31.6061 *	34.55	28.1301 *	28.1216
最多 1 个	13.1703	18.17	12.4947	17.2646
最多 2 个	6.4622	3.74	3.1486	3.9814

注：* 表示在 5% 显著性水平下拒绝原假设。

从表 8 - 3 的检验结果来看，在 5% 显著性水平下，产业升级（*IU*）、对外贸易动能转换（*DEC*）和外贸竞争力提升（*TC*）之间存在 1 个协整关系，相应的协整方程如下。

$$TC = 0.0839IU + 0.0155DEC \qquad (8.4)$$
$$(0.9172)\quad(0.1009)\ （括号内数值为 t 值）$$

从上述协整方程中可以看出，产业升级、对外贸易动能转换和外贸竞争力提升之间存在一种长期均衡关系，且产业升级、对外贸易动能转换与外贸竞争力提升三者之间是同向变动的。

（三）误差修正模型与 Granger 因果检验

根据最佳滞后阶数，误差修正项系数估计结果如表 8 - 4 所示。可知产业升级、对外贸易动能转换和外贸竞争力提升均存在长期均衡关系。长期来看，产业升级是外贸竞争力提升的 Granger 原因，对外贸易动能转换也是外贸竞争力提升的 Granger 原因，且产业升级与对外贸易动能转换互为 Granger 原因。这表明产业升级诱导对外贸易动能转换的诱导效应和对外贸易动能转换驱动产业升级的驱动效应均得到了验证。但外贸竞争力提升反向作用于产业升级与对外贸易动能转换并未通过格兰杰检验。这可能是因为短期时间内外贸竞争力提升仅表现在数量层面的增加，还未实现质量的提升，同时产业升级表现为以产品质量和服务化进程的新产业、新产品的转型，对外贸易动能转换则更是需求端、供给端和结构转换等多维层面的新动能的形成与释放，因而外贸竞争力提升在短期内并没有成为产业升级和对外贸易动能转换的 Granger 原因。

表 8 – 4　　　　　　　　　　误差修正项系数的估计结果

系数	D（TC）	D（IU）	D（DEC）
ECM（-1）	0.2723 (0.6011)	0.3352 (0.7015)	0.0938 (0.2463)

基于以上，检验三者之间的 Granger 短期因果关系，结果如表 8 – 5 所示。分析表明，产业升级、对外贸易动能转换均是外贸竞争力提升的 Granger 原因，同时产业升级也是对外贸易动能转换的 Granger 原因，而对外贸易动能转换也是产业升级的 Granger 原因。从产业升级、对外贸易动能转换与外贸竞争力提升之间的长期和短期因果关系发现，产业升级、对外贸易动能转换与外贸竞争力提升之间存在着强单向 Granger 因果关系，而产业升级与对外贸易动能转换之间存在强双向 Granger 因果关系。

表 8 – 5　　　　　　　　Granger 短期因果关系检验

情形	Chi—sq	P 值	是否为 Granger 原因
D（IU）是 D（TC）的 *Granger* 原因？	10.6330	0.0050	是
D（DEC）是 D（TC）的 *Granger* 原因？	5.5472	0.0076	是
D（TC）是 D（IU）的 *Granger* 原因？	3.7589	0.1530	否
D（DEC）是 D（IU）的 *Granger* 原因？	2.7890	0.024	是
D（TC）是 D（DEC）的 *Granger* 原因？	4.0807	0.1300	否
D（IU）是 D（DEC）的 *Granger* 原因？	24.4090	0.0000	是

（四）脉冲响应函数

基于估计的 VAR 模型，进一步对产业升级（*IU*）、对外贸易动能转换（*DEC*）和外贸竞争力提升（*TC*）的脉冲响应函数进行分析，脉冲响应图如图 8 – 1 ~ 图 8 – 4 所示。图中实线表示拟合值，虚线为相应函数加减两倍标准差的置信区间。从图 8 – 1 中可以看出，产业升级对外贸竞争力提升的影响冲击在第 1 期 ~ 第 10 期之间呈现波动起伏的非平衡态势。具体地，产业升级对外贸竞争力提升在第 1 期明显存在积极的正响应，且正向响应到第 3 期达到峰值，随后掉头急转在第 5 期开始转变为负向冲击。而这种负向冲击维持了第 5、第 6、第 7 和第 8 期等四期时间后，接着在第 9 期以后又开始转变为正冲击。这说明产业升级能够在前期对外贸竞争力提升产生正向冲击。随着产业高级化程度的提高，也可能意味着产业合理化的持续失衡，因而可能会影响对外贸易结构优化。但当产业高级化水平持续优化，随着新技术在产业升级过程中的广泛应用，产业结构优化的正向影响效应会普惠到各个产业之间，产业间失衡性问题有所缓解。产业升级在实现"量"的水平升级的同时，也实现了"质"的高度上的提升，产业结构得到合理调整优化，产业之间失衡问题得到缓解，进而在后期持续正向影响外贸竞争力提升。

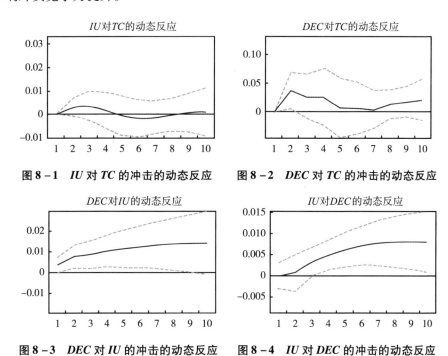

图 8-1　*IU* 对 *TC* 的冲击的动态反应　　图 8-2　*DEC* 对 *TC* 的冲击的动态反应

图 8-3　*DEC* 对 *IU* 的冲击的动态反应　　图 8-4　*IU* 对 *DEC* 的冲击的动态反应

图 8-2 显示了对外贸易动能转换（*DEC*）对外贸竞争力提升（*TC*）的长期动态反应。同样地，对外贸易动能转换对外贸竞争力提升冲击更加具有明显的正向响应。从第 1 期开始，正向响应便加速至第 2 期、第 3 期和第 4 期，整体处于快速上升态势，并在第 5 期之后趋于平稳，在第 7 期之后又显示出增长态势。可见，对外贸易动能转换持续释放的新动能，形成对外贸竞争力提升的正向影响。从图 8-3 结果可以看出，从第 1 期开始，对外贸易动能转换对产业升级的正向响应呈现持续增长态势，这也是

对外贸易动能转换驱动产业升级的驱动效应的一致体现。

从图8-4结果可以看出，仅在第1期，产业升级对对外贸易动能转换的冲击反应较为平稳。从第2期开始产业升级对对外贸易动能转换的正向响应持续增长，这也是产业升级诱导对外贸易动能转换的诱导效应的一致体现，这与前边得到的产业升级与对外贸易动能转换之间存在着强双向Granger因果关系相一致。

第二节　面板协整模型检验

一、面板协整模型介绍

（一）面板协整检验

由于本章的研究目的是探究产业升级、对外贸易动能转换与外贸竞争力提升之间是否存在长期的稳定动态影响关系，使用的是2001~2019年的省际面板数据，由于各省域之间发展的异质性，因此采用在宏观实证分析中应用广泛的由卡奥（Kao，1999）和佩德罗尼（Pedroni，2004）分别提出的同质和异质下面板协整检验予以分析。以下简要介绍其协整检验模型。

首先，卡奥（1999）的检验模型设定如下。

$$y_{it} = \alpha_{it} + \beta_{it} + e_{it} \tag{8.5}$$

其中，$i = 1, 2, \cdots, N$；$t = 1, 2, \cdots, T$。y_{it} 和 x_{it} 分别是 $(N \times T) \times 1$ 和 $(N \times T) \times M$ 维可观测变量，为判断 y_{it} 和 x_{it} 之间是否存在面板协整关系，卡奥（Kao，1999）提出采用 DF 和 ADF 检验。其中 DF 统计量可在固定效应的残差检验中得到：

$$\hat{e}it = \rho \hat{e}_{it} - 1 + \nu_{it} \tag{8.6}$$

判断 $\hat{e}_{it}$ 是否平稳的原假设为 $\rho = 1$，即 $\hat{e}_{it}$ 存在单位根，则非平稳过程。卡奥（1999）提出了四个检验统计量以检验原假设是否成立，统计量形式如下。

$$DF_\rho = (\sqrt{N}T(\hat{\rho}-1) + 3\sqrt{N})/\sqrt{10.2}$$

$$DF_t = \sqrt{1.25}\,t\rho + \sqrt{1.875}\,N$$

$$DF_\rho^* = [\sqrt{N}T(\hat{\rho}-1) + 3\sqrt{N}\hat{\sigma}_V^2/\hat{\sigma}_{0V}^2]/\sqrt{3 + (36/5)(\hat{\sigma}_V^4/\hat{\sigma}_{0V}^4)}$$

$$DF_t^* = ((t\rho + \sqrt{6N}\hat{\sigma}_V^2)/2\hat{\sigma}_{OV})/\sqrt{\hat{\sigma}_{0V}^2/2\hat{\sigma}_V^2 + 3\hat{\sigma}_V^2/10\hat{\sigma}_{0V}^2}$$

其中，$\hat{\rho}$ 是对式（8.5）采用 OLS 估计得到的 ρ 估计值，t_ρ 是 $\hat{\rho}$ 的 t 值，$\hat{\sigma}_V$ 是方差的估计值。另 DF_ρ 和 DF_t 检验要求 x 为外生变量，其与 e_{it} 不相关，而 DF_ρ^* 和 DF_t^* 检验无此要求。对于面板 ADF 检验，还需要估计以下方程。

$$\hat{e}_{it} = \rho\hat{e}_{it-1} + \sum_{j=1}^{\rho}\vartheta_j\Delta\hat{e}_{it-j} + \nu_{it\rho} \tag{8.7}$$

同样地，为判断 $\hat{e}_{it}$ 是否为平稳过程，卡奥（1999）构造了如下统计量。

$$ADF = (t_{ADF} + \sqrt{6N}\hat{\sigma}_V/\hat{\sigma}_{0V})/(\sqrt{\hat{\sigma}_{0V}^2/\hat{\sigma}_V^2 + 3\hat{\sigma}_V^2/10\hat{\sigma}_{0V}^2})$$

其中，t_{ADF} 为式（8.6）ρ 估计量的 t 值。以上的五个统计量在符合卡奥（1999）提出的假设条件下均收敛于正态分布。

其次，佩德罗尼（2004）面板协整检验基于以下方程的残差。

$$y_{it} = \alpha_{it} + \delta_{it}t + \beta_i x_{it} + e_{it} \tag{8.8}$$

佩德罗尼提出以协整检验的残差为分析对象构造了统计量以检验协整关系，其原假设 H0：不存在协整关系。佩德罗尼的七个统计量形式如下。

Panel v 统计量：$Z_1 = (\sum_{i=1}^{N}\sum_{t=1}^{T}\hat{L}_{11i}^{-2}\hat{e}_{it-1}^2)^{-1}$

Panel rho 统计量：$Z_2 = (\sum_{i=1}^{N}\sum_{t=1}^{T}\hat{L}_{11i}^{-2}\hat{e}_{it-1}^2)^{-1}\sum_{i=1}^{N}\sum_{t=1}^{T}\hat{L}_{11i}^{-2}(\hat{e}_{it-1}\Delta\hat{e}_{it} - \hat{\lambda}_i)$

Panel PP 统计量：$Z_3 = (\tilde{\sigma}_{NT}^2\sum_{i=1}^{N}\sum_{t=1}^{T}\hat{L}_{11i}^{-2}\hat{e}_{it-1}^2)^{-1/2}\sum_{i=1}^{N}\sum_{t=1}^{T}\hat{L}_{11i}^{-2}(\hat{e}_{it-1}\Delta\hat{e}_{it} - \hat{\lambda}_i)$

Panel ADF 统计量：$Z_4 = (\hat{s}^{*2}\sum_{i=1}^{N}\sum_{t=1}^{T}\hat{L}_{11i}^{-2}\hat{e}_{it-1}^2)^{-1/2}\sum_{i=1}^{N}\sum_{t=1}^{T}\hat{L}_{11i}^{-2}\hat{e}_{it-1}\Delta\hat{e}_{it}$

Group rho 统计量：$Z_5 = \sum_{i=1}^{N}(\sum_{t=1}^{T}\hat{e}_{it-1}^2)^{-1}\sum_{t=1}^{T}(\hat{e}_{it-1}\Delta\hat{e}_{it} - \hat{\lambda}_i)$

Group PP 统计量：$Z_6 = \sum_{i=1}^{N}(\tilde{\sigma}_{NT}^2\sum_{t=1}^{T}\hat{e}_{it-1}^2)^{-1/2}\sum_{t=1}^{T}(\hat{e}_{it-1}\Delta\hat{e}_{it} - \hat{\lambda}_i)$

Group ADF 统计量：$Z_7 = \sum\limits_{i=1}^{N} \left(\sum\limits_{t=1}^{T} \hat{s}_i^2 \hat{e}_{it-1}^{*2} \right)^{-1/2} \sum\limits_{t=1}^{T} (\hat{e}_{it-1} \Delta \hat{e}_{it})$

$$\hat{\lambda}_i = \frac{1}{T} \sum\limits_{s=1}^{k_i} \left(1 - \frac{s}{k_i + 1} \right) \sum\limits_{t=s+1}^{T} \hat{\mu}_{i,t} \hat{\mu}_{i,t-s}$$

$$\hat{s}_i^2 = \frac{1}{T} \sum\limits_{t=1}^{T} \hat{\mu}_{i,t}^2$$

$$\hat{\sigma}_i^2 = \hat{s}_i^2 + 2\hat{\lambda}_i$$

$$\hat{s}_i^{*2} = \frac{1}{t} \sum\limits_{t=1}^{T} \hat{\mu}_{i,t}^{*2},$$

$$\tilde{o}_{NT}^2 = \frac{1}{N} \sum\limits_{i=1}^{N} \hat{L}_{11i}^2 = \frac{1}{T} \sum\limits_{t=1}^{T} \hat{\eta}_{i,t}^2 + \frac{2}{T} \sum\limits_{s=1}^{k} \left(1 - \frac{s}{k_i + 1} \right) \sum\limits_{t=s+1}^{T} \hat{\eta}_{i,t} \hat{\eta}_{i,t-s}$$

其中，$\hat{\mu}_{i,t}$，$\hat{\mu}_{i,t}^*$ 和 $\hat{\eta}_{i,t}$ 来自以下回归方程：$\hat{e}_{i,t} = \hat{\alpha}_i \hat{e}_{i,t-1}$，$\hat{e}_{i,t}^* = \hat{\alpha}_i \hat{e}_{i,t-1} + \sum\limits_{s=1}^{k_i} \hat{\alpha}_i \Delta \hat{e}_{i,t-k} + \hat{\mu}_{i,t}^*$，$\Delta y_{i,t} = \sum\limits_{m=1}^{M} \hat{b}_{m i, t} + \hat{\eta}_{i,t}$。定义 ρ_i，ρ_i 为第 i 个样本的残差自回归系数，那么若不存在协整关系的原假设 H0：$\rho_i = 1$。这七个统计量可分为两类：一类为联合组内统计量，包括 Panel rho 统计量、Panel v 统计量、Panel PP 统计量和 Panel ADF 统计量，该类统计量拒绝域为 $\rho_i = \rho < 1$；另一类为组间统计量，包括 Group rho 统计量、Group PP 统计量和 Group ADF 统计量，该类统计量拒绝域为 $\rho_i < 1$。佩德罗尼提出的七个统计量均渐进服从标准正态分布，当其绝对值大于运用蒙特卡罗方法所构造的临界值时，则拒绝原假设，认为"存在协整关系"，并且样本量 $N \leq 20$，Panel v 统计量和 Group PP 统计量估计结果表现较差，而 Panel ADF 和 Group ADF 的统计量检验度较好。因此，若出现判断结果不一致时，主要参考 Panel ADF 和 Group ADF 统计量。

（二）面板模型估计

进一步对面板模型进行相应的估计。若检验表明 y 与 x 之间存在面板协整关系，进而估计协整参数 β。卡奥和蒋（Kao & Chiang，2000）提出了 OLS、FMOLS 和 DOLS 三种估计方法估计协整参数 β。其中 OLS 估计量如下。

$$\hat{\beta}_{OLS} = \left[\sum\limits_{i=1}^{N} \sum\limits_{t=1}^{T} (x_{it} - \bar{x}_i)(x_{it} - \bar{x}_i)' \right]^{-1} \left[\sum\limits_{i=1}^{N} \sum\limits_{t=1}^{T} (x_{it} - \bar{x}_i)(y_{it} - \bar{y}_i)' \right]$$

$$(8.9)$$

其中，$\bar{x}_i = (1/T)\sum x_{it}$，$\bar{y}_i = (1/T)\sum y_{it}$。为消除模型中可能存在的内生性问题以及可能存在的序列相关问题，进一步采用 FMOLS 和 DOLS 估计。

FMOLS 通过构造 $\widehat{y}_{it}^+$ 和 $\widehat{\Delta}_{it}^+$，然后算出 β 的估计量，因此定义：

$$\mu_{it}^+ = \mu_{it} - \Omega_{\mu\varepsilon}\Omega_\varepsilon^{-1}\varepsilon_{it}, \widehat{\mu}_{it}^+ = \mu_{it} - \widehat{\Omega}_{\mu\varepsilon}\widehat{\Omega}_\varepsilon^{-1}\varepsilon_{it}$$

$$y_{it}^+ = y_{it} - \Omega_{\mu\varepsilon}\Omega_\varepsilon^{-1}\Delta x_{it}, \widehat{y}_{it}^+ = y_{it} - \widehat{\Omega}_{\mu\varepsilon}\widehat{\Omega}_\varepsilon^{-1}\Delta x_{it}$$

利用变换对模型修正得到：

$$\widehat{y}_{it}^+ = y_{it} - \widehat{\Omega}_{\mu\varepsilon}\widehat{\Omega}_\varepsilon^{-1}\Delta x_{it} = \alpha_i + \beta x_{it} + \mu_{it} - \widehat{\Omega}_{\mu\varepsilon}\widehat{\Omega}_\varepsilon^{-1}\Delta x_{it}$$

且序列相关的修正项为：

$$\widehat{\Delta}_{it}^+ = (\widehat{\Delta}_{\mu\varepsilon}\widehat{\Delta}_\varepsilon)/(1/(-\widehat{\Omega}_\varepsilon^{-1}\widehat{\Omega}_{\mu\varepsilon}))$$

其中，$\widehat{\Delta}_{\mu\varepsilon}$ 和 $\widehat{\Delta}_\varepsilon$ 分别为 $\Delta_{\mu\varepsilon}$ 和 Δ_ε 的核估计。因此，FMOLS 估计量为：

$$\widehat{\beta}_{FMOLS} = \Big[\sum_{i=1}^N\sum_{t=1}^T (x_{it} - \bar{x}_i)(x_{it} - \bar{x}_i)'\Big]^{-1}\Big[\sum_{i=1}^N\sum_{t=1}^T (x_{it} - \bar{x}_i)\widehat{y}_{it}^+ - T\widehat{\Delta}_{it}^+\Big]$$

$$(8.10)$$

而 DOLS 方法利用下式回归得到 $\widehat{\beta}_{DOLS}$ 估计量：

$$y_{it} = \alpha_{it} + \beta x_{it} + \sum_{j=-q_1}^{q_2} c_{ij}\Delta x_{i,t+j} + e_{it} \qquad (8.11)$$

其中，q_1 为领先期，q_2 为滞后期。他们提出利用蒙特卡罗模拟实验对 OLS、FMOLS 和 DOLS 三种估计量的有限样本特征进行比较，发现 OLS 估计量具有不一致性，而 FMOLS 和 DOLS 估计量均为渐进正态分布，成为估计协整方程较好的选择（杨子晖等，2009）。

二、面板协整模型设定

通过构建模型（8.12）~模型（8.16），以检验我国产业升级、对外贸易动能转换与外贸竞争力提升三个变量之间是否存在协整关系。首先，利用模型（8.12）分析产业升级（IU）与外贸竞争力提升（EXPORT）之间是否存在面板协整关系；用模型（8.13）验证对外贸易动能转换（DEC）与外贸竞争力提升（EXPORT）之间是否存在协整关系；用模型（8.14）来验证产业升级（IU）、对外贸易动能转换（DEC）与外贸竞争力提升

（EXPORT）之间是否存在面板协整关系，并通过系数 β、η 和 φ 的符号和显著性判断产业升级（IU）、对外贸易动能转换（DEC）是否有利于外贸竞争力提升（EXPORT）；然后分别利用模型（8.15）和模型（8.16）验证产业升级与对外贸易动能转换之间的关系，如果系数显著则说明产业升级能够通过诱导对外贸易动能转换进而影响外贸竞争力提升以及对外贸易动能转换通过驱动产业升级影响对外贸易动能转换，具体的设定如下。

$$EXPORT_{it} = \alpha_i + \beta IU_{it} + \varepsilon_{it} \tag{8.12}$$

$$EXPOTR_{it} = \kappa_i + \eta DEC_{it} + \nu_{it} \tag{8.13}$$

$$EXPORE_{it} = \omega_i + \phi IUit + \gamma DEC_{it} + \rho_{it} \tag{8.14}$$

$$IU_{it} = \lambda_i + \psi DEC_{it} + \zeta_{it} \tag{8.15}$$

$$DEC_{it} = \rho_i + \delta IU_{it} + \chi_{it} \tag{8.16}$$

其中，外贸竞争力提升（EXPORT）使用各省份的人均出口总额，产业升级（IU）和对外贸易动能转换（DEC）使用各省份产业结构层次系数和测算的对外贸易动能转换指数，具体数据已在前面章节进行详细说明。

三、面板协整估计结果

（一）变量的面板单位根检验

先要考察变量的单位根检验。因此，在判断产业升级（IU）、对外贸易动能转换（DEC）与外贸竞争力提升（EXPORT）之间是否存在面板协整关系之前，第一步应先检验 EXPORT、IU 和 DEC 的平稳性。为了克服单一检验偏差并保证结构稳健性，采用了 LLC 检验、Breitung 检验、HT 检验、IPS 检验、Fisher - ADF 检验和 Fisher - PP 检验，以上检验的原假设均为没有单位根。具体检验结果详见表 8 - 6。由表 8 - 6 可知，在使用所有检验后发现，EXPORT、IU 和 DEC 的检验统计量都不显著。但在一阶差分后的 $\Delta EXPORT$、ΔIU 和 ΔDEC 的检验统计量均显著，这说明产业升级（IU）、对外贸易动能转换（DEC）和外贸竞争力提升（EXPORT）均为包含单位根的非平稳变量。

表 8 – 6 变量的面板单位根检验结果

变量	检验统计量						是否平稳
	LLC	Breitung	HT	IPS	Fisher – ADF	Fisher – PP	
EXPORT	– 0.0883 (0.4648)	18.6989 (1.0000)	0.6295 (0.7854)	2.0706 (0.9873)	2.4760 (0.9992)	– 2.8428 (0.2201)	否
IU	– 0.8533 (0.1968)	13.3739 (1.0000)	0.8683 (0.6464)	0.0751 (1.0000)	– 0.5973 (0.2752)	7.1393 (1.0000)	否
DEC	– 2.2127 (0.1350)	12.1064 (1.0000)	0.8008 (0.1304)	– 1.5333 (0.5967)	– 3.0233 (0.2370)	– 0.9753 (0.1647)	否
ΔEXPORT	– 6.9234 (0.0000)	– 3.9521 (0.0000)	– 0.3222 (0.0000)	– 3.1978 (0.0000)	– 6.9451 (0.0000)	– 22.0387 (0.0000)	是
ΔIU	– 12.8001 (0.0000)	– 5.1107 (0.0000)	– 0.0177 (0.0000)	– 3.3613 (0.0000)	– 5.3835 (0.0000)	– 12.0223 (0.0000)	是
ΔDEC	– 8.7145 (0.0000)	– 9.6526 (0.0000)	– 0.1588 (0.0000)	– 4.8990 (0.0000)	– 8.5657 (0.0000)	– 22.6096 (0.0000)	是

注：Δ 表示变量的一阶差分形式，括号内数值为各统计量对应的 P 值；以上五种检验方法的原假设都为被解释的变量的 I（1）。

（二）协整检验结果及分析

先根据卡奥（1999）和佩德罗尼（2004）的研究方法分别计算出了统计量，具体结果见表 8 – 7。显然，表 8 – 7 中方程所对应的统计量基本均显著，仅个别统计量表现为不显著，同时参考以上主要使用 ADF_t 和 Group ADF 可知应拒绝原假设，说明产业升级、对外贸易动能转换与外贸竞争力提升之间存在长期的关系。

表 8 – 7 面板协整检验结果

检验方法		模型 (8.12)	模型 (8.13)	模型 (8.14)	模型 (8.15)	模型 (8.16)
卡奥 (1999)	DF_Rho	4.0623 (0.0000)	0.0206 (0.0018)	– 0.383 (0.0008)	2.8168 (0.0024)	3.0146 (0.0013)
	DF_t_rho	4.9846 (0.0000)	0.5957 (0.0757)	0.2336 (0.0077)	3.7909 (0.0001)	2.0167 (0.0219)
	DF_Rho_star	4.3607 (0.0000)	0.5666 (0.0093)	0.1759 (0.0302)	2.8851 (0.0020)	2.4229 (0.0077)
	DF_t_Rho_star	5.5874 (0.0000)	1.0162 (0.0548)	0.6354 (0.0026)	3.8833 (0.0001)	1.2721 (0.1017)
	ADF_t	3.8015 (0.0000)	0.9568 (0.0455)	0.6071 (0.0019)	2.3588 (0.0092)	2.6329 (0.0042)

续表

检验方法		模型（8.12）	模型（8.13）	模型（8.14）	模型（8.15）	模型（8.16）
佩德罗尼（1999）	Panel v	36.8493 (0.0000)	14.3475 (0.0000)	4.0040 (0.0000)	26.0315 (0.0000)	13.0758 (0.0000)
	Panel rho	-0.3493 (0.3634)	0.7751 (0.7809)	-0.5095 (0.3052)	0.0077 (0.5031)	0.6659 (0.7473)
	Panel PP	-3.6973 (0.0001)	-3.2558 (0.0006)	-1.9256 (0.0271)	-2.2381 (0.0126)	-0.6000 (0.0274)
	Panel ADF	-4.8632 (0.0000)	-1.6279 (0.0418)	-3.0580 (0.0011)	-4.5455 (0.0000)	-3.8444 (0.0001)
	Group rho	1.4554 (0.9272)	2.8379 (0.0977)	1.5727 (0.0421)	3.2392 (0.0994)	2.3651 (0.0991)
	Group PP	-3.7137 (0.0001)	-2.3595 (0.0091)	-1.4087 (0.0795)	1.1112 (0.8669)	-0.1394 (0.4446)
	Group ADF	-3.8268 (0.0001)	-1.0991 (0.0013)	-3.9259 (0.0000)	-2.7815 (0.0027)	-2.6232 (0.0044)

注：表中的统计量均服从正态分布，括号内为统计量对应的收尾概率 P 值，P 值依照渐进正态分布计算而得；另除 Panel v 统计量为右尾检定外，其他的统计量均为左尾检定。

以上模型的 OLS 估计结果见表 8-8。从表 8-8 中可知，模型中的所有系数均显著，模型（8.12）、模型（8.13）和模型（8.14）结果表明，产业升级、对外贸易动能转换对外贸竞争力提升有积极影响。模型（8.15）和模型（8.16）结果显示，对外贸易动能转换有利于驱动产业升级，而产业升级也是诱导对外贸易动能转换的推动力。因此，在以上估计结果下似乎可以得到产业升级与对外贸易动能转换不仅都直接对外贸竞争力提升产生积极激励，而且还通过对外贸易动能转换驱动产业升级和产业升级诱导对外贸易动能转换双重渠道促进外贸竞争力提升的结论。然而可能因内生性问题，OLS 估计结果出现偏误。为此进一步采用 FMOLS 和 DOLS 估计方法，对以上模型加以估计，具体估计结果见表 8-9 和表 8-10 中。

表8-8			OLS 估计结果		
解释变量	模型 (8.12)	模型 (8.13)	模型 (8.14)	模型 (8.15)	模型 (8.16)
IU	0.0229 *** (0.0064)		0.0195 *** (0.0068)		0.0111 *** (0.0013)
DEC		0.5881 ** (0.1976)	0.3057 ** (0.2086)	0.2535 *** (0.0796)	
R^2	0.7347	0.7317	0.7483	0.4601	0.8533

注：*** 、** 分别表示在1%、5%的水平上显著。

从表8-9中的 FMOLS 估计结果可以看出，与 OLS 估计结果一样，所有变量均显著为正，但各参数大小变化明显。总体来看，各模型中的系数均变大，但同时可以观察到模型的 R^2 相比 OLS 估计结果有所降低。在小样本情况下，FMOLS 估计量有效性可能低于 OLS 估计量，采用 DOLS 估计可能更优。

表8-9			FMOLS 估计结果		
解释变量	模型 (8.12)	模型 (8.13)	模型 (8.14)	模型 (8.15)	模型 (8.16)
IU	0.0685 *** (0.3719)		0.0674 *** (0.0054)		0.0753 *** (0.0237)
DEC		0.8161 ** (0.2756)	0.6654 ** (0.1934)	0.3993 *** (0.0860)	
R^2	0.6283	0.3147	0.3483	0.6373	0.9255

注：*** 、** 分别表示在1%、5%的水平上显著。

由表8-10 的 DOLS 估计结果可以看出，产业升级（*IU*）和对外贸易动能转换（*DEC*）在模型（8.12）和模型（8.13）中的系数有所降低，同时显著性水平也同样有所下降，但从长期来看，产业升级与对外贸易动能转换仍对外贸竞争力提升产生积极的促进影响；同时，模型（8.14）中的系数也变得较小，且产业升级与对外贸易动能转换分别在5%和10%水平上显著，表明产业升级与对外贸易动能转换是促进外贸竞争力提升的可能性的影响因素；同时模型（8.15）和模型（8.16）中的系数虽有所减小，但其均在1%水平上显著。可见，对外贸易动能转换驱动产业升级和产业升级诱导对外贸易动能转换确实有着不可忽略的正向作用；另外，模型（8.14）、模型（8.15）和模型（8.16）中 ϕ、γ、ψ 和 ρ 的值均显著，更加支持产业升级通过诱导对外贸易动能转换和对外贸易动能转换通过驱动产业升级作用于外贸竞争力提升。

表 8 – 10   DOLS 估计结果

解释变量	模型（8.12）	模型（8.13）	模型（8.14）	模型（8.15）	模型（8.16）
IU	0.0093 ** (0.0035)		0.0490 ** (0.0101)		0.0052 *** (0.0006)
DEC		0.1844 * (0.0187)	0.1720 * (0.0185)	0.0138 *** (0.0415)	
R^2	0.3045	0.2995	0.4747	0.7726	0.8322

注：*** 、** 和 * 分别表示在 1%、5% 和 10% 的水平上显著。

综合以上各种估计结果比较与分析，无论统计特征还是考虑的经济理论预期，DOLS 估计量相比于 OLS 估计量和 FMOLS 估计量更为可信。因此从 DOLS 估计结果可知，产业升级、对外贸易动能转换与外贸竞争力提升之间存在稳定的协整关系。从长期来看，产业升级不仅直接推动外贸竞争力提升，而且产业升级还通过诱导对外贸易动能转换进而对外贸竞争力提升产生显著的正向影响。同时，对外贸易动能转换不仅可以正向促进外贸竞争力水平提升而且还进一步通过驱动产业升级进而正向促进对外贸竞争力提升，且产业升级的促进效应的显著性水平高于对外贸易动能转换的促进效应。可知，产业升级通过对外贸易动能转换进而间接影响外贸竞争力提升的效果相较于对外贸易动能转换通过产业升级进而间接影响外贸竞争力提升的作用较大。这可能是由于我国对外贸易动能转换处于初期起步阶段，新动能尚未得到有效释放，因此所起的效果有限。

第三节　面板 VAR 模型检验

一、面板 VAR 模型设定

（一）PVAR 的模型设定

西姆斯（Sims，1980）开创性地提出向量自回归模型（VAR），实现了由多元时间序列构成的向量自回归模型。随着学者对面板数据自回归模型的研究，PVAR 模型方法成为相对成熟的模型，即可以兼具时间序列和面板数据分析。与传统的 VAR 模型相比，PVAR 模型大大降低了对时间序列长度的要求，只有 $T \geqslant 2m+2$，其中 T 为时间序列长度，m 为滞后项阶数，以此估计稳态下的滞后项参数。因此，本章依据前述省际面板数据，利用面板 VAR 模型和面板脉冲响应函数估计进一步实证检验产业升级、对外贸易动能转换对外贸竞争力提升的动态影响效应。另外，依 AIC 准则和 SC 准备进行判断，最终选用滞后二阶的 PVAR 模型：

$$y_{it} = \alpha_i + \beta_t + Ay_{it-1} + By_{it-2} + \varepsilon_{it} \qquad (8.17)$$

其中，$y_{it} = \{EXPORT, IU, DEC\}$，是基于 3×1 的内生变量即外贸竞争力提升（$EXPORT$）、产业升级（IU）和对外贸易动能转换（DEC）所构成的向量；i 为省份，t 代表年份，A 和 B 均是 3×3 维系数矩阵，α_i 和 β_i 分别是 3×1 维的个体效应向量和时间效应向量，分别反映区域异质性和体现每一时期各省份的特定冲击，第 i 个方程的误差项 ε_{it} 满足 $E(\varepsilon_{it} | \alpha_{it}, \beta_{it}, y_{it-1}, y_{it-2}, y_{it-3}, \cdots) = 0$。

（二）PVAR 的模型估计

PVAR 模型的估计步骤主要分以下两步：首先，进行面板矩估计（GMM），本书利用 Helmert 过程剔除固定效应，通过剔除单位个体向前的均值，以进行转换变量和滞后回归系数之间的正交变化，使其与随机误差项不相关。假设用 $\hat{y}_{it}$ 表示未来观测值 y_{it} 构成的均值，就可以定义 y_{it} 的未来所有时期观测值的均值为 $w_{it}(y_{it} - \hat{y}_{it})$，其中 $w_{it} = \sqrt{T_i - t / T_i - t + 1}$，$T_i$ 表示单位样本的最后年份。在消除时间和固定效应之后，模型（8.17）将变换为 $\bar{y}_{it} = A\bar{y}_{it-1} + B\bar{y}_{it-2} + \varepsilon_{it}$。于是，进而将滞后回归系数作为工具变量，并利用广义矩估计（GMM）进行有效估计。其次是进行脉冲响应函数估计和误差项的方差分析。脉冲响应函数根据正交化下 Cholesky 分解的前后顺序代表着后序变量的当前和滞后期均受到前序变量的正交化新生的冲击。因此结合本书研究问题的经济含义和理论依据，后续的三个变量的顺序依次为 IU、DEC、$EXPORT$，结合 Monte – Carlo 模拟给出的脉冲响应函数在 95% 的置信区间，以刻画产业升级、对外贸易动能转换与外贸竞争力提升之间的长期动态关系。在此基础上，进一步运用方差分析的方法，研究产业升级、对外贸易动能转换在影响外贸竞争力提升的重要性，进而更加全面系统清晰地认识和理解三者之间的长期动态关系。

二、面板 VAR 模型结果

（一）面板矩估计（GMM）

使用面板 VAR 估计主要考察产业升级、对外贸易动能转换与外贸竞争力提升之间的动态交互影响以及波动传导性，具体结果见表 8 – 11。对于回归系数结果的解读可以发现，当以产业升级为被解释变量时，一阶滞后的对外贸易动能转换系数在 5% 显著性水平上为正（0.2461），但二阶滞后对外贸易动能转换系数虽然为正但并不显著。整体而言，从估计结果可知对外贸易动能转换对产业升级产生一定的促进影响，因此可见其对产业升级的驱动效应明显。外贸竞争力提升的滞后一期和二期的系数分别为 1.6790 和 – 0.4610，但均不显著。一直以来，我国依托于要素禀赋的比较优势发展的出口外向型的对外贸易发展模式，一度跃升至超级贸易大国，但实际上我国更多的是承接发达国家低附加值的产业转移，难以真正实现自身技术突破，一定程度上制约了国内产业升级的进程。

表 8 – 11　　　　　　　　面板 VAR （2）估计结果

变量	IU		DEC		EXPORT	
	b – GMM	se – GMM	b – GMM	se – GMM	b – GMM	se – GMM
IU（t – 1）	0.9714 ***	0.7462	0.0019 *	0.0051	0.0134 ***	0.0815
DEC（t – 1）	0.2461 **	0.2209	0.6261 ***	0.1549	0.0258 **	0.0467
EXPORT（t – 1）	1.6790	2.0608	0.0647	0.0902	0.9704 ***	0.0738
IU（t – 2）	– 0.0548	0.0673	0.0016 ***	0.0006	– 0.0007 **	0.0002
DEC（t – 2）	0.1525	0.1249	0.0949	0.1081	0.0049	0.0215
EXPORT（t – 2）	– 0.4610	0.3674	0.1525	0.1222	– 0.0071	0.0749

注：（1）b – GMM 表示 GMM 估计系数，se – GMM 表示 GMM 估计系数的标准差；（2）（t – 1）和（t – 2）分别表示变量的滞后一期、滞后二期。（3）***、** 和 * 分别表示在 1%、5% 和 10% 的水平上显著。

当对外贸易动能转换为被解释变量时，一阶滞后和二阶滞后的产业升级的系数分别为 0.0019 和 0.0016，且分别在 10% 和 1% 显著性水平上显著正向影响对外贸易动能转换。产业升级实现了向以服务业为主的高附加值产业发展，有利于为对外贸易动能转换奠定良好的产业基础，进而对于对外贸易动能转换提供新动能，加快对外贸易动能转换。同时，从一阶滞后项系数值比二阶滞后项系数值有所变大可以看出，产业升级对于诱导对外贸易动能转换的力度稍有增加，这可能是由于随着产业升级的持续深入优化，原有产业改造升级，伴随着"四新"经济不断发展壮大，为对外贸易动能转换释放新动能提供有利的条件。一阶滞后和二阶滞后的外贸竞争力提升的系数分别为 0.0647 和 0.1525，均没有通过显著性检验，但其作用显示为正向，表明对外贸易动能转换与外贸竞争力提升之间并不存在反向因果的关系。而且对外贸易动能转换是一个复杂的动能转换系统，仅以出口技术复杂度为代表的外贸竞争力提升尚未对其产生一定的影响作用。

以外贸竞争力提升为被解释变量，一阶滞后的产业升级在 1% 显著性水平上和对外贸易动能转换在 5% 显著性水平上显著，其系数分别为 0.0134 和 0.0258，二阶滞后的产业升级和对外贸易动能转换的系数分别为 -0.0007 和 0.0049，只有产业升级通过 5% 的显著性水平检验。整体来看，一方面，产业升级与对外贸易动能转换均能在一定程度上正向促进外贸竞争力提升。但是产业升级与对外贸易动能转换影响外贸竞争力提升之间并不仅仅是简单的线性关系。另一方面，通过对比产业升级与对外贸易动能转换的系数可以发现，对外贸易动能转换的系数明显大于产业升级的系数，因此可认为对外贸易动能转换在作用力度上可能超过产业升级对外贸竞争力提升的影响。正如裴长洪等（2019）研究分析指出，中国对外贸易动能转换通过外贸新业态不断释放新动能并形成外贸竞争新优势，助力外贸竞争力水平的提升。

（二）脉冲效应函数估计和误差项的方差分析

图 8-5 为正交化脉冲—响应函数分析结果，表示在其他因素不变的情况下一个因素冲击对另一个因素的动态影响效应。实线表示经由 Monte-Carlo 模拟的脉冲响应函数 95% 的置信区间，横轴表示冲击的滞后期数。

首先分析第一列第三行的脉冲响应图，反映了产业升级对对外贸易动能转换的冲击一直保持在一个正的响应状态，可以看出在前期呈现慢慢上升随后保持稳态水平。这表明在某种程度上产业升级的优化转型对对外贸易动能转换具有明显的促进作用，诱导效应明显。同样，观察第二列第二行可以得到，面对对外贸易动能转换指标的一个冲击，产业升级依旧保持在正的响应状态，且一直处于缓慢上升状态，可见对外贸易动能转换所实现的新旧动能转换释放的新动能具备持续驱动产业升级的推动力，有利于从需求侧、供给侧和结构转换三维角度全方位地优化产业结构，助力产业升级。最后，观察第三列的第一行和第二行，面对对外贸易动能转换和产业升级的冲击影响，外贸竞争力提升均保持 0 以上的同期影响，且呈现缓慢上升的态势，可见对外贸易动能转换与产业升级对外贸竞争力提升存在一定程度的促进作用。以上结果与 GMM 方法得到的基本保持一致。

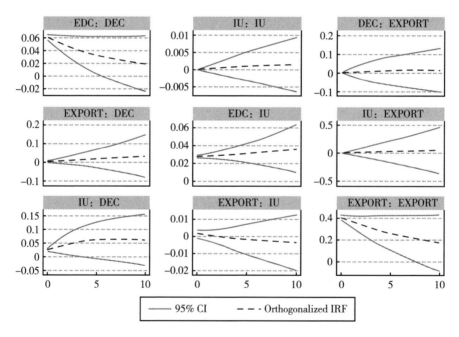

图 8 - 5 面板 VAR 正交化脉冲响应

表 8 - 12 列出了产业升级（*IU*）、对外贸易动能转换（*DEC*）和外贸竞争力提升（*EXPORT*）的第 10 个、第 20 个和第 30 个预测期的方差分解。从表 8 - 12 中数据得知，第 20 个和第 30 个预测期的结果较为相近，

表明第20个预测期后模型较为稳定。对于产业升级的变动而言，除自身影响以外，第20个预测期和第30个预测期的对外贸易动能转换对其影响均达到了15%以上；对于对外贸易动能转换来说，除了自身的影响以外，第20个预测期和第30个预测期来自产业升级的冲击达到了17%；对于外贸竞争力提升来说，在第20个预测期和第30个预测期，产业升级与对外贸易动能转换的冲击影响分别达到了9%和20%。

表8-12　　　　　　　　　　　面板 VAR 方差分解结果

变量	s	IU	DEC	EXPORT
IU	10	0.8664	0.0959	0.0377
EDC	10	0.1031	0.7945	0.1024
EXPORT	10	0.0095	0.0015	0.9890
IU	20	0.7331	0.1734	0.0935
EDC	20	0.1514	0.6451	0.2035
EXPORT	20	0.0582	0.0036	0.9382
IU	30	0.7253	0.1775	0.0972
EDC	30	0.1563	0.6354	0.2083
EXPORT	30	0.0643	0.0045	0.9312

综上所述，经探究产业升级、对外贸易动能转换与外贸竞争力提升之间存在着一种非对称的协同互动关系（见图8-6），表现为产业升级对对外贸易动能转换和外贸竞争力提升均具有积极的推动作用，同时对外贸易动能转换对产业升级和外贸竞争力提升也具有十分重要的推动作用，但外贸竞争力提升对产业升级和对外贸易动能转换的影响并不明显。产业升级与对外贸易动能转换之间存在良性正向的反馈机制。以上分析表明，产业升级、对外贸易动能转换与外贸竞争力提升之间存在这样的传导机制：一方面，产业升级与对外贸易动能转换直接促进外贸竞争力提升，称为直接效应；另一方面，产业升级诱导对外贸易动能转换进而间接促进外贸竞争力提升和对外贸易动能转换驱动产业升级进而促进外贸竞争力提升，称为间接效应。

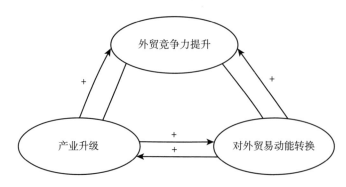

图 8 - 6　产业升级、对外贸易动能转换与外贸竞争力提升之间的相互关系
注：图中的" + "号表示正向影响；箭头的方向表示作用的方向。

第四节　本章小结

本章基于2001～2019 年全国时间序列数据以及 30 个省域面板数据，将产业升级、对外贸易动能转换与外贸竞争力提升放在一个整体框架内进行探讨，以考察三者可能存在的较为复杂的长期动态关系，主要得到以下结论。

第一，利用 VAR 模型、PVAR 模型以及脉冲响应函数等方法，对产业升级、对外贸易动能转换与外贸竞争力提升之间短期波动和长期均衡关系进行检验。结果表明：产业升级、对外贸易动能转换和外贸竞争力提升之间存在长期协整关系。产业升级、对外贸易动能转换均是外贸竞争力提升的 Granger 原因。同时产业升级与对外贸易动能转换表现为强双向 Granger 原因。结合脉冲响应函数结果可知，产业升级与对外贸易动能转换对外贸竞争力提升均具有明显的长期正向促进作用，同时产业升级与对外贸易动能转换之间也具有长期较为稳定的相互促进影响。

第二，进一步使用 LLC 检验、Breitung 检验、HT 检验、IPS 检验、Fisher - ADF 检验和 Fisher - PP 检验，验证其平稳性，结果表明三者均存在单位根过程。并利用卡奥（1999）和佩德罗尼（2004）的协整检验方法，表明产业升级、对外贸易动能转换与外贸竞争力提升之间存在长期动态影响效应，即三者存在长期均衡关系。OLS 估计、FMOLS 估计和 DOLS 估计结果表明：从长期来看，产业升级不仅直接推动外贸竞争力提升，而且产业升级还通过诱导对外贸易动能转换进而对外贸竞争力提升产生显著的正向影响。同时，对外贸易动能转换不仅直接促进外贸竞争力提升而且通过驱动产业升级进而促进对外贸竞争力提升。

第三，使用 PVAR 模型研究产业升级、对外贸易动能转换与外贸竞争力提升三者之间的关系，结果表明产业升级对对外贸易动能转换和外贸竞争力提升均具有促进作用，同时对外贸易动能转换对产业升级和外贸竞争力提升也具有十分重要的推动作用，产业升级与对外贸易动能转换之间存在良性正向的反馈机制。但外贸竞争力提升对产业升级和对外贸易动能转换的影响并不明显。从方差分析结果可知，对于产业升级的变动而言，除自身影响以外，第 20 个预测期和第 30 个预测期的对外贸易动能转换对其影响均达到了 15% 以上；对于对外贸易动能转换来说，除了自身的影响以外，第 20 个预测期和第 30 个预测期来自产业升级的冲击达到了 17%；对于外贸竞争力提升来说，在第 20 个预测期和第 30 个预测期，产业升级与对外贸易动能转换的冲击影响分别达到了 9% 和 20%。产业升级与对外贸易动能转换之间存在良性正向的反馈机制。

第九章 研究结论与展望

第一节 主要结论

本书主要基于产业升级理论、新旧动能转换理论、相关国际贸易理论、经济增长理论等相关理论研究，以及对产业升级、对外贸易动能转换与外贸竞争力提升的相关研究动态的梳理。在此基础上，通过描述产业升级、对外贸易动能转换和外贸竞争力等典型特征事实，深入探讨了产业升级、对外贸易动能转换如何影响外贸竞争力提升的影响机理，并在此基础上提出相应的研究假设。同时，通过以技术水平选择为产业升级和以贸易方式转型为对外贸易动能转换构建数理模型刻画产业升级和对外贸易动能转换的变化对外贸竞争力提升的影响之间的内在的函数关系。进一步地，依托中国制造业行业层面和地区层面的面板数据，采用静态面板、系统 GMM、中介效应检验、门槛效应检验、面板 VAR 模型检验等方法，从省际区域层面和制造业行业层面检验了产业升级、对外贸易动能转换对外贸竞争力提升的影响效应。本书的主要研究结果如下。

1. 对于产业升级水平,整体而言,中国 2001～2019 年的产业发展呈现非均衡状态,产业高级化与产业合理化水平并未达到最优。中国产业升级虽取得了一定成效,但仍处在产业升级的路上,任重道远。从省际层面来看,各省份 2001 年以来,产业结构不断优化,产业升级逐步推进。但同时各省份的产业高级化水平发展不均衡,区域差异明显。从制造业行业层面来看,各行业产业升级明显,同时各行业之间差距存在缩小迹象,但制造业单个行业产业升级指数变动波动较大。对于对外贸易动能转换水平,从省际层面来看,2001～2019 年中国对外贸易动能转换指数持续走高,全国均值水平从 2001 年的 -0.6277 增长至 2019 年的 0.5483,19 年间增速明显。但同时明显可见中国对外贸易动能转换指数的非均衡态势,区域分异性显著。制造业行业层面来看,同样地,制造业行业对外贸易动能转换行业均值从 2001 的 -0.3194 增长至 2019 年的 0.3464,新旧动能转换趋势明显增强。对于外贸竞争力提升水平,整体来看,自加入 WTO 以来,国际贸易发生了量和质的飞跃,中国进出口贸易总额不断攀升,对外贸易的发展为中国经济腾飞提供了长足的动力,服务贸易增长态势不减。但分行业情况来看,我国高技术制造业的竞争优势不足,没有足够的支撑力,外贸竞争优势依然表现在低技术制造业,中、高技术制造业的竞争力薄弱,亟待进一步提升。

2. 基于中国制造业行业层面和地区层面视角验证了产业升级、对外贸易动能转换对我国外贸竞争力提升的直接影响效应。具体检验结果如下:一方面,从制造业行业层面来看,不管是否控制对外贸易动能转换,产业升级均对外贸竞争力提升产生显著的正向作用,并在 10% 水平上显著。同时,无论控制产业升级与否,对外贸易动能转换均对外贸竞争力的提升产生正向的显著促进作用,分别在 5% 和 1% 水平上显著。因此,从全制造业行业层面来看,产业升级和对外贸易动能转换均会对外贸竞争力的提升存在着显著的促进作用。另外,从制造业行业内部来看,产业升级和对外贸易动能转换对三大密集型行业的影响效果具有差异性。制造业行业的产业升级均正向促进外贸竞争力的提升。但三大密集型行业的正向影响效果大小不一,表现为技术密集型行业促进影响最大。可知,技术密集型行业的发展状况,对对外贸易竞争优势起着重要的影响作用。制造业行业的对外贸易动能转换均正向促进外贸竞争力的提升，表现为劳动密集型行业的促进作用排在前列，其后为资本密集型行业和技术密集型行业。对外贸易动能转换首先是在新动能释放较为容易的劳动密集型行业发挥最大效能，有助于改善和提高对外贸易竞争优势，进一步实现对外贸易竞争力提升。另一方面，从全国层面来看，无论控制对外贸易动能转换与否，产业合理化均对外贸出口具有正向促进作用，且在 1% 水平上显著，有效地促进对外贸竞争力提升。而产业高级化在控制了对外贸易动能转换之后，对外贸竞争力提升有着显著的正向影响。同时，无论控制与不控制产业升级，对外贸易动能转换均对外贸出口具有正向促进作用，能够有效地促进对外贸竞争力提升。同样地，产业升级与对外贸易动能转换对外贸竞争力提升的影响存在区域异质性，东部地区的产业高级化显著提高对外贸易出口，中西部正向影响次之，产业高级化对对外贸竞争力的正向影响呈现东、中、西部梯度递减；产业合理化同样表现出明显的区域差异。中部地区和西部地区的对外贸易动能转换同样对对外贸竞争力提升有着显著的促进作用，且促进作用相较于东部地区更大，中部地区的对外贸易动能转换呈现异军突起态势，对外贸竞争力提升的影响最为明显。

3. 基于中国制造业行业层面和中国地区层面视角，利用中介效应模型检验产业升级、对外贸易动能转换与外贸竞争力提升之间的影响渠道的作用机理进行分析，研究产业升级、对外贸易动能转换对外贸竞争力提升存在的间接影响效应、诱导效应和驱动效应。产业升级通过技术革新、资源配置效率提高、激发新需求和优化贸易结构等途径有助于加快对外贸易动能转换，存在诱导效应。同时，对外贸易动能转换可以通过需求侧的需求释能、供给侧的"提质增效"和结构转换的"弯道超车"等驱动产业升级，进一步实证检验产业升级对对外贸易动能转换的诱导效应，进而促进对外贸竞争力提升的间接影响效应以及对外贸易动能转换对产业升级的驱动效应进而促进对外贸竞争力提升的间接影响效应。一方面，产业升级通过对对外贸易动能转换诱导效应，进而促进外贸竞争力提升的中介效应显著。从制造业行业层面来看，制造业全行业层面产业升级诱导对外贸易动能转换进而促进外贸竞争力提升的中介效应显著。但三大行业之间存在明显的差异，劳动密集型行业的产业升级通过对外贸易动能转换对外贸竞力提升的中介效应不显著，资本密集型行业和技术密集型行业的产业升级可以有效通过对外贸易动能转换对对外贸竞争力提升产生积极影响，其中介效应显著。从地区层面来看，全国层面产业升级通过诱导对外贸易动能转换的中介效应显著，即产业升级对对外贸易动能转换的诱导效应，进一步加快对外贸易动能转换进程，增强国际竞争优势，进而促进外贸竞争力的提升。但三大地区产业升级通过诱导对外贸易动能转换的中介效应存在差异。东部地区产业高级化对对外贸易动能转换的诱导效应存在完全中介效应。中部和西部地区的产业高级化诱导对外贸易动能转换进而促进外贸竞争力提升的中介效应显著，而产业合理化并未通过中介效应检验，中介效应并不显著。另一方面，对外贸易动能转换驱动产业升级进而对外贸竞争力提升的中介效应同样显著。从制造业行业层面来看，制造业全行业层面对外贸易动能转换驱动产业升级进而促进外贸竞争力提升的中介效应显著。但三大行业之间异质性显著，劳动和技术密集型行业的对外贸易动能转换驱动产业升级进而促进外贸竞争力提升的中介效应显著，而资本密集型行业的对外贸易动能转换驱动产业升级进而促进外贸竞争力提升的中介效应不显著。从地区层面来看，对外贸易动能转换对于产业升级的驱动效应明显进而对外贸竞争力提升产生正向影响的中介效应显著，同时应注意的是对外贸易动能转换对于产业合理化存在的负向中介效应。

4. 基于中国制造业行业层面和中国地区层面视角，利用门槛效应模型检验产业升级、对外贸易动能转换与外贸竞争力提升之间的影响机理分析，揭示产业升级、对外贸易动能转换对外贸竞争力提升的非线性影响效应。一方面，以对外贸易动能转换为门槛变量，揭示产业升级诱导对外贸易动能转换进而对外贸竞争力提升的影响规律和门槛特征。对于制造业行业层面而言，制造业层面产业升级影响外贸竞争力仅有资本密集型行业通过单一门槛效应检验，其余行业均未通过任一门槛检验。对于行业时间段而言，在 2013 ~ 2019 年时间段内，明显存在单一门槛。而劳动密集型行业和资本密集型行业在任何时间段均不存在单一门槛、双重门槛和三重门槛。对技术密集型行业而言，在 2001 ~ 2012 年时间段，以对外贸易动能转换为门槛变量的产业升级影响外贸竞争力提升存在单一门槛效应，在 2013 ~ 2019 年时间段技术密集型行业存在 2 个最优门槛。对于地区层面而言，全国层面存在 2 个最优门槛。东部地区并未通过门槛效应检验，不存在门槛效应。中西部地区存在单一门槛效应。同样，地区层面以对外贸易动能转换为门槛变量下产业升级对外贸竞争力提升的影响具有时间段异质性。全国层面 2001～2012 年时间段和 2013～2019 年时间段均存在显著的门槛效应，东部地区仅在 2013～2019 年时间段存在显著的门槛效应。中部地区在 2001～2012 年时间段存在门槛效应，西部地区在 2001～2012 年时间段和 2013～2019 年时间段均存在显著的门槛效应，正向影响强度随着对外贸易动能转换指数增加而增加。另一方面，以产业升级为门槛变量，揭示对外贸易动能转换驱动产业升级进而对外贸竞争力提升的影响规律和门槛特征，具体对制造业行业而言，三大密集型行业均通过一定的门槛效应检验，存在较为显著的门槛效应。劳动密集型行业存在双重门槛效应，资本密集型行业通过单一门槛效应检验。从地区层面来看，各地区内部对于产业升级门槛变量下的对外贸易动能转换影响外贸竞争力提升的作用存在差异。全国层面通过单一门槛检验；东部地区的门槛效应检验显示存在 2 个最优门槛；中部地区存在 1 个最优门槛；西部地区未通过任一门槛效应检验，因此并不存在门槛效应。

5. 基于 2001～2019 年全国时间序列数据、2001～2019 年全国 30 个省份面板数据，将产业升级、对外贸易动能转换与外贸竞争力提升放在一个整体框架内探讨三者之间的长期动态关系。一方面，面板 VAR 模型结果表明产业升级、对外贸易动能转换和外贸竞争力提升三者之间存在长期正向的协整关系。同时，Granger 检验表明产业升级、对外贸易动能转换均是外贸竞争力提升的 Granger 原因，并且产业升级与对外贸易动能转换表现出强双向 Granger 原因。脉冲响应函数结果显示产业升级与对外贸易动能转换对外贸竞争力提升均具有明显的长期正向促进作用。同时产业升级与对外贸易动能转换之间也具有长期较为稳定的相互促进影响。另一方面，使用 LLC 检验、Breitung 检验、HT 检验、IPS 检验、Fisher－ADF 检验和 Fisher－PP 检验，验证其平稳性，结果表明产业升级、对外贸易动能转换与外贸竞争力提升是存在单位根过程，并利用卡奥（1999）和佩德罗尼（2004）的协整检验方法，表明产业升级、对外贸易动能转换与外贸竞争力提升存在协整关系，存在长期稳定的均衡关系。OLS 估计、FMOLS 估计和 DOLS 估计结果表明，从长期来看，产业升级不仅直接推动外贸竞争力提升，而且产业升级还通过诱导对外贸易动能转换进而对外贸竞争力提升产生显著的正向影响，同时对外贸易动能转换不仅直接正向影响外贸竞争力提升，而且还可以通过驱动产业升级进而对外贸竞争力提升产生促进影响。最后利用 PVAR 模型检验可知产业升级对对外贸易动能转换和外贸竞争力提升均具有积极的推动作用，同时对外贸易动能转换对产业升级和外贸竞争力提升也具有十分重要的推动作用，但外贸竞争力提升对产业升级和对外贸易动能转换的影响并不明显。产业升级与对外贸易动能转换之间存在良性正向的反馈机制。

第 二 节 政 策 启 示

第一，加快发展第三产业，促进产业结构健康有序转型升级，提高产业升级高级化程度。通过经验证据和实证检验结果发现，产业高级化显著正向促进我国外贸竞争力提升。具体主要体现在行业层面，即劳动密集型、资本密集型和技术密集型行业的产业升级均能正向促进外贸竞争力提升，地区层面的东、中、西部地区的产业高级化同样对外贸竞争力提升产生显著的激励作用。因此，要大力发展第三产业，以增强其对我国外贸竞争力提升的积极影响，增强和提高我国参与国际贸易的竞争优势，进而实现中国对外贸易高质量发展。具体而言，一是应推进新技术的应用，增加技术研发，为发展新兴服务业为代表的第三产业的发展奠定基石。经济发展初期，我国实行"两头在外，大进大出"的出口导向型经济发展模式，导致我国缺乏关键核心技术，一直受制于发达国家技术限制。因此，在新发展阶段下发展新兴产业，实现产业转型升级逻辑起点的关键仍在于突破、创新技术，增强自主创新能力，提高自身技术水平和技术效率，摆脱受制于人的困境，实现产业升级持续有效地健康发展。二是应加大基础研究投入力度，为关键核心技术的攻关提供基础研究保障和支持；鼓励多主体和多方面的协同创新。积极鼓励社会各界积极参与创新，持续加大创新研发，充分利用产、学、研、用协同创新平台科技攻关，对基础性的关键共性技术，力促政府、企业、研究机构、高校等多主体共同参与，持续滚动研发，切实解决现实问题。三是应以创新赋能主导，不断实现传统产业及项目改造和升级，持续释放产业升级新动能。在已有的内在条件下，依托于现有产业的存量，实现在现有产业、项目上的再挖掘和再创造，这就需要创新技术赋能，加大技术革新力度，做大做强传统产业，为产业升级蓄力。

第二，优化产业合理化状态，进一步解决产业失衡问题，更加注重第一、第二和第三产业的合理化问题。通过以上经验证据验证结果显示，地区层面产业合理化指数对外贸竞争力提升有着积极的影响作用，但区域异质性显著。这是由于我国地区之间产业状况存在一定的失衡问题，东部地区相较于中西部地区产业合理化指数较低，存在严重的产业失衡问题。因此也在一定程度上对外贸竞争力提升产生了抑制与束缚作用。为了培育我国对外贸易竞争与合作新优势，实现国内、国际大循环新发展格局，助力外贸竞争力提升，应注重区域之间产业失衡问题。一方面，各区域政府应加快完善和合理制定产业政策，在发展第三产业的同时应兼顾第一、第二产业的发展，鼓励与引导企业以新技术改造第一、第二产业，实现三次产业的均衡协调发展。另一方面，发挥东部地区先进带头示范作用，增强东部地区对中西部地区的战略转移和产业支持。东部地区拥有先进的产业技术、雄厚的资金和优秀的产业技术人才，有利于实现第三产业的大跨步式的发展，形成"领头羊"效应。在此基础上，进一步增强对中西部地区的产业扶持力度，缓解中西部地区因资源禀赋造成的产业劣势，以实现东、中、西3个区域间的产业结构均衡协调发展。

第三，应充分认识产业升级与对外贸易动能转换对外贸竞争力提升的异质非线性的影响规律，合理处理制造业行业差距和地区差距问题。产业升级与对外贸易动能转换的不同水平对外贸竞争力提升表现出显著的行业异质性与区域异质性，且不同门槛区间内的影响程度同样存在差异。因此，应结合根据不同行业自身特性对产业升级与对外贸易动能转换适时进行调整，分目标阶段性地加强支撑政策的制度。与此同时，应考虑行业异质性与空间差异性的事实基础，动态化处理行业与区域间的产业升级、对外贸易动能转换与外贸竞争力提升之间的关系。一方面对于技术密集型行业，应进一步增强自主创新能力，提高产品技术含量，提高行业增加值比重，发挥产业升级在技术密集型行业的最大促进优势，同时增加参与国际竞争的筹码，缓解"卡脖子"问题。对于劳动密集型行业和资本密集型行业，推进新技术的持续应用，加快对外贸易动能转换的实现，发挥新动能效能的上升式促进效应，进而实现外贸竞争力提升。另一方面对于东部沿海地区，在进一步优化产业升级的基础上应更加注重产业均衡发展，积极促进三次产业协同共进，逐步提高产业均衡发展程度。对于中西部相对落后地区而言，应紧紧抓住新一代技术革命与产业变革的时代机遇，大力发展以人工智能等数字技术为主的新兴产业，逐步形成自身特色现代产业体系，加快实现产业升级步伐和对外贸易动能转换新优势，为参与国际贸易提供新的立足点和竞争硬核，助力外贸竞争力提升。

第四，加快对外贸易动能转换，充分释放对外贸易动能转换对外贸竞争力提升的积极影响效应。加快推进对外贸易动能转换主要应从以下几个方面进行：一是实行更高水平对外开放，培育对外贸易动能转换的国际市场环境，为外贸竞争力提升提高开放新环境。首先，继续实施"走出去"战略。持续推进"一带一路"倡议和加强"中欧班列"运行，鼓励中国企业对外投资与合作。对外贸易动能转换的新优势培育仍然要建立在中国企业继续"走出去"上积极参与全球竞争，方能适应国际大环境。其次，优化营商环境。加快跨境电商海外仓和线上综合服务平台建设，不断完善跨境电商进出口退换货管理政策、制定跨境电商知识产权保护政策、完善财税等各类支持政策，为互联网跨境电商发展奠定基础。进一步完善负面清单管理制度，提高政府智能化服务水平，实施监督治理常态化，化繁为简，不断推进营商环境公平化、法治化，引进外资，加强同世界经济的联系，提高其综合竞争力。借鉴国际经验，以自由贸易试验区为试点逐步放宽外资投资资本、领域及方式的限制，实施公平的投资便利化措施。加强电子口岸建设，推进与世界服务产业的互联互通，为跨境电商发展提供安全口岸和供应链信息服务平台。最后，实现政策性开放向制度性开放转化，为外贸发展提供更加便利的国内土壤和国际市场环境。二是增强自主创新，培育对外贸易动能转换的关键核心动力，为外贸竞争力提升增强底气。首先，加大基础研究的财政支持力度，为其提供稳定的资金支持，可以建立专项资金库，专款专用，提高基础研究的财政支持力度，有效发挥财政资金的引导、支持作用。其次，加强科技攻关，提高关键核心技术的自主可控。鼓励企业加强自主研发、自主创新，攻坚克难，加强企业同盟的技术合作，完善企业、高校、政府机构、科研机构的政、产、学、研、用一体化合作机制，鼓励和支持其在基础核心及前沿领域的关乎国家发展与安全的领域增加前瞻性和基础性的研究，逐步满足新兴技术的自主可控新要求。大力发展高新技术产业，提高产品的技术含量。最后，通过培育壮大高新技术产业等新兴产业和现代服务业，不断提高高新技术产业在国民经济中的比重。三是提升人力资本质量，培育对外贸易动能转换的人才基础支撑，为外贸竞争力提升奠定人才基石。不管是加快对外贸易动能转换，还是实现双循环新发展格局，人力资本都是关键的基础支撑。因此，应提升人力资本的供给质量，增强对外贸易动能转换的人才保障。首先，重视教育，逐步提高受教育程度。推进九年义务教育的普及，对边远穷困的地区提供强有力的财政支持，避免出现因穷弃学的现象。建立和完善贫困卡档案制度，精准识别贫困儿童，防止因贫辍学。其次，加强专职教育培训，培养专用型人才。进一步扩大中职、高职招收比例，给予更多的教育选择，培养更多的专用型人才，增强其就业的能力。最后，提高人力资本的质量。完善高等院校、科研机构、企业研究院所的人才激励机制，健全并实施全方位的人才评价体系，避免高质量人才的流失。提升人力资本质量，是培育对外贸易动能转换的人才基础支撑的关键，这样才能更好地促进国内、国际循环更高水平、更加协调、更可持续地发展，实现中国对外贸易竞争新优势的培育，助力外贸竞争力持续提升。

第三节　研究展望

基于制造业行业层面和地区层面，深入探讨了产业升级、对外贸易动能转换对外贸竞争力提升的影响效应，即产业升级通过技术创新溢出、企业间竞争示范效应凸显、刺激消费需求、积累物质资本和人力资本以及产业结构效应对外贸竞争力提升产生直接影响效应，对外贸易动能转换通过降低贸易成本、提升要素资源配置效率、释放新动能、改善营商环境、激发竞争、带动消费需求和促进要素积累对外贸竞争力提升产生直接影响效应，同时产业升级通过技术革新、资源配置效率提高、激发新需求和优化贸易结构等途径有助于加快对外贸易动能转换，存在诱导效应和间接影响效应，对外贸易动能转换可以通过需求侧的需求释能、供给侧的"提质增效"和结构转换的"弯道超车"等驱动产业升级，存在驱动效应和间接影响效应，进而对外贸竞争力提升产生影响。据此提出本书的研究假设，并运用多种方法进行实证检验，并得出有益的结论。但本书仍存在如下不足，有待进一步深入研究。

第一，本书以制造业行业层面和地区层面两维度视角，通过贸易竞争力指数、显示性比较优势指数、省域人均出口量以及构造省域出口技术复杂度等多项指标反映行业层面与地区层面的外贸竞争力水平，虽能较为全面反映其在对外贸易发展中的竞争力表现，但国际贸易市场变幻多端，加之贸易保护主义抬头，逆全球化现象不断上演，使中国对外贸易发展面临更多机遇与挑战。中国适时提出构建国内国际双循环相互促进的新发展格局，因此，未来的研究可以更多地考虑国际市场变动，将国际大循环纳入研究范围，并测算参与国际循环的指数，将国际外循环参与程度等因素考虑进来，以更加全面反映外贸竞争力提升的影响因素。

第二，本书从地区层面探讨产业升级、对外贸易动能转换与外贸竞争力提升的互动关系，得出有益的结论。囿于数据的可得性，对于对外贸易动能转换指数的测度在结构动能方面，未能使用互联网跨境电商交易数据进行衡量，后期研究可以考察进一步细化和完善对外贸易动能转换指标测度，更加全面完善反映其对外贸竞争力的影响。

第三，本书采用制造业行业数据与地区层面省际数据，仅采用了宏观数据进行相应分析，缺乏相应的微观机制的支持。在未来的研究中，可以考虑采用微观层面数据，以企业主体考察外贸竞争力提升的影响因素，增强经济模型的解释力度。

参 考 文 献

［1］安礼伟、张二震：《中国经济新旧动能转换的原因、基础和路径》，载于《现代经济探讨》2021年第1期。

［2］安苑、王珺：《财政行为波动影响产业结构升级了吗？——基于产业技术复杂度的考察》，载于《管理世界》2012年第9期。

［3］安增军、曾倩琳：《福建省产业升级效应测评体系实证研究——基于层次分析法》，载于《福建论坛》（人文社会科学版）2012年第7期。

［4］白柠瑞、李成明、杜书、曾良恩：《新旧动能转换的内在逻辑和政策导向》，载于《宏观经济管理》2021年第10期。

［5］包振山、徐振宇、谢安：《技术创新、产业结构升级与流通业发展》，载于《统计与决策》2022第5期。

［6］卜伟、杨玉霞、池商城：《中国对外贸易商品结构对产业结构升级的影响研究》，载于《宏观经济研究》2019年第8期。

［7］［美］布莱恩·阿瑟：《技术的本质》，曹东溟、王健译，浙江人民出版社2018年版。

［8］蔡德发、傅彬瑶：《多层次灰色评价法在产业升级程度评价中的应用与验证——以黑龙江省为例》，载于《哈尔滨商业大学学报》（社会科学版）2011年第1期。

［9］蔡昉、王德文、曲玥：《中国产业升级的大国雁阵模型分析》，载于《经济研究》2009年第9期。

［10］曹冲、谢文宝、夏咏：《对外开放、贸易竞争与经济增长——基于中国与中亚5国跨国面板数据的实证分析》，载于《价格月刊》2020年第11期。

[11] 柴秋星：《现代流通产业在我国双循环发展格局中的先导效应研究》，载于《商业经济》2021年第1期。

[12] 陈春根、杨欢：《FDI对我国高新技术产业国际竞争力影响的实证研究》，载于《特区经济》2012年第10期。

[13] 陈建华、马晓逵：《中国对外贸易结构与产业结构关系的实证研究》，载于《北京工商大学学报》（社会科学版）2009年第2期。

[14] 陈明、魏作磊：《生产服务业开放与中国产业结构升级》，载于《经济问题探索》2017年第4期。

[15] 陈晓蓉、张昆贤、张汝立、黄培宏：《流动感知对青年社会态度的影响——生活质量的双中介效应》，载于《西北人口》2022年第2期。

[16] 程莉：《产业结构的合理化、高级化会否缩小城乡收入差距——基于1985～2011年中国省级面板数据的经验分析》，载于《现代财经》（天津财经大学学报）2014年第11期。

[17] 程璐璐、曹薇：《区域新旧动能转换的地区差异及空间收敛性研究》，载于《管理现代化》2021年第6期。

[18] ［英］大卫·李嘉图：《政治经济学及赋税原理》，王亚南、郭大力译，译林出版社2014年版。

[19] 代新玲：《产业结构变迁与我国对外贸易市场结构的发展趋势》，载于《改革与战略》2017年第11期。

[20] 戴林莉：《增强对欧外贸竞争力研究——基于中欧班列提单视角》，载于《国际贸易》2017年第10期。

[21] 邓平平：《对外贸易、贸易结构与产业结构优化》，载于《工业技术经济》2018年第8期。

[22] 邓向荣、曹红：《产业升级路径选择：遵循抑或偏离比较优势——基于产品空间结构的实证分析》，载于《中国工业经济》2016年第2期。

[23] 丁焕峰、孙泼泼：《中国产业升级测度与策略分析》，载于《商业研究》2010年第5期。

[24] 丁焕峰：《技术扩散与产业结构优化的理论关系分析》，载于《工业技术经济》2006年第5期。

［25］丁岩：《我国对外贸易动能转换和新型竞争优势研究》，载于《商业经济研究》2019 年第 12 期。

［26］董新兴、李德荃、吕寒冰：《新旧动能转换绩效考核评价指标体系优化研究》，载于《山东社会科学》2020 年第 5 期。

［27］董彦岭：《全面深刻把握新旧动能转换的内涵》，载于《科学与管理》2018 年第 1 期。

［28］窦玉鹏：《新旧动能转换：内涵界定、理论进路与政策设计》，载于《山东工商学院学报》2020 年第 5 期。

［29］段联合：《新发展格局下我国贸易结构优化与产业结构升级联动关系》，载于《商业经济研究》2021 年第 23 期。

［30］尔扎莫：《跨境电商正外部性对我国外贸竞争力的影响》，载于《商业经济研究》2021 年第 21 期。

［31］范爱军、李菲菲：《产品内贸易和一般贸易的差异性研究——基于对我国产业结构升级影响的视角》，载于《国际经贸探索》2011 年第 4 期。

［32］范纯增、姜虹：《中国外贸产业国际竞争力结构优化研究》，载于《经济管理》2002 年第 2 期。

［33］冯德连、边英姿：《中部地区高新技术产业外贸竞争力的影响因素与提升对策》，载于《华东经济管理》2017 年第 11 期。

［34］冯德连、顾玲玲：《垂直专业化、研发投入与外贸竞争力——以汽车产业为例》，载于《财贸研究》2017 年第 9 期。

［35］冯素玲、许德慧：《数字产业化对产业结构升级的影响机制分析——基于 2010～2019 年中国省际面板数据的实证分析》，载于《东岳论丛》2022 年第 1 期。

［36］付凌晖：《我国产业结构高级化与经济增长关系的实证研究》，载于《统计研究》2010 年第 8 期。

［37］甘行琼、李玉姣、蒋炳蔚：《财政分权、地方政府行为与产业结构转型升级》，载于《改革》2020 年第 10 期。

［38］干春晖、余典范、余红心：《市场调节、结构失衡与产业结构升级》，载于《当代经济科学》2020 年第 1 期。

[39] 干春晖、郑若谷、余典范：《中国产业结构变迁对经济增长和波动的影响》，载于《经济研究》2011 第 5 期。

[40] 干春晖、郑若谷：《中国地区经济差距演变及其产业分解》，载于《中国工业经济》2010 年第 6 期。

[41] 高燕：《产业升级的测定及制约因素分析》，载于《统计研究》2006 年第 4 期。

[42] 高运胜、朱佳纯、康雯雯：《高质量视角下我国对外贸易发展的动能塑造与路径选择》，载于《经济学家》2021 年第 6 期。

[43] 高振娟、赵景峰、张静、李雪：《数字经济赋能消费升级的机制与路径选择》，载于《西南金融》2021 年第 10 期。

[44] 耿子恒、汪文祥、郭万福：《人工智能与中国产业高质量发展——基于对产业升级与产业结构优化的实证分析》，载于《宏观经济研究》2021 年第 12 期。

[45] 谷永芬、洪娟：《长三角地区对外贸易结构与产业结构互动升级研究》，载于《经济纵横》2011 年第 11 期。

[46] 郭鸿琼：《"一带一路"下外贸竞争力现状、影响因素及对策——以福建为例》，载于《长江大学学报》（社会科学版）2018 年第 3 期。

[47] 郭永泉：《中国自由贸易港建设和自由贸易试验区深化改革的策略研究》，载于《国际贸易》2018 年第 3 期。

[48] 韩红丽、刘晓君：《产业升级再解构：由三个角度观照》，载于《改革》2011 年第 1 期。

[49] 韩晶、孙雅雯、陈超凡，等：《产业升级推动了中国城市绿色增长吗?》，载于《北京师范大学学报》（社会科学版）2019 年第 3 期。

[50] 韩亚峰、李凯杰、赵叶：《价值链双向重构与企业出口产品质量升级》，载于《产业经济研究》2021 年第 2 期。

[51] 韩永辉、黄亮雄、王贤彬：《产业结构优化升级改进生态效率了吗?》，载于《数量经济技术经济研究》2016 年第 4 期。

[52] 韩玉军、李子尧：《互联网普及与国际贸易——基于出口方视角的研究》，载于《国际经贸探索》2020 年第 10 期。

［53］何正霞：《产业内贸易对提高我国外贸竞争力的作用》，载于《商业时代》2004 年第 21 期。

［54］洪俊杰、詹迁羽：《"一带一路"设施联通是否对企业出口有拉动作用——基于贸易成本的中介效应分析》，载于《国际贸易问题》2021 年第 9 期。

［55］洪银兴：《WTO 条件下贸易结构调整和产业结构升级》，载于《管理世界》2001 年第 2 期。

［56］黄华峰：《技术创新、产业升级与贸易竞争力》，复旦大学 2014 年博士论文。

［57］黄茂兴、李军军：《技术选择、产业结构升级与经济增长》，载于《经济研究》2009 年第 7 期。

［58］黄少安：《新旧动能转换与山东经济发展》，载于《山东社会科学》2017 年第 9 期。

［59］黄先海：《中国制造业贸易竞争力的测度与分析》，载于《国际贸易问题》2006 年第 5 期。

［60］纪玉俊、李超：《创新驱动与产业升级——基于我国省际面板数据的空间计量检验》，载于《科学学研究》2015 年第 11 期。

［61］纪云涛：《基于"三链一力"的产业选择和升级研究》，复旦大学 2006 年博士论文。

［62］贾洪文、张伍涛：《科技创新、产业结构升级与经济高质量发展》，载于《上海经济研究》2021 年第 5 期。

［63］江静：《基于判别矩阵法的中国外贸竞争力变化关键因素分析》，载于《产业创新研究》2020 年第 13 期。

［64］姜茜、李荣林：《我国对外贸易结构与产业结构的相关性分析》，载于《经济问题》2010 年第 5 期。

［65］蒋和平、吴玉鸣：《基于因子分析的我国外贸竞争力综合评价及提升研究》，载于《生产力研究》2010 年第 4 期。

［66］蒋景东：《贸易与耗散：技术创新驱动产业结构升级的实证研究》，载于《中国管理信息化》2021 年第 8 期。

［67］蒋昭侠：《产业结构演讲机理与实证分析》，载于《经济管理》

2004 年第 13 期。

　　[68] 金培:《中国工业国际竞争力》,经济管理出版社 1997 年版。

　　[69] 靖学青:《上海产业升级测度及评析》,载于《上海经济研究》2008 第 6 期。

　　[70] 李春顶、田奥:《"双循环"新发展格局下,培育中国外贸新优势》,载于《进出口经理人》2020 年第 10 期。

　　[71] 李晶:《外商制造业投资对国内产业升级产生正外部性的实证分析》,载于《当代财经》2003 年第 12 期。

　　[72] 李婧:《双循环发展格局下我国对外贸易动能转换与产业竞争优势——兼论国内消费市场的贸易反哺效应》,载于《商业经济研究》2021 年第 13 期。

　　[73] 李宁、陈婉梅、芦红:《构建新发展格局视野下的中国对外贸易新优势培育研究》,载于《价格月刊》2021 年第 9 期。

　　[74] 李莎莎、李先德:《我国与贸易伙伴国农产品贸易竞争力比较分析》,载于《价格月刊》2018 年第 11 期。

　　[75] 李轩、李珮萍:《"一带一路"主要国家数字贸易水平的测度及其对中国外贸成本的影响》,载于《工业技术经济》2021 年第 3 期。

　　[76] 李勇、仇恒喜:《对外贸易对我国产业结构的影响分析》,载于《财贸研究》2007 年第 1 期。

　　[77] 李长英、周荣云、余淼杰:《中国新旧动能转换的历史演进及区域特征》,载于《数量经济技术经济研究》2021 年第 2 期。

　　[78] 李治国、车帅、王杰:《数字经济发展与产业结构转型升级——基于中国 275 个城市的异质性检验》,载于《广东财经大学学报》2021 年第 5 期。

　　[79] 李子伦:《产业结构升级含义及指数构建研究——基于因子分析法的国际比较》,载于《当代经济科学》2014 年第 1 期。

　　[80] 林毅夫、蔡昉、李周:《优势与发展战略——对"东亚奇迹"的再解释》,载于《中国社会科学》1999 年第 5 期。

　　[81] 刘斌斌、丁俊峰:《出口贸易结构的产业结构调整效应分析》,载于《国际经贸探索》2015 年第 7 期。

［82］刘畅：《对外贸易结构性动能转换对流通经济发展的影响——基于空间溢出视角》，载于《商业经济研究》2021 年第 7 期。

［83］刘华、房乐乐：《"一带一路"下中欧班列开通与对外贸易结构性动能转化——兼论政府与市场的差异化影响》，载于《商业经济研究》2020 年第 24 期。

［84］刘辉煌、任会利：《生产者服务进口影响制造业国际竞争力的中介效应研究》，载于《经济与管理》2010 年第 8 期。

［85］刘会政、陈奕、杨楠：《国际分工视角下产业升级内涵界定与演进研究》，载于《科学决策》2018 年第 10 期。

［86］刘建江、易香园、王莹：《新时代的产业转型升级：内涵、困难及推进思路》，载于《湖南社会科学》2021 年第 5 期。

［87］刘健：《论中国产业结构升级》，中共中央党校 1999 年博士论文。

［88］刘杰：《后危机时代促进我国产业结构升级问题研究》，载于《理论学刊》2010 年第 5 期。

［89］刘娟：《中国服装产业出口外显竞争力研究》，载于《价格月刊》2016 年第 4 期。

［90］刘康：《基于动能转换的中国对外贸易新型竞争优势培育》，载于《商业经济研究》2019 年第 12 期。

［91］刘美玲：《产业结构升级背景下我国对外贸易核心问题研究》，载于《价格月刊》2020 年第 7 期。

［92］刘岐涛、王磊：《新旧动能转换指数测度研究》，载于《中国国情国力》2018 年第 9 期。

［93］刘仕国、吴海英、马涛，等：《利用全球价值链促进产业升级》，载于《国际经济评论》2015 年第 1 期。

［94］刘勇：《广东产业升级的经验与启示》，载于《经济管理》2007 年第 7 期。

［95］刘玉荣：《从被动嵌入到主动构建——GVC 视角下产业升级的新路径》，载于《现代经济探讨》2015 年第 10 期。

［96］刘曰庆、孙希华、李翠艳、刘家萍：《新旧动能转换背景下山东省对外贸易竞争力研究》，载于《广西经济管理干部学院学报》2019 年第

1 期。

［97］刘正平：《结构主义视角下的产业升级问题研究》，载于《云南社会科学》2008 年第 1 期。

［98］刘志彪：《产业升级的发展效应及其动因分析》，载于《南京师大学报》（社会科学版）2000 年第 2 期。

［99］刘志华、徐军委、张彩虹：《科技创新、产业结构升级与碳排放效率——基于省际面板数据的 PVAR 分析》，载于《自然资源学报》2022 年第 2 期。

［100］隆国强：《寻找对外贸易新动能　打造国际竞争新优势》，载于《国际贸易问题》2016 年第 11 期。

［101］娄向哲：《近代中国对外贸易与产业结构变动之关系——以民初中国对日贸易为中心》，载于《南开经济研究》1994 年第 2 期。

［102］卢现祥、李慧：《制度性交易成本对产业结构升级的影响研究——基于空间溢出的视角》，载于《经济纵横》2021 年第 9 期。

［103］逯建、韦小铀、张维阳：《国际航线、贸易产品结构与中国对外贸易的增长》，载于《财贸经济》2020 年第 7 期。

［104］逯进、李婷婷：《产业结构升级、技术创新与绿色全要素生产率——基于异质性视角的研究》，载于《中国人口科学》2021 年第 4 期。

［105］吕婕、林芸：《中美外贸竞争力实证分析——基于显示性比较优势指数和产业内贸易指数的比较分析》，载于《生产力研究》2010 年第 9 期。

［106］马爱霞、邹子健、曹杨，等：《我国中药产业国际竞争力的实证分析》，载于《财经问题研究》2009 年第 6 期。

［107］马海燕、于孟雨：《产品复杂度、产品密度与产业升级——基于产品空间理论的研究》，载于《财贸经济》2018 年第 3 期。

［108］马林静：《基于高质量发展标准的外贸增长质量评价体系的构建与测度》，载于《经济问题探索》2020 年第 8 期。

［109］马强、远德玉：《技术创新与产业结构的演化》，载于《社会科学辑刊》2004 年第 2 期。

［110］马章良、顾国达：《我国对外贸易与产业结构关系的实证研

究》，载于《国际商务》（对外经济贸易大学学报）2011 年第 6 期。

[111] 毛海欧、刘海云：《中国对外直接投资对贸易互补关系的影响："一带一路"倡议扮演了什么角色》，载于《财贸经济》2019 年第 10 期。

[112] 毛琦梁：《时空压缩下的空间知识溢出与产业升级》，载于《科学学研究》2019 年第 3 期。

[113] 聂建中、王敏：《比较优势战略与产业结构升级》，载于《当代经济》2009 年第 1 期。

[114] 聂元贞、孟燕红：《中国西部地区贸易模式转型与产业结构升级——以甘肃省为例》，载于《财贸经济》2006 年第 8 期。

[115] 宁朝山：《工业革命演进与新旧动能转换——基于历史与逻辑视角的分析》，载于《宏观经济管理》2019 年第 11 期。

[116] 牛文育：《论技术进步对外贸和产业结构的影响》，载于《兰州学刊》1995 年第 5 期。

[117] 潘冬青、尹忠明：《对开放条件下产业升级内涵的再认识》，载于《管理世界》2013 年第 5 期。

[118] 裴小兵、裴志杰：《浅谈创新驱动产业结构转型升级》，载于《价值工程》2017 年第 6 期。

[119] 裴长洪、刘斌：《中国对外贸易的动能转换与国际竞争新优势的形成》，载于《经济研究》2019 年第 5 期。

[120] 裴长洪、倪江飞：《习近平新旧动能转换重要论述的若干经济学分析》，载于《经济学动态》2020 年第 5 期。

[121] 蒲勇健：《产业结构变迁及其对能源强度的影响》，载于《产业经济研究》2015 年第 2 期。

[122] 钱颜文、顾元勋：《产业升级元区域模型及演进路径研究——基于时空经济视角》，载于《宏观经济研究》2019 年第 11 期。

[123] 乔梁：《两化融合视角下山东新旧动能转换模式分析》，载于《中国商论》2017 年第 26 期。

[124] 乔真真：《中国产业结构优化的战略选择——基于对外贸易视角》，载于《经济问题》2007 年第 1 期。

[125] 秦昌才：《新旧动能转换中金融体系支撑的内涵及其作用》，载

于《甘肃社会科学》2019 年第 1 期。

[126] 屈小芳、张瑜：《我国经济增长、对外贸易和产业结构优化关系研究》，载于《内蒙古统计》2020 年第 6 期。

[127] 任保平、苗新宇：《新经济背景下扩大新消费需求的路径与政策取向》，载于《改革》2021 年第 3 期。

[128] 任碧云、贾贺敬：《基于内涵重构的中国制造业产业升级测度及因子分析》，载于《经济问题探索》2019 年第 4 期。

[129] 邵明振、马舒瑞、屈小芳、张瑜：《河南省经济新动能统计测度、经济效应及发展路径研究》，载于《统计理论与实践》2021 年第 3 期。

[130] 申朴、尹翔硕：《要素积累对服务贸易出口增长的影响——对世界及中国、美国数据的经验分析》，载于《复旦学报》（社会科学版）2008 年第 1 期。

[131] 沈国兵、张鑫：《美国次贷危机后中国省级外贸可持续发展动态演进：一个评估》，载于《广东社会科学》2017 年第 1 期。

[132] 沈琼、王少朋：《技术创新、制度创新与中部地区产业转型升级效率分析》，载于《中国软科学》2019 年第 4 期。

[133] 沈潇：《以产业升级促进对外贸易跃级发展》，载于《人民论坛》2018 年第 20 期。

[134] 盛朝迅：《"十四五"时期推进新旧动能转换的思路与策略》，载于《改革》2020 年第 5 期。

[135] 史安娜、陶嘉慧：《中美技术贸易国际竞争力比较研究》，载于《现代经济探讨》2019 年第 3 期。

[136] 宋锦剑：《论产业结构优化升级的测度问题》，载于《当代经济科学》2000 年第 3 期。

[137] 宋马林：《中国对外贸易竞争力与后危机时代的战略选择》，载于《国际贸易问题》2011 年第 2 期。

[138] 苏振天：《安徽省产业结构与进出口互动关系实证研究》，载于《财贸研究》2010 年第 3 期。

[139] 孙明岳：《新旧动能转换背景下我国加工贸易供给侧改革的问题及对策》，载于《对外经贸实务》2019 年第 2 期。

[140] 孙强、温焜：《对外贸易结构调整与产业结构升级的相关性研究》，载于《贵州大学学报》（社会科学版）2016 年第 1 期。

[141] 孙晓华、王昀：《对外贸易结构带动了产业结构升级吗？——基于半对数模型和结构效应的实证检验》，载于《世界经济研究》2013 年第 1 期。

[142] 谭晶荣、颜敏霞、邓强，等：《产业转型升级水平测度及劳动生产效率影响因素估测——以长三角地区 16 个城市为例》，载于《商业经济与管理》2012 年第 5 期。

[143] 汤旖璆、刘欢欢、王佳龙：《中国经济动能重塑（2002～2019）：时序演进与空间分异》，载于《广东财经大学学报》2022 年第 1 期。

[144] 唐德淼：《产业结构转型升级的路径选择——基于长三角区域分析》，载于《兰州学刊》2014 年第 7 年。

[145] 田晖、和冰君：《财政垂直失衡与产业升级——民生性支出和新型城镇化的链式中介效应》，载于《工业技术经济》2022 年第 1 期。

[146] 汪素芹：《中国区域外贸发展方式转变的实证分析——基于全国 15 个主要省（市）的数据与比较》，载于《财贸经济》2013 年第 12 期。

[147] 汪廷美：《对外贸易转型背景下拉动内需存在的问题和对策研究》，载于《价格月刊》2020 年第 12 期。

[148] 汪伟、刘玉飞、彭冬冬：《人口老龄化的产业结构升级效应研究》，载于《中国工业经济》2015 年第 11 期。

[149] 王冬、孔庆峰：《产业结构调整：摆脱出口困境的一种方法》，载于《世界经济研究》2009 年第 12 期。

[150] 王洪庆：《外国直接投资对我国外贸竞争力影响途径的计量检验》，载于《国际贸易问题》2006 年第 8 期。

[151] 王厚双、盛新宇、赵鲁南：《长江经济带对外贸易竞争力水平测度及比较研究》，载于《经济理论与经济管理》2021 年第 4 期。

[152] 王珺、谢小平、郭惠武：《地区收入差异与产业结构调整——对广东实践的分析》，载于《学术研究》2012 年第 4 期。

［153］王桤伦：《对外贸易与中国产业结构高度化进程实证研究》，载于《技术经济》2006年第2期。

［154］王霞、刘甜：《新疆进口贸易结构对产业结构的动态影响分析》，载于《石河子大学学报》（哲学社会科学版）2020年第3期。

［155］王小洁、刘鹏程、许清清：《构建创新生态系统推进新旧动能转换：动力机制与实现路径》，载于《经济体制改革》2019年第6期。

［156］王晓天：《中国新旧动能转换的综合指数测度与区域特征分析》，载于《统计与决策》2021年第21期。

［157］王一乔、赵鑫：《金融集聚、技术创新与产业结构升级——基于中介效应模型的实证研究》，载于《经济问题》2020年第5期。

［158］王育红、丁振辉：《日本对外贸易竞争力分析》，载于《现代日本经济》2010年第5期。

［159］王月琴、张鹏、胡华征：《基于全球价值链的广东产业升级与产业转移的思考》，载于《科技管理研究》2009年第11期。

［160］王子先：《改革开放以来我国外贸结构的优化与产业升级》，载于《国际贸易问题》1999年第3期。

［161］韦东明、顾乃华、韩永辉：《人工智能推动了产业结构转型升级吗？——基于中国工业机器人数据的实证检验》，载于《财经科学》2021年第10期。

［162］魏文江、钟春平：《金融结构优化、产业结构升级与经济高质量发展》，载于《甘肃社会科学》2021年第5期。

［163］温煜：《对外贸易结构调整与产业结构升级的相关性检验——以广东省为例》，载于《财会月刊》2016年第18期。

［164］温忠麟、叶宝娟：《中介效应分析：方法和模型发展》，载于《心理科学进展》2014年第5期。

［165］吴朝阳、陈雅：《企业出口、竞争效应与自主技术创新》，载于《当代财经》2020年第8期。

［166］吴传清、周西一敏：《长江经济带产业结构合理化、高度化和高效化研究》，载于《区域经济评论》2020年第2期。

［167］吴敬琏：《中国经济转型的困难与出路》，载于《中国改革》

2008 年第 2 期。

[168] 吴鹏、夏楚瑜、何冲冲：《区域产业结构贸易结构的关联匹配研究——基于灰色关联算法》，载于《系统科学与数学》2020 年第 11 期。

[169] 伍华佳、张莹颖：《中国服务贸易对产业结构升级中介效应的实证检验》，载于《上海经济研究》2009 年第 3 期。

[170] 武海峰、刘光彦：《对外贸易、产业结构与技术进步的互动关系研究》，载于《山东社会科学》2004 年第 7 期。

[171] ［美］西蒙·库兹涅茨：《各国的经济增长》，赏勋等译，商务印书馆 1999 年版。

[172] 肖云：《我国产业结构的演进及对外经济的战略选择》，载于《贵州社会科学》1994 年第 5 期。

[173] 徐春华、刘力：《省域居民消费、对外开放程度与产业结构升级——基于省际面板数据的空间计量分析》，载于《国际经贸探索》2013 年第 11 期。

[174] 徐德云：《产业结构升级形态决定、测度的一个理论解释及验证》，载于《财政研究》2008 年第 1 期。

[175] 许春、张晨诗：《技术引进与我国高技术产业升级关系的实证研究》，载于《科技管理研究》2016 年第 22 期。

[176] 宣善文：《全球价值链视角下中国服务贸易国际竞争力研究》，载于《统计与决策》2020 年第 17 期。

[177] ［英］亚当·斯密：《国富论》，王亚南、郭大力译，商务印书馆 2019 年版。

[178] 闫文娟、郭树龙：《中国环境规制如何影响了就业——基于中介效应模型的实证研究》，载于《财经论丛》2016 年第 10 期。

[179] 杨蕙馨、焦勇：《新旧动能转换的理论探索与实践研判》，载于《经济与管理研究》2018 年第 7 期。

[180] 杨子晖、温雪莲、陈浪南：《政府消费与私人消费关系研究：基于面板单位根检验及面板协整分析》，载于《世界经济》2009 年第 11 期。

[181] 姚志毅、张亚斌：《全球生产网络下对产业结构升级的测度》，

载于《南开经济研究》2011 年第 6 期。

[182] 叶耀明、戚列静：《利用外国直接投资与提升我国外贸竞争力》，载于《上海经济研究》2002 年第 3 期。

[183] 易赛键：《产业转型升级的基层探索》，载于《红旗文稿》2020 年第 21 期。

[184] 尹翔硕、徐建斌：《论落后国家的贸易条件、比较优势与技术进步》，载于《世界经济文汇》2002 年第 6 期。

[185] 余东华：《以"创"促"转"：新常态下如何推动新旧动能转换》，载于《天津社会科学》2018 年第 1 期。

[186] 喻志军、姜万军：《中国产业内贸易发展与外贸竞争力提升》，载于《管理世界》2009 年第 4 期。

[187] 喻志军：《中国外贸竞争力评价：理论与方法探源——基于"产业内贸易指数"与"显示性比较优势指数"的比较分析》，载于《统计研究》2009 年第 5 期。

[188] 张会清：《地区营商环境对企业出口贸易的影响》，载于《南方经济》2017 年第 10 期。

[189] 张建华、李博：《KLEMS 核算体系与产业结构优化升级研究》，载于《当代经济研究》2008 年第 4 期。

[190] 张杰：《出口结构与经济结构背离下中国经济动能的形成、障碍与突破》，载于《南京政治学院学报》2017 年第 4 期。

[191] 张金昌：《国际竞争力评价的理论和方法研究》，中国社会科学院研究生院 2001 年博士论文。

[192] 张娟、刘钻石：《我国外贸竞争力、外国直接投资与实际汇率关系的实证研究》，载于《国际贸易问题》2009 年第 4 期。

[193] 张立新、王菲、王雅萍：《山东省新旧动能转换的突破点及路径——基于 2002 - 2016 年市级面板数据的实证分析》，载于《经济与管理评论》2018 年第 5 期。

[194] 张莉莉：《产业结构升级背景下的对外贸易核心问题研究》，载于《价格月刊》2018 年第 9 期。

[195] 张楠：《日本现代服务业发展经验及对中国的启示》，载于《现

代财经》（天津财经大学学报）2011 年第 2 期。

[196] 张倩肖、冯雷、钱伟：《技术创新与产业升级协同关系：内在机理与实证检验》，载于《人文杂志》2019 年第 8 期。

[197] 张舒：《产业升级路径：产品质量阶梯的视角》，载于《财经问题研究》2014 年第 10 期。

[198] 张丝思：《对外贸易与产业结构升级的理论关系》，载于《时代经贸》（下旬刊）2008 年第 2 期。

[199] 张亭、刘林青：《中美产业升级的路径选择比较——基于产品空间理论的分析》，载于《经济管理》2016 年第 8 期。

[200] 张文、张念明：《供给侧结构性改革导向下我国新旧动能转换的路径选择》，载于《东岳论丛》2017 年第 12 期。

[201] 张祥建、李永盛、赵晓雷：《中欧班列对内陆地区贸易增长的影响效应研究》，载于《财经研究》2019 年第 11 期。

[202] 张永恒、王家庭：《高质量发展下中国产业转型升级方向研究——基于中美两国数据的对比》，载于《科技进步与对策》2019 年第 2 期。

[203] 张宇、吴瑾：《我国出口结构对产业结构影响的实证研究》，载于《国际经济合作》2010 年第 3 期。

[204] 赵炳新、肖雯雯、殷瑞瑞：《关于新动能的内涵及其启示》，载于《经济研究参考》2018 年第 2 期。

[205] 赵景峰：《国外贸发展：总量、结构与竞争力的分析》，载于《国际贸易》2008 年第 7 期。

[206] 赵惟：近 20 年中国产业结构的演变及其成因探析，载于《现代财经》（天津财经学院学报）2005 年第 6 期。

[207] 赵文涛、盛斌：《全球价值链与城市产业结构升级：影响与机制》，载于《国际贸易问题》2022 年第 2 期。

[208] 赵晓俊、侯景新：《中日贸易国际竞争力研究》，载于《技术经济与管理研究》2019 年第 12 期。

[209] 郑江淮、宋建、张玉昌、郑玉、姜青克：《中国经济增长新旧动能转换的进展评估》，载于《中国工业经济》2018 年第 6 期。

［210］郑京淑、郑伊静：《"双转移"战略对广东外贸竞争力的影响研究》，载于《广东外语外贸大学学报》2014 年第 3 期。

［211］钟昌标：《外贸对区域产业结构研究的效应》，载于《数量经济技术经济研究》2000 年第 10 期。

［212］钟诗韵、徐晔、谭利：《双轮创新驱动对我国产业结构升级的影响》，载于《管理学刊》2022 年第 1 期。

［213］周昌林、魏建良：《产业结构水平测度模型与实证分析——以上海、深圳、宁波为例》，载于《上海经济研究》2007 年第 6 期。

［214］朱启荣、言英杰：《中国外贸增长质量的评价指标构建与实证研究》，载于《财贸经济》2012 年第 12 期。

［215］朱卫平、陈林：《产业升级的内涵与模式研究——以广东产业升级为例》，载于《经济学家》2011 年第 2 期。

［216］邹坦永：《新科技革命与产业转型升级：技术创新的演化视角》，载于《企业经济》2021 年第 5 期。

［217］左勇华、刘斌斌：《出口贸易结构与地区产业结构调整升级效应分析》，载于《河北经贸大学学报》2019 年第 1 期。

［218］Balassa. Exports and Economic Growth：Further Evidence. Journal of Development Economics，Vol. 36，No. 2，1978，pp. 181 – 189.

［219］Baron R. M，Kenny D. A. The Moderator – Mediator Variable Distinction in Social Psychological Research：Conceptual，Strategic，and Statistical Considerations. *Journal of Personality and Social Psychology*，Vol. 51，No. 5，1986，pp. 1173 – 1182.

［220］Bustos P. Trade Liberalization，Exports and Technology Upgrading：Evidence on the Impact of MERCOSUR on Argentinean Firms. *Meeting Papers Society for Economic Dynamics*，2009.

［221］Daniel F. Burton Jr. Competitiveness：Here to Stay. *The Washington Quarterly*，Vol. 17，No. 4，1994，pp. 17 – 21.

［222］Frankel J A，Romer D H. Does Trade Cause Growth. *The American Economic Review*，Vol. 89，No. 3，June 1999，pp. 379 – 399.

［223］Gereffi G，Kaplinsky R. The Value of Value Chains：Spreading the

Gains from Globalization. *Ids Bulletin.* Vol. 32, No. 3, 2001.

［224］ Gereffi G. International Trade and Industrial Upgrading in the Apparel Commodity Chain. *Journal of International Economics*, Vol. 48, No. 1, 1999, pp. 37 – 70.

［225］ Gereffi G. Who Gets Ahead in the Global Economy? Industrial Upgrading, Theory and Practice. New York: *Johns Hopkins Press*, 2002.

［226］ Gereffi. G, Humphrey J, Sturgeon T. The Governance of Global Value Chains, *Review of International Political Economy*, Vol. 12, No. 1, 2005, pp. 78 – 104.

［227］ Giuliani E, Pietrobelli C, Rabellotti R. Upgrading in Global Value Chains: Lessons from Latin American Clusters. *World Development*, Vol. 33, No. 4, 2005, pp. 549 – 573.

［228］ Grosssman G. M, Helpman E. Trade, knowledge spillovers and growth. NBER *working paper*, 1991.

［229］ Hansen B. E. Threshold Effects in Non – Dynamic Panels: Estimation, Testing, and Inference. *Journal of Econometrics*, Vol. 93, No. 2, 1999, pp. 345 – 368.

［230］ Hansen B. E. Sample Splitting and Threshold Estimation. *Econometrica*, Vol. 68, No. 3, 2000, pp. 575 – 603.

［231］ Hausmann R, Hwang J, Rodrik D, et al. What You Export Matters. *Journal of Economic Growth*, Vol. 12, No. 1, 2007, pp. 1 – 25.

［232］ Humphrey J, Schmitz H. How does Insertion in Global Value Chains Affect Upgrading in Industrial Clusters? . *Regional Studies*, Vol. 36, No. 9, 2002, pp. 1017 – 1027.

［233］ Inving B. Kravis, Robert E. Lipsey. Price Competitiveness in World Trade. *New York and London: Columbia University Professor the National Bureau of Economic Research*, 1971, pp. 39 – 61.

［234］ Joy M. McGreenhan. Competitiveness: A Survey of Recent Literature. *The Economic Journal*, Vol. 78, No. 1, June 1968, pp. 243 – 262.

［235］ Judd C. M, Kenny D. A. Process Analysis: Estimating Mediation in Treatment Evaluations. *Evaluation Review.* Vol. 5, No. 5, 1981, pp. 602 – 619.

[236] Kao C., Chiang, M. H. On the Estimation and Inference of A Cointegrated Regression in Panel Data. *Advances in Econometrics*, Vol. 5, 2000, pp. 18 – 31.

[237] Kao C. Spurious Regression and Residual – Based Tests for Cointegration in Panel Data. *Journal of Econometrics*, Vol. 90, 1999, pp. 1 – 44.

[238] Kaplinsky, R. and Morris, M., *A Handbook for Value Chain Research. Institute of Development Studies*, Univeristy of Sussex, Brighton, UK, 2001.

[239] Krugman, P. Technology, Trade, and Factor prices. NBER Working Papers, Vol. 50, No. 1, 1995, pp. 51 – 71.

[240] Markusen J. Productivity, Competitiveness, Trade Performance and Real Income: The Nexus Among Four Concepts. *Ottwa: Supply and Services Canada*, 1992.

[241] Melitz M. J. The Impact of Trade on Intra – Industry Real Locations and Aggregate Industry Productivity. *Econometrica* Vol. 71, No. 6, 2003, pp. 1695 – 1725.

[242] Michaely M. Export and Growth: an empirical Investigation. *Journal of Development Economics*, Vol. 4, No. 1, 1977, pp. 49 – 53.

[243] Mo P. H. Corruption and Economic Growth. *Journal of Comparative Economics*, Vol. 29, No. 1, 2001, pp. 66 – 79.

[244] Nair M, Madhavan K, Vengedasalam D. The Effect of Trade Openness on Manufacturing Industry in Malaysia: Strategies to Enhance its Competitiveness. *International Journal of Management*, Vol. 23, No. 4, 2006, pp. 878 – 890.

[245] Ozawa T. Japan in a New Phase of Multinationalism and Industrial Upgrading: Functional Integration of Trade, Growth and FDI. *Journal of World Trade*, Vol. 25, No. 1, 1991, pp. 43 – 60.

[246] Pedroni P. Panel Cointegration: Asymptotic and Finite Sample Properties of Pooled Time Series Tests with an Application to the PPP Hypothe-

sis. Econometric Theory, Vol. 20, 2004, pp. 107 – 125.

［247］Peter C. Y. Chow. Causality Between Export Growth and Industrial Development: Empirical Evidence from the NICs. *Journal of Development Economics*, Vol. 26, No. 1, 1987, pp. 55 – 63.

［248］Peter J. Buckley. Buckley, Pass and Prescott, Measure of International Competitiveness: A Critical Survey. *Journal of Marketing Management*, Vol. 7, No. 4, 1998, pp. 75 – 200.

［249］Poon, T. Beyond the Global Production Networks: A Case of Further Upgrading of Taiwan's Information Technology Industry. *International Journal of Technology and Globalization*, Vol. 1, No. 1, 2004, pp. 130 – 145.

［250］Poon, T. S. C. Beyond the Global Production Networks: A Case of Further Upgrading of Taiwan's Information Technology Industry. *International Journal of Technology and Globalization*, Vol. 1, No. 1, 2004, pp. 130 – 145.

［251］Porter, Michael E. Competitive Advantage: Creating and Sustaining Superior Performance. *The Free Press*: New York, 1985, pp. 557.

［252］Posner. International Trade and Technical Change. *Oxford Economic Papers*, Vol. 13, No. 3, October 1961, pp. 323 – 341.

［253］Ray, G. F. Export Competitiveness: British Experience in Eastern Europe. *National Institute Economic Review*, Vol. 36, May 1966, pp. 43 – 60.

［254］Raymond Vernon. International Investment and International Trade in the Product Cycle. *The Quarterly Journal of Economics*, Vol. 80, No. 2, 1966, pp. 190 – 207.

［255］R. Ajami. Industrial Competitiveness: Resurgence or Decline? In "How to Manage for International Competitiveness", ed. By Abbas J. Ali. *International Business Press*, New York, 1992.

［256］Sims C. A. Macroeconomics and reality. *Econometrica*, Vol. 48, No. 1, 1980, pp. 1 – 48.

［257］Solow, Robert M. A contribution to the Theory of Economic Growth. *Quarterly Journal of Economics*, Vol. 70, No. 1, February 1956, pp. 65 – 94.

［258］Swan T. W. Economic Growth and Capital Accumulation. *The Eco-*

nomic Record, Vol. 63, No. 3, 1956, pp. 334 – 361.

[259] Thirlwall A. P. The Balance of Payments Constraint as an Explanation of International Growth Rate Differences. *Banca Nazionale del Lavoro Quarterly Review*, Vol. 128, 1979, pp. 45 – 53.

[260] WTO, IDE – JETRO, OECD, RCGVC – UIBE, World Bank. *Global Value Chain Development Report*, 2017.

[261] Xiaolan Fu. Exports, Technical Progress and Productivity Growth in A Transition Economy: A Non – Parametric Approach for China. *Applied Economics*, Vol. 37, No. 7, 2005, pp. 725 – 739.

后　记

　　本书的内容主要包括三个方面：一是产业升级、对外贸易动能转换驱动对外贸易竞争力提升的理论分析；二是基于地区和制造业行业视角，实证检验产业升级、对外贸易动能转换对外贸竞争力提升的影响效应，以解释产业升级、对外贸易动能转换驱动外贸竞争力提升的作用机制；三是立足新发展阶段，提出产业升级、对外贸易动能转换驱动外贸竞争力提升的现实路径。

　　感谢西北大学的培养，让我进入经济学的研究领域，在工作中能够学以致用，并持续保持科研精神和热情，投身于教学科研工作思考中来。

　　诚挚感谢单位领导和同事的倾心支持、指导和帮助，对于产业升级理论、对外贸易动能转换相关阐释有了更加清晰的认知和理解，让我受益良多。衷心感谢导师的悉心指导和谆谆教诲，为我指明学习方向。感谢先生的理解和支持，让我一路前行。

　　感谢河北大学共同富裕研究中心的资助。最后，再次衷心感谢所有关心、指导、支持和帮助本书写作和出版的朋友。

　　由于自身局限性，研究有待深入，观点不尽成熟，难免有很多不足之处，欢迎读者朋友们批评指教。

高振娟

2023 年 9 月 20 日